John Ortberg

Die Liebe, nach der du dich sehnst

Vom Kopf ins Herz – Gottes Liebe fühlen lernen

John Ortberg

Die Liebe, nach der du dich sehnst

Vom Kopf ins Herz – Gottes Liebe fühlen lernen

Projektion J

Titel der Originalausgabe:
„Love Beyond Reason“

Published by Zondervan Publishing House,
Grand Rapids, Michigan 49530, USA

5. Auflage 2003

ISBN 3-89490-316-3

Auf der Grundlage der neuen Rechtschreibregeln

Die Bibelstellen wurden der „Gute Nachricht-Bibel“ entnommen

Übersetzung: Annette Schalk
Umschlaggestaltung und -illustration: Hanni Plato
Satz: Typostudio Rücker
Druck und Verarbeitung: Ebner & Spiegel, Ulm

Für Ian Pitt-Watson,
David Hubbard, Lew Smedes
und Rich Mouw

Inhalt

Dank

Ian Pitt-Watson war der erste Prediger, den ich hörte, der auch zugleich ein Poet war; er war ein Künstler. Wenn ich anderen Predigern zuhörte, fühlte ich mich oft informiert, überzeugt oder inspiriert. Aber wenn ich Ian zuhörte, war es manchmal so, als ob ein Schleier zerriss, und ich war mir nicht mehr sicher, ob ich in einem Seminarraum in Pasadena oder im Jerusalem des ersten Jahrhunderts saß. Man fand sich plötzlich auf geheimnisvolle Weise komplett in die Gegenwart Gottes eingetaucht – sehr zur eigenen Überraschung. Zu den größten Geschenken meines Lebens zählen zum einen Ians Predigten und zum anderen seine Freundschaft.

Seine vielleicht beste Predigt war die über die zwei Arten von Liebe: Die Liebe, die ihren Wert im Objekt der Liebe sucht, und die Liebe, die selbst Wert schafft. Ian veröffentlichte diese Predigt nie, er gab höchstens ein paar Einzelheiten preis, wenn er seine Predigttheorie illustrieren wollte. Aber die Grundidee dieser Predigt lieferte mir den zentralen Gedanken des ersten Kapitels, das Bild der Lumpenpuppe. Die Geschichten und Erfahrungen, die ich im ersten Kapitel schildere, sind meine eigenen. Pandy existiert wirklich, und es geht ihr in San Diego recht gut. Aber die Inspiration dazu kam von Ian.

Ich möchte noch verschiedenen Menschen danken, die Teile dieses Manuskripts oder sogar das ganze gelesen haben: Ruth Haley Barton, Gerald Hawthorne, Rich Mouw, Laurie Pederson, Scott Pederson, Lewis Smedes und Jodi Walli. Jack Kuhatscheck war mir wieder einmal eine große Hilfe als Freund und Herausgeber. Jim Ruarks Sorgfalt und Eifer gaben mir immer dann neue Klarheit, wenn ich es am meisten brauchte.

Meiner Frau Nancy möchte ich für ihre Offenheit und Ermutigung danken und bei Laura, Mallory und Johnny stehe ich in der unbezahlbaren Schuld all derer, die trotz ihrer Verschlissenheit geliebt werden.

1.

Liebe, die den Verstand übersteigt

Die Liebe tötet das, was wir waren, damit wir sein können, was wir nicht gewesen sind. (Augustinus)

Sie hieß Pandy. Sie hatte den größten Teil ihrer Haare verloren, besaß nur noch einen Arm und sah insgesamt ziemlich mitgenommen aus. Sie war die Lieblingspuppe meiner Schwester Barbie.

Sie hatte nicht immer so schäbig ausgesehen. Einmal war sie ein persönlich ausgewähltes Weihnachtsgeschenk einer lieben Tante gewesen, die extra in ein großes Kaufhaus im fernen Chicago gereist war, um sie zu finden. Ihr Gesicht und ihre Hände bestanden aus einem gummiartigen Kunststoff und sahen aus wie echt, aber ihr Körper war mit Stofflumpen ausgestopft, damit er sich weich und kuschelig anfühlte wie ein echtes Baby. Als meine Tante Pandy im Schaufenster dieses Kaufhauses sah, wusste sie, dass sie etwas sehr Gutes gefunden hatte.

Als Pandy jung war und nach etwas aussah, liebte Barbie sie. Sie liebte sie mit einer Liebe, die für Pandy leider zu viel war. Wenn Barbie abends zu Bett ging, lag Pandy neben ihr. Wenn Barbie zu Mittag aß, saß Pandy neben ihr am Tisch. Wenn Barbie es schaffte, dann nahm Pandy auch ein Bad zusammen mit ihr. Aus Pandys Sicht war Barbies Liebe zu dieser Puppe eine schicksalhafte Leidenschaft.

Als ich Pandy kennen lernte, war sie keine besonders attraktive Puppe mehr. Um die Wahrheit zu sagen: Sie befand sich in einem üblen Zustand. Ich bin mir nicht sicher, ob wir sie noch an irgendwen hätten weitergeben können.

Aber aus irgendwelchen Gründen, die sich dem gesunden Menschenverstand entzogen, liebte meine Schwester diese Puppe immer noch – wie Kinder eben manchmal sind. Sie liebte die verschlissene Pandy noch genauso wie in ihren besten Tagen.

Andere Puppen kamen und gingen; aber Pandy war ein Familienmitglied. Wenn man Barbie liebte, musste man auch ihre Lumpenpuppe lieben. Die beiden gab es nur im Sammelpack.

Einmal fuhren wir im Urlaub von Rockford in Illinois, wo wir wohnten, nach Kanada. Auf dem Rückweg merkten wir kurz vor der Grenze von Illinois, dass Pandy nicht bei uns war. Sie war im Hotel in Kanada zurückgeblieben.

Es gab keine andere Möglichkeit. Mein Vater wendete umgehend, und wir fuhren hunderte von Kilometern zurück nach Kanada. Wir waren eine hingebungsvolle Familie. Vielleicht nicht besonders intelligent, aber sehr hingebungsvoll.

Wir stürmten in das Hotel und durchsuchten mit dem Angestellten an der Rezeption die ganze Lobby – keine Pandy. Wir rannten in unser Zimmer – keine Pandy. Wir rannten die Treppe wieder hinunter und suchten die Wäscherei ab – und dort war Pandy. Eingewickelt in Betttücher und kurz davor, zu Tode gewaschen zu werden.

Die Liebe meiner Schwester zu dieser Puppe war so groß, dass sie den ganzen Weg in ein anderes Land reiste, nur um sie zu retten.

Die Jahre vergingen, und meine Schwester wurde älter. Sie wuchs aus Pandy heraus. Sie tauschte sie gegen einen Freund namens Andy ein (der seltsamerweise noch unattraktiver war als Pandy).

Lange Zeit stand Pandy nicht mehr sehr hoch im Kurs und da schien es nur logisch, sie wegzuwerfen. Aber das konnte meine Mutter nicht übers Herz bringen. Sie nahm Pandy noch ein letztes Mal in die Arme, wickelte sie mit ganz besonderer Sorgfalt in Seidenpapier ein, legte sie in eine Schachtel und bewahrte sie zwanzig Jahre lang auf dem Dachboden auf.

Ich hatte als Kind alle möglichen Spielsachen und Stofftiere, aber meine Mutter bewahrte kein einziges davon auf. Doch Pandy sie hob auf. Und wissen Sie, warum? (Als ich jünger war, dachte ich, dass es vielleicht daran lag, dass sie meine Schwester, diese Göre, mehr liebte als mich.)

Die Liebe meiner Schwester machte Pandy so wertvoll. Barbie liebte diese kleine Lumpenpuppe so sehr, dass diese Liebe die Puppe kostbar für jeden machte, der Barbie liebte. All diese Tränen und Umarmungen und Geheimnisse verwoben sich irgendwie mit dem verschlissenen Stoff, aus dem sie bestand. Wenn man Barbie liebte, musste man auch Pandy lieben.

Es vergingen weitere Jahre. Meine Schwester heiratete (nicht Andy, zum Glück) und zog fort. Sie bekam drei Kinder. Das dritte Kind war ein kleines Mädchen und hieß Courtney. Courtney erreichte bald das Alter, in dem sie eine Puppe haben wollte.

Es gab keine Frage: Barbie fuhr nach Hause nach Rockford, stieg auf den Dachboden und holte Pandys Schachtel hervor. Zu diesem Zeitpunkt war Pandy eher ein Bündel Lumpen als eine Puppe.

Also brachte meine Schwester sie in Kalifornien in eine Puppenklinik (dort gibt es tatsächlich so etwas) und ließ sie operieren. Pandy wurde einem Facelifting, oder was auch immer man bei Puppen macht, unterzogen, und bald war sie auch äußerlich wieder so schön, wie sie in den Augen des Menschen, der sie liebte, immer gewesen war. Ich weiß nicht, ob sie auch für Barbie schöner war, aber jetzt war es zumindest für andere Menschen möglich zu sehen, was Barbie immer in Pandy gesehen hatte.

Als Pandy neu war, liebte Barbie sie. Sie feierte ihre Schönheit. Als Pandy alt und verschlissen war, liebte Barbie sie immer noch. Ihre Liebe war reifer geworden. Nun liebte sie Pandy nicht einfach, weil sie schön war, sondern sie liebte sie mit einer Liebe, die Pandy Schönheit verlieh.

Inzwischen sind weitere Jahre vergangen. Das Nest meiner Schwester wird bald leer sein. Courtney ist ein Teenager und wird bald eine junge Frau sein. Andy jr. steht schon in den Startlöchern.

Und Pandy? Pandy bereitet sich auf die nächste Schachtel vor.

Zwei Wahrheiten

Es gibt zwei grundlegende Wahrheiten über uns Menschen.

Wir alle sind Lumpenpuppen. Fehlerhaft und schmuddelig, zerbrochen und verbogen. Seit dem Sündenfall lebt jeder Mensch am Abgrund der Schäbigkeit. Teilweise ist das etwas, was uns einfach widerfährt. Vielleicht sind in unseren Genen bestimmte Schwächen angelegt. Oder vielleicht haben uns unsere Eltern gerade in dem Augenblick im Stich gelassen, in dem wir sie am meisten brauchten. Aber das ist nur die halbe Wahrheit. Jeder von uns legt sich sein eigenes Guthaben auf dem Lumpenkonto an. Wir entscheiden uns dafür, andere zu täuschen, wenn wir die Wahrheit sagen sollten. Wir schimpfen, wenn ein großzügiges Lob angebracht wäre. Wir werden untreu, wenn wir loyal sein sollten.

Wie ein Tintenspritzer in einem Glas Wasser durchdringt diese Schäbigkeit unser ganzes Leben. Unsere Worte und Gedanken sind nie völlig davon frei. Wir sind eben Lumpenpuppen.

Aber wir sind Gottes Lumpenpuppen. Er sieht unsere Schäbigkeit und liebt uns trotzdem. Unsere Verschlissenheit ist nicht mehr das Wichtigste an uns.

Wir sind nicht so schäbig geschaffen. Ganz am Anfang umgab den Menschen ein Wunder, das Gott dazu bewegte, bei seinem Anblick »sehr gut« zu sagen. Den Menschen umgab ein Wunder, das den Autor des Buches Genesis dazu veranlasste zu schreiben, dass der Mensch nach dem Bild Gottes geschaffen war. Den Menschen umgibt ein Wunder, das auch unsere Schäbigkeit nicht völlig auslöschen kann.

Auch Sie persönlich umgibt dieses Wunder. Die Verschlissenheit ist nicht Ihre wahre Identität. Schäbig zu sein ist nicht Ihr Schicksal, auch nicht meins. Wir sind vielleicht nicht liebenswert, aber wir sind geliebt.

Und wir können auf Dauer nicht geliebt sein, ohne uns zu verändern. Wenn Menschen Liebe erfahren (und mit Liebe meine ich hier nicht nur herzliche

Gefühle gegenüber anderen Menschen; ich meine wahre Liebe, die manchmal hart und herausfordernd und sogar schmerzhaft sein kann), dann fangen sie an, liebenswert zu werden.

Das gilt auch für den physischen Bereich. Psychologen haben herausgefunden, dass sich die positive Erregung darüber, geliebt zu werden, auf den Herzschlag auswirkt: Ihr Gesicht strahlt, die Lippen röten sich mehr als sonst und die Ringe unter den Augen sind fast nicht mehr zu sehen! Stark empfundene Gefühle sorgen dafür, dass sich Ihre Pupillen weiten und Ihre Augen strahlender und klarer aussehen. Wir sind so konstruiert, dass selbst unser Körper schöner wird, wenn er geliebt wird.

Wir kennen überwiegend die Art von Liebe, die sich auf jemanden oder etwas von großem Wert konzentriert. Diese Art der Liebe feiert die Schönheit oder Stärke dessen, der geliebt wird. Wir sind vertraut mit einer Liebe, die sich zu einem Objekt hingezogen fühlt, weil es teuer oder attraktiv ist, oder der Person, die mit diesem Objekt verbunden ist, einen gewissen Status verleiht.

Die alten Griechen hatten ein Wort für diese Art der Liebe: Das Wort »eros«. Wenn wir dieses Wort hören, denken wir vermutlich zuerst an unser Wort »erotisch«, aber »eros« war mehr als eine rein sexuelle Liebe. Im Wesentlichen beschreibt »eros« eine Liebe, die ich in etwas investiere, was meine Wünsche erfüllt, meine Bewunderung besitzt oder meine Lust befriedigt. »Eros« ist die Liebe, die sich auf Schatzsuche befindet. Sie ist der Lohn, der mit dem Titel »Miss Amerika« oder »Erotischster Mann des Jahres« einher geht.

Schon sehr früh lernen wir diese Art der Liebe kennen. Studien zeigen, dass Erwachsene hübsche Babys häufiger anlächeln, küssen und knuddeln als eher unansehnliche Babys. Väter kümmern sich mehr um niedliche Babys als um solche, die allgemein als nicht so süß bezeichnet wurden.

Karen Lee-Thorp bemerkt, dass die Geschichten, die man Kindern erzählt, dies verstärken: »Der Prinz war nicht von Aschenputtels intelligenter, einfühlsamer Konversation bezaubert; er war vernarrt in ihre schicke Garderobe und ihre kleinen Füße. Schneewittchen und Dornröschen schnappten sich ihre Männer, während sie im Koma lagen« (aus: »Why Beauty Matters« [Warum Schönheit doch zählt], NavPress 1997). Rapunzel verbrachte zwanzig Jahre im Turm und hatte nie Frisurprobleme.

»Eros« – die Liebe, die aus einem Bedürfnis, aus Bewunderung und aus Verlangen heraus entsteht – ist nicht notwendigerweise eine schlechte Art der Liebe. Es ist gut, dass ein Kind die Mutter liebt, deren Milch für es Leben bedeutet. Es ist gut, wenn ein Mann die Schönheit der von ihm geliebten Frau feiert.

Aber »eros« alleine ist zu unsicher, um Ihr Leben darauf aufzubauen, wenn Sie eine angeschmuddelte Lumpenpuppe sind. Dann stehen Sie in einem aussichtslosen Wettbewerb, in dem Sie ständig beweisen müssen, dass Sie schön genug, schlau genug, stark genug oder geistlich genug sind, um Liebe zu verdienen. Sie müssen ständig Angst davor haben, die unansehnlichen Ecken Ihres wahren Ichs zu zeigen. Nein, Lumpenpuppen brauchen eine Liebe, die aus härterem Holz geschnitzt ist als »eros«.

Gott sei Dank gibt es eine Liebe, die ihr Objekt wertvoll macht. Es gibt eine Liebe, die abgenutzte Lumpenpuppen zu kostbaren Schätzen werden lässt. Es gibt eine Liebe, die sich aus Gründen, die niemand je verstehen wird, zu schäbigen kleinen Geschöpfen hingezogen fühlt und sie dadurch kostbarer werden lässt, als sie selbst es je für möglich gehalten hätten. Das ist eine Liebe, die den Verstand übersteigt. Das ist die Liebe Gottes. Das ist die Liebe, mit der Gott Sie und mich liebt.

Gott hat uns in erster Linie aus Liebe geschaffen. Theologen betonen gern, dass Gott alles aus freier Entscheidung geschaffen hat, nicht aus einer Notwendigkeit heraus. Das ist ein sehr wichtiger Gedanke – es bedeutet nämlich, dass Gott uns nicht etwa schuf, weil ihm gerade langweilig war, weil er sich einsam fühlte oder nichts anderes mit sich anzufangen wusste.

Gott erschuf uns nicht aus einer Notwendigkeit heraus. Er schuf uns vielmehr aus seiner großen Liebe heraus. C. S. Lewis schrieb: »Gott, der nichts braucht, liebt völlig überflüssige Geschöpfe ins Dasein, um sie zu lieben und vollkommen zu machen« (aus: »Was man Liebe nennt«, Brunnen 1998).

Aber das volle Ausmaß der Liebe Gottes zeigte sich noch nicht so sehr darin, dass er sich dazu entschloss, uns zu erschaffen. Es kam erst richtig zum Tragen, als wir schäbig und unliebenswert geworden waren.

Paulus formulierte es folgendermaßen: »Diese Liebe zeigt sich darin, daß Christus sein Leben für uns hingegeben hat. Zur rechten Zeit, als wir noch in der Gewalt der Sünde waren, ist er für uns gottlose Menschen gestorben. Nun wird sich kaum jemand finden, der für einen Gerechten stirbt; allenfalls opfert sich jemand für eine gute Sache. Wie sehr Gott uns liebt, beweist er uns damit, daß Christus für uns starb, als wir noch Sünder waren« (Römer 5, 6-8).

Denn Gott kennt unser Geheimnis. Er weiß, dass wir verschlissen sind. Der Prophet Jesaja sagte vor einigen tausend Jahren: »Wir alle sind von Unrecht befleckt; selbst unsere allerbesten Taten sind unrein wie ein schmutziges Kleid« (Jesaja 64,6).

Jeder von uns weist Verschleißerscheinungen auf; wir sind so durch Sünde und Schuld in Mitleidenschaft gezogen, dass es für Gott eigentlich längst logisch gewesen wäre, den Menschen auszurangieren, wegzuschmeißen und nochmal neu anzufangen.

Aber Gott konnte sich nicht dazu überwinden. Also entschloss er sich zu einer Runderneuerung. Er schuf einen Ort, an dem die schmutzigen Kleider gewechselt und die Schuld abgelegt werden kann, die die Objekte seiner Liebe so unliebenswert erscheinen ließen.

Diesen Ort gibt es wirklich. Es ist das Kreuz.

Normale menschliche Liebe kann unter Umständen Opfer für eine gute Sache bringen, wie Paulus schreibt. Aber Gott ging bis zum Äußersten, um seine Liebe zu uns unter Beweis zu stellen. Er starb für uns genau zur rechten Zeit, nämlich als wir verschlissen, schwach und voller Flecken waren.

Die Autoren der Bibel wollten nicht das bereits besetzte Wort »eros« verwenden, um diese andere Art der Liebe zu beschreiben. Deshalb wählten sie dafür ein ziemlich farbloses Wort, nämlich »agape«. Die Griechen verwendeten dieses Wort nicht sehr oft, aber nun hatte es eine neue Bedeutung bekommen.

Ein altes Wort für diese Art der Liebe ist »Barmherzigkeit«. Barmherzigkeit ist ein Ausdruck für Liebe in Form eines reinen Geschenkes. Dieses Wort wird nicht mehr sehr oft verwendet, weil es oft einen gönnerhaften oder abwertenden Beigeschmack hat. Keiner möchte schließlich ein Wohltätigkeitsfall sein.

Aber letztlich ist diese absolute Liebe ein unverdientes Geschenk an uns.

C. S. Lewis schrieb: »Wir alle empfangen Barmherzigkeit. In jedem von uns steckt etwas, das man natürlicherweise nicht lieben kann. Es ist niemandes Fehler, wenn er es nicht liebt. Nur das Liebenswerte kann ganz natürlich geliebt werden. Sie könnten Menschen genauso bitten, den Geschmack von verschimmeltem Brot oder das Geräusch eines Bohrers zu mögen. Wir können trotzdem Vergebung, Gnade und Liebe finden – durch Barmherzigkeit; es gibt keine andere Möglichkeit. Jeder, der gute Eltern, Ehefrauen, Ehemänner oder Kinder hat, kann sicher sein, dass er irgendwann Barmherzigkeit empfängt und nicht geliebt wird, weil er liebenswert ist, sondern weil die Liebe selbst in denen ist, die ihn lieben« (aus: »Was man Liebe nennt«, Brunnen 1998).

Zur Liebe berufen

Im Neuen Testament finden sich zwei Gebote, die den Kern unserer Antwort auf die Liebe Gottes ausmachen. Sie lassen sich nicht voneinander trennen. In diesen beiden Geboten, sagt Jesus, drückt sich im Wesentlichen der ganze Wille Gottes aus: »Der Herr ist unser Gott, der Herr und sonst keiner. Darum liebt ihn von ganzem Herzen und mit ganzem Willen, mit ganzem Verstand und mit aller Kraft. Das Zweite ist: Liebe deinen Mitmenschen wie dich selbst! Es gibt kein Gebot, das wichtiger ist als diese beiden« (Mk 12,29-31).

Gott zu lieben bedeutet, auch die Menschen zu lieben, die Gott so wichtig sind. In den Worten Jesu ausgedrückt: »Was ihr einem von diesen Kleinen getan habt, das habt ihr mir getan.«

»Liebe mich, liebe meine Lumpenpuppen«, sagt Gott. Auch hier gibt es nur den Doppelpack.

Wenn es uns ernst damit ist, Gott zu lieben, müssen wir bei den Menschen anfangen, und zwar bei *allen* Menschen. Und wir müssen vor allem lernen, die Menschen zu lieben, die die Welt normalerweise als Ausschuss betrachtet ...

Zur Zeit Jesu waren die Menschen, die sich ihres schäbigen Zustandes bewusst waren, am empfänglichsten für die Liebe Jesu. Eines Tages war Jesus bei einem Pharisäer namens Simon zum Essen, der sich auch aus der Sicht Gottes für einen durchaus liebenswerten Mann hielt.

Da betrat eine Frau das Haus. Lukas berichtet uns, dass sie eine »Sünderin« war, was vermutlich höflich ausgedrückt bedeutete, dass sie eine Prostituierte war. Zweifellos war sie ein ungebetener Gast und schockierte mit ihrer Anwesenheit alle – außer der einzigen wirklich heiligen Person in diesem Haus. Sie hatte ihren Ruf verloren, den größten Teil ihrer Tugend eingebüßt und war, ganz allgemein gesagt, ziemlich verschlissen. Sie hieß Pandy.

Sie war nicht immer so gewesen. Es hatte eine Zeit gegeben, da war sie die kleine Tochter von jemandem gewesen. Damals hatte jemand Träume für sie gehabt ... vielleicht. Sie hatte selbst Träume gehabt ... unter Umständen. Aber diese Zeit lag schon lange zurück. Es war schon viele Jahre her, dass sie sich öffentlich in schicklicher Gesellschaft befunden hatte. Es kostete sie allen Mut, den sie aufbringen konnte, den Blicken und dem Getuschel im Raum die Stirn zu bieten.

Sie stand hinter Jesus, bei seinen Füßen (zu dieser Zeit lag man beim Essen, statt an einem Tisch zu sitzen). Aber als sie sich überwinden konnte, Jesus in die Augen zu blicken, sah sie dort keine Verachtung, sondern Liebe.

Sie hatte kostbares Parfümöl mitgebracht, um Jesus zu salben. Das geschah normalerweise, indem man jemandem das Öl über den Kopf goss. Aber als sie Jesus ansah, kamen ihr die Tränen. Vielleicht dachte sie daran, wie sie das Geld für dieses Parfüm verdient hatte. Oder sie erinnerte sich an das unschuldige kleine Mädchen, das sie einmal gewesen war. Vielleicht dachte sie auch an die Kluft zwischen dem, was aus ihr geworden war, und dem, was sie einmal hatte werden wollen. Wie auch immer, jedenfalls begann sie, Jesus statt den Kopf die Füße mit einer Mischung aus Parfüm und Tränen zu salben.

Und dann löste sie ihr Haar. Das galt als unanständige Geste; sie verletzte damit gesellschaftliche Normen: Respektable jüdische Frauen trugen ihr Haar in der Öffentlichkeit nie offen. Als Prostituierte hatte sie ihr Haar schon viele Male gelöst, und jedes Mal hatte sie ihrem Herzen eine neue Wunde und ihrer Seele eine neue Schramme zugefügt. Sie hatte ihr Haar schon oft gelöst und nun tat sie es noch einmal. Aber dieses sollte das letzte Mal sein. Dieses Mal machte sie es richtig. Die Tage ihrer Schäbigkeit waren gezählt.

Simon wartete nur darauf, Jesus erklären zu können, wer diese Frau war. Bevor wir zu hart mit Simon ins Gericht gehen, lohnt es sich zu fragen, wie ich an seiner Stelle reagiert hätte. Diese Frau hatte sich mit ihrem Lebensstil schließlich Gott widersetzt. Sie hatte die allgemein geltenden Treuemaßstäbe herabgesetzt. Sie hatte vielleicht dazu beigetragen, ein paar Familien zu zerrütten. Man kann nicht über ihre Fehler hinwegsehen. Ein Wort zu Moral und Anstand scheint hier nicht fehl am Platz zu sein.

Aber Jesus ist auf geradezu schockierende Weise bereit, ihr zu vergeben. Er erkennt, im Gegensatz zu Simon, dass das Gericht schon vollzogen ist, wenn echte Reue einsetzt. Er macht Simon klar, dass dieser ihm nicht einmal Wasser zur Verfügung gestellt hatte, damit Jesus sich die Füße waschen konnte. Diese Frau hatte ihm aber die Füße mit allem gesalbt, was sie besaß, vermischt mit ihren Tränen. Simon hatte ihm keinen Begrüßungskuss angeboten, während die Frau aber überhaupt nicht mehr aufhören konnte, ihm die Füße zu küssen. Während Simon ihm nicht einmal billiges Olivenöl zur Erfrischung angeboten hatte, hatte die Frau ihn mit sündteurem Parfümöl gesalbt.

Simon konnte nicht viel Liebe empfangen, weil er sich hartnäckig an den Gedanken klammerte, dass er nicht viel Vergebung nötig hatte. Sein Gefühl der moralischen und geistlichen Überlegenheit führte dazu, dass er das Bewusstsein für seinen eigenen armseligen Zustand zu verlieren begann. Auf diese Weise wurde sein Herz langsam weniger liebevoll und liebenswert als das der Sünderin, die er so verachtete.

Aber sie wusste es. Die Frau wusste genau, wer sie war, und sie wusste auch, dass Jesus es wusste und sie trotzdem liebte. Und so wurde sie verändert. »Deine Schuld ist dir vergeben! Dein Vertrauen hat dich gerettet. Geh in Frieden« (Lk 7,48f.), sagte Jesus zu ihr. Damit erstaunte er Simon mehr als seine Gäste und die Frau noch mehr als Simon.

»Sie ist vielleicht nur eine verschlissene Lumpenpuppe«, sagte Jesus, »aber sie gehört zu mir. Liebe mich. Liebe meine Lumpenpuppen.« Es ist ein Sammelpack ...

Woraus besteht dieses Wunder der Liebe? Ich denke, dass drei Dinge den nicht mehr reduzierbaren Kern von Liebe ausmachen. Und ich muss lernen, jedes dieser drei Elemente der Liebe Gottes anzunehmen, wenn ich als sein Kind wachsen will.

Liebe bedeutet, *für* die geliebte Person zu sein

Wenn ich jemanden liebe, bedeutet das, dass ich für ihn bestimmte Hoffnungen, Absichten und Wünsche habe. Ich stehe auf seiner Seite. Ich will sehen, dass er gedeiht und aufblüht. Ich wünsche mir, dass er mit Freude und Schönheit erfüllt wird. Liebe sehnt sich danach: »Ihr sollt ja rein und fehlerlos werden und euch als Gottes vollkommene Kinder erweisen mitten unter verirrten und verdorbenen Menschen; ihr sollt leuchten unter ihnen wie die Sterne am nächtlichen Himmel« (Phil 2,15).

Das heißt aber auch, dass wir manchmal vielleicht etwas tun müssen, was der Person, die wir lieben, Schmerz bereitet. Liebe wird oft mit Nachsichtigkeit verwechselt. Wenn wir von Liebe sprechen, meinen wir oft damit, immer das zu tun, was die Person, die wir lieben, von uns erwartet. Aber das ist natürlich nicht Liebe; es ist nicht einmal vernünftig. Probieren Sie das bei einem dreijährigen Kind aus, und ich wette mit ihnen, dass es keine vier Jahre alt werden wird.

Zu sagen, dass Jesus die Menschen liebte, ist nicht gleichbedeutend damit, dass er immer das tat, was sie von ihm erwarteten. Dan Allender schreibt: »Wenn Christus die Art der Liebe praktiziert hätte, die wir heute so befürworten, hätte er ein stattliches Alter erreicht.« Er führt weiter aus, dass wahre Liebe in vielen Fällen »diejenigen, die geliebt werden, entnerven, angreifen, beunruhigen oder verletzen wird« (Dan B. Allender & Tremper Longman: »Bold Love«, NavPress, 1992).

Für jemanden zu sein geht tiefer, als ihn nur vor Schmerz bewahren zu wollen. Wenn ich wirklich für einen Menschen bin, dann bin ich auch bereit, schmerzhafte Aussagen zu riskieren, wenn Schmerz die einzige Möglichkeit ist, Wachstum zu fördern. »Denn wen der Herr liebt, den erzieht er mit Strenge« (Hebr 12,6). Echte Liebe ist bereit, den anderen zu warnen, zu tadeln, zu konfrontieren oder zu ermahnen, wenn es nötig ist.

Wir sollen einander lieben, wie Christus die Kirche geliebt und sich selbst für sie hingegeben hat, »denn er wollte sie als seine Braut in makelloser Schönheit vor sich stellen, ohne Flecken und Falten oder einen anderen Fehler, heilig und vollkommen« (Eph 5,27). Achten Sie darauf, dass Paulus nicht schreibt, dass Jesus die Kirche liebte »und sagte, dass ihre Flecken, Falten und anderen Fehler keine Rolle spielten«. Er wollte nicht nur eine Fehlerreduktion um fünfzig Prozent. Wahre Liebe möchte, dass der andere die makellose Schönheit erreicht, die Gott ihm zugedacht hat – keine Flecken, keine Falten, keine Fehler. Solche Makel zu entfernen geht fast nie ohne Schmerzen ab. Manchmal bedeutet Liebe auch, jemandem die Stirn zu bieten oder sich gegen ihn zu stellen.

Aber das geschieht nur demütig und widerstrebend. Echte Liebe möchte nie jemandem Schmerz um des Schmerzes willen zufügen. Aber oft bin ich nicht nur bereit, jemandem Schmerz zuzufügen, ich bin geradezu begierig darauf. Eine sicheres Kriterium ist: Ich habe die falschen Motive, einem anderen Menschen Schmerz zu bereiten, wenn ich daran auch nur das leiseste Anzeichen von Freude empfinde. Gottes Liebe bringt ihn dazu, unendlich mehr Schmerz um unsretwillen auf sich zu nehmen, als wir jemals tragen könnten: »Er hat seinen Sohn gesandt, damit er durch seinen Tod Sühne leiste für unsere Schuld« (1 Joh 4,10).

Für jemanden zu sein bedeutet, sich mit ihm zu identifizieren, ihn anzufeuern; seine Siege zu feiern und seine Rückschläge zu beklagen. Für jemanden zu sein bedeutet, ihm zutiefst und aufrichtig Gutes zu wünschen.

Das zeigt, wie schwer es ist, wirklich zu lieben. Ich muss zugeben, dass ich meinen Feinden nicht unbedingt Erfolg wünsche. Und noch demütigender ist die Tatsache, dass ich, wenn ich ganz ehrlich bin, oft auch meinen Freunden keinen allzu großen Erfolg wünsche.

Dem Apostel Paulus verschlug es den Atem, als er erkannte, dass Gott trotz seines armseligen Zustands für ihn war: »Gott selbst ist für uns, wer will sich dann gegen uns stellen? ... Kann uns noch irgendetwas von Christus und seiner Liebe trennen?« (Röm 8, 31.35).

Zu wissen, dass Gott uns liebt, bedeutet, dass Gott für uns ist. Gott wünscht uns mehr Erfolg, als wir selbst uns vorstellen können.

Liebe freut sich an der Person, die sie liebt

Dieser Aspekt betrifft das Herz dessen, der liebt. Wenn ich jemanden liebe, dann geschieht das nicht einfach aus Pflichtgefühl.

Ich erinnere mich an einen christlichen Redner, der sagte, dass man seinen Ehepartner immer »trotz« und nicht »weil« lieben sollte. Aber wer möchte schon der Adressat solcher Liebe sein? Stellen Sie sich vor, ich hätte meiner Frau einen Heiratsantrag mit folgenden Worten gemacht: »An dir ist zwar eigentlich nichts, wofür sich ein vernünftiger Mensch erwärmen könnte, aber weil ich so großzügig und edel gesinnt bin, werde ich mir die Nase zuhalten und dich trotzdem lieben.« Ich vermute, dass ich mit meinem Antrag nicht sehr viel Erfolg gehabt hätte.

Nein, wenn wir jemanden lieben, dann leuchten unsere Augen schon bei seinem bloßen Anblick auf. Das wird sehr schön im Buch Exodus formuliert, als Gott Mose aus dem brennenden Dornbusch heraus sagt, dass sein Bruder Aaron unterwegs ist, um ihm entgegenzugehen: »Wenn er dich sieht, wird er sich von Herzen freuen« (Ex 4,14; Einheitsübersetzung). Wenn Sie jemanden sehen, den Sie lieben, wird Ihr Herz froh.

Liebe besteht nachdrücklich darauf, dass derjenige, der geliebt wird, auch wirklich geliebt werden *sollte.* Liebe feiert den geliebten Menschen. Das ist der Grund, warum Liebe seit jeher ihren tiefsten Niederschlag in romantischen Liebesliedern findet, und das wird auch immer so bleiben.

Es ist wichtig, sich zu vergegenwärtigen, dass Gott uns so liebt. Manche Prediger oder Autoren klingen, als ob Gott uns nur mit einer »Trotzdem-Liebe« lieben würde. Natürlich gibt es vieles an uns, »trotzdem« Gott uns lieben muss. Aber unser armseliger, schäbiger Zustand ist nicht alles, was uns ausmacht. Wie Lewis Smedes es ausdrückt, mag es vielleicht schlimm sein, dass Gott für mich sterben musste, aber es ist doch wunderschön, dass Gott mich für so wertvoll hält, dass er dazu bereit war. Wir sind vielleicht verschlissen, aber wir sollten diese Verschlissenheit niemals mit Wertlosigkeit verwechseln.

Gott liebt Sie nicht, weil er muss, sondern er liebt Sie, weil er es möchte. Gott freut sich über Sie. Das bedeutet natürlich nicht, dass Gott sich über alles freut, was Sie machen. Das tut nicht einmal Ihre eigene Mutter, wenn sie ihren gesunden Menschenverstand beisammen hat. Aber die Tatsache, dass Sie existieren – so, wie Sie sind –, ist in Gottes Augen etwas sehr Gutes. Gott *möchte* Sie lieben.

Der Psalmist spricht davon, dass Gott ihn als seinen »Augapfel« betrachtet (Ps 17,8; Einheitsübersetzung). Der Begriff »Augapfel« wird in der Bibel einige Male verwendet. Er bezeichnet das, was Sie sehen, wenn Sie einem anderen Menschen aus kürzester Entfernung direkt ins Auge blicken. Sie sehen Ihr Bild im Auge des anderen. Übertragen Sie das auf Ihre Beziehung zu Gott: Sie sehen sich selbst im liebevollen Blick des Vaters reflektiert. Sie sind Gottes Augapfel!

Natürlich wird jeder, der liebt, manchmal von der Person enttäuscht, die er liebt. Er kennt den Schmerz der unerwiderten Liebe. Wer liebt, singt nicht nur Liebeslieder; er singt häufiger als alle anderen den Blues.

Auch Gott geht es so. »Als Israel noch jung war, gewann ich es lieb. Aus Ägypten rief ich es wie ein Vater seinen Sohn. Immer wieder rief ich die Leute von Israel durch meine Propheten, aber sie liefen von mir weg ... Dabei war doch ich es, der Efraïm die ersten Schritte gelehrt und es auf den Armen getragen hatte. Aber sie erkannten nicht, daß ich mich um sie kümmerte ... Mit Seilen der Liebe leitete ich sie. Ja, ich war für sie wie der Bauer, ... der sich sogar bückt, um ihm sein Futter hinzuhalten ... Mein Volk kehrt nicht um und hält an seiner Auflehnung gegen mich fest« (Hos 11,1-7).

Gott hat im Übermaß, was alle Liebenden bis zu einem gewissen Grad haben, nämlich die Gabe der doppelten Sichtweise: » ... all das Lob unter dem Himmel hält ihren Liebhaber nicht davon ab zu wissen (mit vernünftiger Genauigkeit und unvernünftiger Liebe), wann sie faul, unanständig oder böswillig ist. Sie hat ein doppeltes Wesen und er kann eine doppelte Sichtweise entwickeln« (aus: Charles Williams: »He Came Down from Heaven«, Eerdmans, 1984, S. 107).

Gott sieht mit absoluter Klarheit, wer wir sind. Er ist total im Bilde über unsere Schäbigkeit. Aber wenn Gott uns ansieht, dann sieht er viel mehr als das, was wir sind. Er sieht auch, wer wir sein können und wie wir eines Tages werden sollen. Wir sagen manchmal, dass Liebe blind macht, aber das stimmt nicht. Nur die Liebe allein sieht richtig, weil sie eine doppelte Sichtweise hat. Während Gott uns ansieht, fängt er an, das Gute und Schöne in uns an die Oberfläche zu locken, damit es eines Tages nicht nur für ihn, sondern für alle Welt sichtbar wird. Und das macht sein Herz froh.

Liebe dient der Person, die sie liebt

Mehr als alles andere zeichnet sich die Liebe dadurch aus, dass sie gibt. Geben ist für die Liebe wie Essen für den Hunger. Geben ist der natürliche Ausdruck von Liebe. »Gott hat die Menschen so sehr geliebt ...«, beginnt einer der bekanntesten Verse der Bibel (Joh 3,16).

Geben verleiht der Liebe Charakter. Ohne praktische, dienende Gesten hat die Liebe kein Knochengerüst, nichts, was sie stützen könnte.

»Eros« findet es im Anfangsstadium leicht zu geben. Karten, Blumen und Zärtlichkeiten fließen so breit dahin wie der Nil. Der anfängliche Gefühlsschub beim Verliebtsein wirkt dabei unterstützend. Diese Gefühle sind so etwas wie emotionale Stützräder – aber früher oder später muss man doch selbst die Balance halten lernen. »Eros« gibt vielleicht gern – aber nur, wenn es dafür eine angemessene Gegenleistung gibt.

Echte Liebe aber gibt auch dann, wenn keine Gegenleistung zu erwarten ist.

Ich habe einmal die Geschichte von einem achtjährigen Jungen gelesen, dessen jüngere Schwester Leukämie hatte. Man sagte ihm, dass seine Schwester ohne eine Bluttransfusion sterben würde. Seine Eltern fragten ihn, ob sie sein Blut testen dürften, um zu sehen, ob es mit ihrem Blut kompatibel war. Er willigte ein. Sie ließen sein Blut testen und es passte. Dann fragten sie ihn, ob er seiner Schwester sein Blut spenden würde, da dies die einzige Überlebenschance für sie wäre. Er sagte, dass er darüber über Nacht nachdenken würde.

Am nächsten Tag sagte er seinen Eltern, dass er bereit wäre, sein Blut zu spenden. Sie brachten ihn ins Krankenhaus und legten ihn auf eine Bahre neben seine kleine Schwester. Beide wurden an den Tropf gehängt. Eine Krankenschwester nahm dem Jungen einen halben Liter Blut ab. Der Junge lag schweigend da, als das Blut, das seine Schwester retten sollte, vom Tropf herunterrann. Schließlich kam der Arzt vorbei und fragte, wie es ihm ging. Da öffnete der Junge die Augen und fragte: »Wann werde ich denn sterben?«

Liebe ist erst dann völlige Liebe, wenn sie gibt.

Noch eine Geschichte über eine Lumpenpuppe. Diese hier heißt Al.

Al war mein Schwiegervater. Er war ein unkomplizierter Mensch, den man leicht mögen konnte. Er war von Natur aus sportlich und hielt sich leidenschaftlich gern im Freien auf. Er liebte Jagen und Angeln. Als wir unsere erste Tochter bekamen (sein erstes Enkelkind, da meine Frau keine Geschwister hat), war uns nicht klar, wie begeistert Al von der Aussicht war, sie mit hinaus in die Natur zu nehmen. Bis wir eines Tages von meinen Schwiegereltern zurückfuhren, wo Al mit Laura heimlich geübt hatte.

Sie war etwa ein Jahr alt und wir stellten ihr die ganzen Routinefragen, die erstgeborene Kinder erleiden müssen: »Laura, wie macht eine Katze?«

»Miau.«

»Und wie macht ein Hund?«

»Wau, Wau.«

»Und welches Geräusch macht ein Vogel?«

»Peng!«

Ihr Großvater wollte, dass sie mit der Realität des Lebens vertraut war.

Al war ein Mann, dem es relativ egal war, was man über seine

Frau oder seine Tochter sagte – man durfte nur niemals etwas gegen seinen Hund sagen. Der Hund, Eppie, war, um die Wahrheit zu sagen, ziemlich feist, aber Al wollte davon nichts hören. Er bestand darauf, dass sein Hund eine ganz besondere Rasse war – »ein kurzbeiniger Labrador«. Dass der Bauch des Hundes so nah über dem Boden hing, lag nicht daran, dass er so dick war, sondern daran, dass eben die Beine kurz waren.

Als Schwachpunkt war die Flasche. Er war Alkoholiker, wie auch sein Vater, sein Onkel und sein Bruder. Sein Alkoholismus bewirkte bei ihm keine Nachlässigkeit; er versäumte weder seine Arbeit noch verschwendete er sein Geld. Aber der Alkohol machte es schwer zu erkennen, was in ihm vorging. Nancy war sich immer sicher, dass ihr Vater sie liebte, wenn auch nur auf seine eigene, armselige Weise. Er sagte es nie geradeheraus. Wenn sie ihm manchmal am Telefon sagte, dass sie ihn liebte, murmelte er allerhöchstens einmal schnell: »Ich dich auch.« Aber so etwas sagte er nie von sich aus.

In einem Herbst wurde seine Haut plötzlich gelb und die Ärzte sagten ihm, dass der Verdacht auf Bauchspeicheldrüsenkrebs bestünde. Bauchspeicheldrüsenkrebs verlief zu dieser Zeit fast immer tödlich. Wir warteten bei ihm zu Hause darauf, dass er mit dem Untersuchungsergebnis heimkam. »Mich hat's erwischt!«, waren seine ersten Worte, als er zur Tür herein kam. Sehr viel mehr sagte er dazu nicht. Manchmal sahen wir ihn aus dem Fenster starren, aber es war schwer zu erkennen, was in ihm vorging.

Er hatte sich nie viele Gedanken über Gott gemacht. Er war Gott gegenüber nicht direkt feindlich eingestellt, eher desinteressiert. Wir versuchten jetzt mit ihm darüber zu sprechen, kamen aber nicht weit.

Bis eines Tages meine Mutter Al besuchte. Sie sprach mit ihm über die gemeinsamen Enkelkinder und über die Unberechenbarkeit des Lebens. Vielleicht würde sie ja zuerst gehen – aber was wäre, wenn Al sterben würde und die Enkelkinder eines Tages fragen würden, was mit ihm und Gott gewesen wäre? Was sollte sie dann sagen? Wie stand es um Al und Gott?

»Prima!«, sagte er. »Mit mir und Gott ist alles in Butter. Warum fragst du?«

Sie erklärte ihm, wie Gott uns seine Liebe gezeigt hatte, indem Jesus für uns gestorben war, als wir noch schäbige Lumpenpuppen waren.

Der Tag dämmert heran, das Eis schmolz, und Al betete und übergab Gott sein Leben.

Und Gott nahm schnell einige notwendige Operationen vor. Al und ich begannen, gemeinsam das Johannesevangelium zu lesen. Er las ein paar Abschnitte für sich, dann redeten wir darüber und zum Abschluss beteten wir normalerweise miteinander. Ein oder zweimal hielten wir uns beim Beten sogar an den Händen.

Als der Krebs schon weit fortgeschritten war, lag Al im Bett, zu schwach und ausgezehrt, um sich aufzusetzen.

Wir beendeten unsere Unterhaltung über Jesus.

»Und jetzt lass uns beten«, sagte Al. Das war erstaunlich, weil er zuvor nicht sehr oft von sich aus angeregt hatte zu beten.

»Gut.«

»Und gib mit deine Hand«, sagte Al. Er langte herüber und nahm meine Hand.

Mir fiel auf, dass diese Hand, die ein Leben lang Bälle geworfen, Golfschläger geschwungen, die Angel ausgeworfen, Schrotflinten abgeschossen und unzählige Gläser Bier gehoben hatte, jetzt in ihrer Schwäche viel schöner war als jemals in ihrer ganzen Stärke.

Kurze Zeit später kam Al ins Krankenhaus. An einem Freitagabend rief er Nancy an. Sie sprachen eine Weile miteinander, und bevor Nancy den Hörer auflegte, hörte ich sie einen Satz sagen, den ich mein Leben lang nicht mehr vergessen werde.

»Ich liebe dich auch, Paps«, sagte sie.

Ich fragte sie, ob dieser Satz das bedeutete, was ich vermutete.

Ja, ihr Vater hatte gesagt, dass er sie liebte. Von sich aus und ohne Vorgabe.

Das war am Freitagabend. Am nächsten Tag erlitt Al einen Schlaganfall, was bei seinem Gesundheitszustand nichts Ungewöhnliches war. Sechs Wochen lang siechte er dahin und war nicht in der Lage zu sprechen oder die einfachsten Körperfunktionen zu kontrollieren. Dann starb er.

Das letzte Mal, das Nancy ihren Vater sprechen hörte, war auch das erste Mal, bei dem er gesagt hatte: »Ich liebe dich.«

Es gibt eine Art der Liebe, die den Wert in den Dingen oder Menschen sucht, die sie liebt. Es gibt eine Art der Liebe, die von Status, Wohlstand und Schönheit angezogen wird. Wir kennen diese Liebe. Wir begegnen ihr jeden Tag.

Aber es gibt auch eine Art von Liebe, die Wert in den Personen oder Dingen schafft, die sie liebt. Es gibt eine Liebe, die schäbige alte Lumpenpuppen wie Al, wie Sie und mich nimmt und mit einer Hingabe liebt, die den menschlichen Verstand übersteigt. Und wenn Sie es zulassen, wird Gott bei Ihnen einige Operationen vornehmen, bis eines Tages ... sehen Sie sich vor!

»Seht doch, wie sehr uns der Vater geliebt hat! Seine Liebe ist so groß, daß er uns seine Kinder nennt. Und wir sind es wirklich: Gottes Kinder! ... Ihr Lieben, wir sind schon Kinder Gottes. Was wir einmal sein werden, ist jetzt noch nicht sichtbar. Aber wir wissen, wenn es offenbar wird, werden wir Gott ähnlich sein« (1 Joh 1-3).

2.

Liebe schenkt Aufmerksamkeit

[Gott] drängt sich mit uns von der Wasserscheide bis zum Meer; er rempelt unsere Gedanken auf den Denkkanälen in unserem Gehirn an. Er versteckt sich in Dornbüschen und springt in Flammen gehüllt heraus, um uns zu erschrecken und sehend zu machen. Er zieht sich in Ställe und Windeln zurück, um uns zu überraschen. Er versteckt sich in Fleisch, in demselben Fleisch, das am Ende meiner Arme in Fingern ausläuft und auf meinem Kopf Haare wachsen lässt. (Virginia Stem Owen: »And the Trees Clap their Hands«, Eerdmans, 1983)

Eine ganz alltägliche Szene: Ein Ehepaar sitzt am Frühstückstisch. Einer der beiden (sagen wir mal, der Ehemann) ist völlig in die Zeitung vertieft, während die Frau ihm etwas erzählt, was ihr am Herzen liegt. Schließlich beschwert sie sich frustriert: »Du hörst mir überhaupt nicht zu.«

»Ich kann jedes Wort wiederholen, das du gesagt hast«, lautet die Standardantwort. Er demonstriert es ihr. Ist sie zufrieden? Nein! Sie erwartet nicht, dass er einfach ihre Worte wiederholt – das könnte auch ein Kassettenrekorder. Sie möchte, dass er völlig anwesend ist. Sie wünscht sich, dass er die Zeitung weglegt, ihr in die Augen schaut und ihr seine ungeteilte Aufmerksamkeit schenkt. Nur gehört zu werden reicht ihr nicht aus. Sie möchte, dass er sich um sie kümmert.

Die Macht der Aufmerksamkeit

Aufmerksamkeit ist eine der stärksten Kräfte der Welt. Abgesehen von Nahrung und Wasser braucht ein Baby den aufmerksamen Blick einer Bezugsperson. Ein Baby liegt in der Wiege und lächelt, das Gesicht über ihm lächelt zurück und das Baby realisiert, dass jemand es anschaut und beachtet und dass es wichtig ist, was das Baby macht. Freude, Wut oder Sorge des Babys spiegeln sich im Gesicht eines anderen Menschen wider. Psychologen sprechen von der »Prägephase«. Das Baby lernt, dass es möglich ist, mit einem anderen menschlichen Wesen in Kontakt zu treten, sich zu verständigen, sich auf es einzustellen. Das Gesicht schaut missmutig oder verschwindet, und das Baby versucht herauszufinden, was los ist und wie es das Gesicht dazu bringen kann, zurückzukommen. Dieses Gesicht wird zum Spiegel, durch den das Kind erfährt, ob es selbst eine Quelle der Freude oder der Enttäuschung ist. Ein Kind kann ohne dieses Gesicht nicht überleben. Das Gesicht sagt dem Kind, dass es wichtig ist.

Erik Erikson schreibt: »Kaum hat man gelernt, das vertraute Gesicht zu erkennen (den ursprünglichen Hafen des Grundvertrauens), wird man sich auch schon voller Schrecken des Unbekannten bewusst, des fremden Gesichtes, des unbewegten, sich abwendenden ... und des finsteren Gesichtes. Und hier liegt der Grundstein für ... diese unerklärliche Neigung des Menschen, das Gefühl zu haben, dass er daran Schuld ist, dass sich das Gesicht abwendet« (aus: »Einsicht und Verantwortung«, Klett-Cotta 1966, S. 102).

Wenn wir älter werden, brauchen wir immer noch Aufmerksamkeit. In einer Studie veränderten Schüler auf ein bestimmtes Zeichen von einer Person im Klassenzimmer hin während einer Unterrichtsstunde ihre Haltung. Nachdem sie sich vorher in die Bänke gelümmelt hatten, passiv waren und keinen Augenkontakt zum Lehrer hatten, lehnten sie sich nun vor und schauten den Lehrer sehr aufmerksam an. Der Lehrer wusste nichts von dieser kleinen Absprache. Nachdem er bis dahin mit monotoner Stimme etwas aus seinen Aufzeichnungen vor sich hingenuschelt hatte, reagierte er nun allmählich auf diese Veränderung in der Haltung der Schüler. Er unterstrich das Gesagte mit Gesten, schaute die Schüler mehr an und sprach schneller und energischer. Auf ein weiteres Zeichen hin nahmen die Schüler wieder ihre alte Haltung ein, und der Lehrer fiel wieder in seine frühere Monotonie zurück, »nachdem er eine gewisse Zeit lang verzweifelt nach fortgesetzer Bestätigung gesucht hatte« (Gerald Egan: »Helfen durch Gespräche«, Beltz 1996).

Als Prediger habe ich manchmal das Gefühl, dass ganze Gemeinden solche Experimente mit mir durchführen. Jeder Redner weiß, dass es bestimmte Menschen gibt, die einen ermutigen, wenn man spricht, ganz einfach indem sie aufmerksam zuhören. Als Redner hält man nach bestimmten Gesichtern Ausschau, weil sie durch ihr Lächeln, ihr Nicken oder ihre Aufmerksamkeit ausdrücken: »Mach weiter! Was du sagst, ist wichtig. Verkünde die Wahrheit!«

Eines der großen Wunder des Lebens ist, dass Gott uns seine Aufmerksamkeit schenkt. Das ist einer der Gründe dafür, dass die Autoren der Bibel so oft vom »Angesicht« Gottes sprechen. Darin drückt sich die Hoffnung des hohepriesterlichen Segens aus, den Gott dem Volk Israel gab (Num 6,24-26, Luther):

»Der Herr segne dich
und behüte dich;
der Herr lasse sein Angesicht leuchten über dir
und sei dir gnädig;
der Herr hebe sein Angesicht über dich
und gebe dir Frieden.«

Wenn Sie jemandem Ihr Gesicht zuwenden, vermitteln Sie, dass Sie dieser Person Ihre ganze und ungeteilte Aufmerksamkeit widmen. Das hat nichts mit beiläufigem und geistesabwesendem Zuhören zu tun. Dahinter steht die klare Aussage: »Ich bin ganz auf dich konzentriert.« Und mit dieser Art der Aufmerksamkeit überschüttet Gott uns geradezu.

Es kommt noch besser. Diese Bibelstelle sagt nicht nur, dass Gott uns sein Gesicht zuwendet, sondern dass er es über uns »leuchten« lassen wird. So ist der Blick stolzer Eltern, deren Kind das erste Stück auf dem Klavier vorspielt. So ist der strahlende Blick einer Braut, die durch den Mittelgang der Kirche auf ihren Bräutigam zugeht. Wir können unser Gesicht (unsere Aufmerksamkeit) ohne große Mühe jemandem zuwenden. Aber unser Gesicht strahlt und leuchtet nur in der Gegenwart der Menschen, die wir besonders lieben. Und so liebt Gott uns. Gott schenkt uns seine ganze strahlende Aufmerksamkeit.

Für den Psalmisten war es, als ob er alles verloren hätte, als er Gottes liebevolle Aufmerksamkeit vermisste (Ps 27,8-9):

»Ich erinnere mich an deine Weisung;
du hast gesagt: »Kommt zu mir!«
Darum suche ich deine Nähe, Herr.
Verbirg dich nicht vor mir!
Jag mich nicht im Zorn von dir weg!
Du hast mir doch immer geholfen;
laß mich jetzt nicht im Stich!
Verstoß mich nicht, Gott, du mein Retter!«

Für den Psalmisten gab es keine schlimmere Vorstellung als den Gedanken, dass Gott sein Gesicht vor ihm verbergen könnte.

Aufmerksamkeit ist so wertvoll, dass wir sie nicht nur geben können, sondern schenken oder schulden. In dieser Hinsicht ist sie wie Geld. Und wie Geld fließt sie im Allgemeinen denen zu, die Ansehen genießen. Je wichtiger Sie sind, desto mehr Menschen werden dem Aufmerksamkeit zollen, was Sie sagen. Im Musical »Fiddler of the Roof« grübelt der Milchmann Tevye darüber nach, dass alle Dorfbewohner an seinen Lippen hängen würden, wenn er reich wäre – selbst wenn sie keine Ahnung hätten, wovon er redete. »Wenn du reich bist, denken alle, dass du auch wirklich Bescheid weißt.«

Das Johannesevangelium (Joh 9,1 ff.) erzählt uns eine Geschichte von einem Mann, der mit Sicherheit keine irdischen Reichtümer hatte und dem niemand Aufmerksamkeit schenkte. Er wurde sein Leben lang ignoriert. Er war es einfach nicht wert, wahrgenommen zu werden. Er war blind; er war ein Bettler.

Wenn ich früher zu meinem Arbeitsplatz fuhr, kam ich an einer Kreuzung vorbei, an der fast immer ein Mann in einer alten

Uniform stand, der ein Schild trug: »Ich arbeite für Essen.« In den meisten Fällen wandten die Autofahrer, die an der Ampel auf grünes Licht warteten, die Augen ab. Manchmal gab ich ihm einen Dollar, aber meistens tat auch ich so, als ob ich ihn nicht sah.

So sah das Leben des Mannes aus, von dem Johannes in seinem Evangelium berichtet. Die Menschen bemühten sich, in die andere Richtung zu schauen; und er bemühte sich, auf irgendeine Weise ihre Aufmerksamkeit zu erregen. Damit verdiente er sich seinen Lebensunterhalt. Er wurde normalerweise ignoriert. Er war nicht nur blind, sondern auch unsichtbar.

Aber nicht für Jesus.

Die ersten Worte dieser Geschichte lauten: »Im Vorbeigehen sah Jesus einen Mann, der von Geburt blind war.« Das ist schon das erste Wunder dieser Geschichte. Wie viele Jahre waren vergangen, seit ein anderer Mensch diesem Mann sein Gesicht zugewandt hatte? Aber Jesus, der immerhin noch anderes zu tun hatte (»im Vorübergehen«), schaute ihn tatsächlich an. Jesus sah die Verletzungen und Enttäuschungen eines Lebens in Abhängigkeit, Armut und Einsamkeit. Jesus sah die Hoffnungslosigkeit eines Lebens in endloser Nacht, das die Morgendämmerung nie kennen gelernt hatte.

Kein Mensch konnte je so sehen wie Jesus.

Jesus bemerkte einen Zolleinnehmer, der ganz unauffällig in einem Maulbeerbaum saß. Er spürte es, als eine Frau, die sich verzweifelt nach Heilung sehnte, einen Zipfel seines Gewandes berührte, obwohl er sich mitten in einer drängenden Menschenmenge befand. Er sah eine Witwe, an die niemand einen zweiten Blick verschwendet hätte, und nahm wahr, dass sie alles hergab, was sie besaß. Sie brachte sein Gesicht zum Strahlen. Er widmete seine Aufmerksamkeit »unwichtigen« Kindern, die die anderen von ihm wegziehen wollten. Seine Lehren spiegeln diesen Aspekt seines Wesens wider: Er bemerkte, wie Senfsamen wuchs und Hefe aufging; er bemerkte, wie Menschen sich um die Ehrenplätze bei Partys und um prestigeträchtige Titel bemühten. Er bemerkte, wenn seine Freunde sich darüber stritten, wer der größte unter den Jüngern war; er bemerkte ihre Zweifel und ihre Angst auf einer stürmischen Bootsfahrt;

manchmal wünschten seine Jünger, dass er nicht so viel bemerken würde.

Kein Mensch konnte je so sehen wie Jesus.

In diesen ganzen Geschichten tauchen verschiedene Synonyme für das Wort »sehen« auf. Wer wegen seiner Blindheit bedauert wird, hat am Ende wahre geistliche Erkenntnis. Wer sich selbst für besonders erkenntnisreich hält, ist am Ende mit geistlicher Blindheit geschlagen. Aber Johannes lässt Jesus zu Beginn der Geschichte handeln. Jesus sieht einen Mann, den alle anderen zu ignorieren gelernt haben. »Liebe mich, liebe meine Lumpenpuppen«, sagte Jesus.

In Gottes Sinne zu leben verlangt von uns, mit neuen Augen zu sehen. Wir müssen lernen, Gottes Wirken um uns herum ständig in Aktion zu sehen.

Jesus war darin der Meister. Für ihn war es einfach offensichtlich, dass wir in einer von Gott durchdrungenen Welt leben. Er konnte seine Augen nicht aufmachen, ohne die Zeichen zu erkennen. »Schaut euch die Vögel an«, sagte er zu seinen Freunden. »Sie säen nicht, sie ernten nicht und sie legen keine Vorräte an. Sie haben keine Terminkalender oder Strategiepläne. Sie bekommen nie Magengeschwüre oder hohen Blutdruck. Aber unser Vater im Himmel versorgt sie. Der Liebhaber von schäbigen Lumpenpuppen nimmt sich ihrer an.«

Jedes Mal, wenn Sie aufwachen, einen Gedanken denken, eine Mahlzeit genießen oder einen Sonnenuntergang beobachten, sind Ihre Erfahrungen keine Zufallsereignisse. Sie sind Geschenke von Ihrem Vater.

Der Gott der Bibel sieht. »Herr, du durchschaust mich, du kennst mich bis auf den Grund«, sagt der Psalmist (Ps 139,1). Es gibt nicht die kleinste Kleinigkeit in Ihrem Leben, die für Gott nicht von immensem Interesse wäre.

Jesus war davon überzeugt. Deshalb sagte er: »Kauft man nicht zwei Spatzen für einen Groschen? Und doch fällt nicht einmal ein Spatz auf die Erde, ohne daß euer Vater es weiß. Bei euch aber ist sogar jedes Haar auf dem Kopf gezählt. Habt also keine Angst: Ihr seid Gott mehr wert als ein ganzer Schwarm Spatzen!« (Mt 10,29-31).

Jesus bemerkte, wie sehr Angst und Sorgen uns das Leben

schwer machen. Wir fragen uns, ob es jemanden kümmert oder interessiert. Also macht Jesus deutlich, dass der Vater im Himmel unaufhörlich seine Aufmerksamkeit den Spatzen widmet – den zu jener Zeit billigsten Tieren. »Macht euch also keine Sorgen«, scherzt er liebevoll. »Ihr seid mindestens so viel wert wie ein paar Spatzen.«

Wie viele Spatzen würde man brauchen, um Ihren Wert in Gottes Augen aufzuwiegen? Nehmen Sie alle Spatzen, die je geflogen sind, und legen Sie sie auf die eine Seite einer Waage und sich selbst auf die andere. Wenn Gott jedem Missgeschick jedes einzelnen Spatzen zu jeder Zeit seine Aufmerksamkeit schenkt, dann versuchen Sie sich vorzustellen, wie groß seine Aufmerksamkeit Ihnen gegenüber ist.

In unserer Geschichte nehmen die Jünger den blinden Mann nur wahr, weil Jesus ihm seine Aufmerksamkeit zuwendet.

Die Jünger fragen Jesus: »Wer ist schuld, daß er blind geboren wurde? Wer hat hier gesündigt, er selbst oder seine Eltern?« (Joh 9,2). Eine merkwürdige Frage – wie sollte er seine eigene Blindheit selbst verschuldet haben, wenn er bereits blind geboren wurde?

In jener Zeit glaubte man, dass es möglich war, bereits mit der Schuld einer konkreten Sünde geboren zu werden. Wenn beispielsweise eine werdende Mutter in einem heidnischen Tempel betete, war das ungeborene Kind gemeinsam mit ihr des Götzendienstes schuldig. Eine antike Schrift berichtet von einem Baby, das mit einer Missbildung geboren wurde, weil seine Mutter durch einen heidnischen Hain gelaufen und dabei Freude empfunden hatte. Damals war man davon überzeugt, dass bereits ein Embryo sündigen konnte.

Die Menschen glaubten damals in Bezug auf den Zusammenhang von Leid und Sünde an das Prinzip von Ursache und Wirkung. Es fühlt sich ja auch besser an, wenn man sich sagen kann, dass ein Mensch sein Leid auch verdient hat. Wenn wir Menschen verurteilen, fühlen wir uns weniger verpflichtet, mit ihnen und für sie zu leiden. Wenn wir Menschen verurteilen, hören wir auf, ihnen unsere Aufmerksamkeit zu schenken. Die Menschen wussten, in welche Schublade sie diesen Mann einordnen mussten: Bettler, blind, selbst Schuld, Sünder. Schäbige Lumpenpuppe. Sie schauten nicht hinter die Schubladenaufschrift, um die Einzigartigkeit dieses Mannes zu sehen.

Also verbrachte der Mann sein Leben damit, ignoriert zu werden. Er war blind; die Menschen fanden das deprimierend. Er war ein Bettler; die Menschen fanden das anstrengend. Er war in ihren Augen ein Ergebnis irgendeiner Sünde; das bedeutete, dass sie ihn verabscheuenswert fanden.

Jesus kommt zu diesem Mann, den alle anderen ignorieren, und bleibt bei ihm stehen. Seine Jünger wollen wissen, ob auf diesem Mann ein Fluch liegt, weil er selbst oder seine Eltern gesündigt hatten. Sie schauten den Mann an, aber sie sahen nicht, was Jesus sah. Sie sahen in ihm nur den Anlass zu einer interessanten theologischen Diskussion.

Jesus sagt: »Ihr habt ihm keine Aufmerksamkeit geschenkt. Aber Gott hat ihn nicht vergessen. Gott ist zu ihm gekommen.« Dieser Mann gehört genau zu der Sorte von Menschen, nach denen Jesus Ausschau hält.

Ralph Ellison schrieb von seinen schmerzvollen Erfahrungen als Afro-Amerikaner in einer weißen Gesellschaft (in: »Der unsichtbare Mann«, Rowohlt 1998): »Ich bin ein unsichtbarer Mann ... Ich bin ein Mann aus Fleisch und Blut, mit Knochen und Fasern – und ich behaupte sogar, Verstand zu haben. Ich bin unsichtbar, ganz einfach weil Menschen sich weigern, mich zu sehen.«

Mutter Teresa wurde einmal gefragt, was sie sehen würde, wenn sie durch die Straßen von Kalkutta ging, auf denen die Ärmsten der Armen lebten. Was sie sah, wenn sie die Waisenkinder, die Hungernden und die Sterbenden sah. Sie antwortete: »Ich sehe Jesus in einem Besorgnis erregenden Zustand.«

Erinnern Sie sich, wann Jesus dieses Wunder tat? »Im Vorbeigehen«. Johannes gibt dieser Geschichte eine sehr beiläufige Einleitung. Jesus war unterwegs. Er war nicht in einer Synagoge, hielt keine Bergpredigt, speiste nicht die 5.000. Er befand sich nicht in einer offiziellen Dienstsituation.

Das Wirken Gottes spielt sich meist »im Vorübergehen« ab. Sie müssen sich dazu nicht in hoch angesehenen, wichtigen Positionen befinden. Es geschieht meist in den unspektakulären Alltagssituationen Ihres Lebens. Im Vorübergehen.
Das ist Ihr Tag. Das ist Ihre Gelegenheit, Gottes Arbeit zu tun. Verpassen Sie diese Chance nicht, denn sie wird nicht wieder kommen. Die Nacht bricht an. Nutzen Sie das verbleibende Tageslicht.

Was ist die Arbeit Gottes? Einfach das zu sehen, was Jesus sehen würde, wenn er mit meinen Augen sehen würde, und so zu reagieren, wie Jesus reagieren würde.

Die religiösen Leiter waren durch ihre eigene fromme Selbstgerechtigkeit verblendet. »Dieser Mann kann nicht von Gott sein«, sagten sie, »weil er den Sabbat nicht einhält.«

Den Sabbat einzuhalten war einer der Punkte, in denen sie sich von anderen unterschieden. Am Sabbat waren neununddreißig verschiedene Dinge verboten, die meisten davon hatten noch einige Unterkategorien. Man durfte nicht einmal seine Fingernägel schneiden, ein Haar vom Kopf oder aus dem Bart ausreißen oder Sandalen mit Eisennägeln tragen (Sandalen, die geflochten waren, waren erlaubt; aber wenn sie mit Nägeln zusammengehalten waren, dann zählte jedes Heben des Fußes als Arbeit).

Es war auch verboten, Ton herzustellen. Alles Mischen oder Kneten war verboten – aber genau das musste Jesus tun, um den Ton herzustellen, den er auf die Augen des Mannes legte.

Es war auch ganz allgemein nicht erlaubt, am Sabbat Menschen zu heilen. Man durfte am Sabbat keine medizinische Hilfe in Anspruch nehmen, es sei denn, es bestand akute Lebensgefahr. Und selbst dann durfte man nur die Lebensgefahr abwenden, nicht aber den Zustand des Patienten verbessern. Es gab dazu ganz detaillierte Regeln: Wenn man sich die Hand oder den Fuß verrenkt hatte, durfte man kein kaltes Wasser darüberlaufen lassen, weil dies dazu beitragen konnte, die Verstauchung zu lindern.

Absurderweise bestand die ursprüngliche Absicht des Sabbat darin, den Menschen Aufmerksamkeit zu schenken, die normalerweise eher übersehen wurden (Dtn 5). Der Sabbat sollte auch von den Kindern, den Sklaven und Fremden eingehalten werden, damit sich alle gleichermaßen ausruhen konnten: »Denke daran, daß du selbst in Ägypten ein Sklave warst ...«, sagte Mose.

Die Pharisäer sahen diesen Mann, der blind gewesen war, aber sie sahen in seiner Heilung keinen Grund zur Freude. Sie erkannten nicht, dass das Reich Gottes mitten unter ihnen war. Sie sahen nur, dass die Regeln verletzt worden waren. Sie sahen eine Bedrohung für ein religiöses System, das ihr Gefühl der geistlichen Überlegenheit stützte. Sie schauten denselben Mann an, den auch Jesus anschaute, aber sie sahen nicht, was Jesus sah. Und deshalb taten sie auch nicht, was Jesus tat. Sie waren zu sehr damit beschäftigt, ihren eigenen Status aufrechtzuerhalten, um Gott Aufmerksamkeit schenken zu können.

Johannes berichtet noch ein Detail, das zeigt, wie total der Mann zuvor ignoriert worden war. Nach seiner Heilung kehrte er zu seinen Nachbarn zurück: »Da sagten seine Nachbarn und die Leute, die ihn vorher als Bettler gekannt hatten: ›Ist das nicht der Mann, der immer an der Straße saß und bettelte?‹ Einige meinten: ›Das ist er.‹ Andere sagten: ›Nein, er ist es nicht; er sieht ihm nur ähnlich.‹ Der Mann selbst bestätigte: ›Ich bin es!‹« (Johannes 9, 8-9).

Dieser Mann war von Geburt an blind gewesen. Das heißt, er verbrachte sein ganzes Leben bettelnd an ein und demselben Ort, vielleicht dreißig oder vierzig Jahre lang. Diese Leute – seine Nachbarn, Menschen, die dort lebten oder arbeiteten, wo er bettelte – waren die ganze Zeit um ihn herum. Dreißig oder vierzig Jahre lang war er Tag für Tag ein Teil ihrer Welt gewesen.

Aber sie hatten ihm so wenig Beachtung geschenkt, dass sie nicht einmal in der Lage waren, ihn eindeutig zu identifizieren, nachdem das Wunder geschehen war. Sie wussten nicht richtig, wie er aussah – manche waren sich nicht einmal sicher, ob er es wirklich war.

In der Zwischenzeit sind die Pharisäer sehr darauf bedacht,

die Glaubwürdigkeit dieses Mannes zu untergraben. Deshalb laden sie seine Eltern vor und fragen sie: »Ist das euer Sohn, der blind geboren wurde? Wie kommt es, dass er nun sieht?«

Sie antworten: »Wir wissen, daß er unser Sohn ist und blind geboren wurde. Aber wir haben keine Ahnung, auf welche Weise er sehend wurde oder wer ihn sehend gemacht hat. Fragt ihn selbst! Er ist alt genug, um selbst zu antworten« (Joh 9,20-21).

Die Eltern reißen sich nicht gerade ein Bein aus, um ihren Sohn zu schützen. Ich stelle mir gerne vor, dass meine Leute in so einer Situation etwas engagierter hinter mir stehen würden.

Aber Johannes berichtet im Folgenden, dass sie Angst davor hatten, aus der Synagoge ausgeschlossen zu werden. Wie es Leslie Newbigin formuliert (in: »The Light Has Come«, Eerdmans, 1982): »Sie leben in derselben Welt wie die Autoritäten – in einer Welt, die von Angst regiert wird. Sie fürchten die Autoritäten, und die ›Autoritäten‹ fürchten um ihre ›Autorität‹.«

Also rufen die Pharisäer den Mann noch ein zweites Mal zu sich. Denken Sie daran, dass dieser Mann sein Leben lang ignoriert wurde. Jetzt plötzlich stehen die Leute Schlange bei ihm. Erst Jesus und seine Jünger, dann seine Nachbarn, dann wird er vor die religiösen Leiter gezerrt. Und nun steht er zum zweiten Mal vor ihnen. Sie haben ein klares Ziel: Sie wollen ihn dazu bringen, etwas zu sagen, was Jesus in Misskredit bringen würde. Wie er damit umgeht, ist wirklich erstaunlich. Er gehört zu den besonderen Charakteren im Johannesevangelium.

»Gib Gott die Ehre!«, sagen die Pharisäer, was ihn unter Druck setzen soll, die Wahrheit so zu sagen, wie sie sie hören wollen. »Wir wissen«, sagen sie weiter, »dass dieser Mensch ein Sünder ist!« Ihre eigene Blindheit ist nicht zu kurieren, weil sie sich selbst so sicher sind. Johannes kontrastiert ihre Engstirnigkeit (er lässt sie dreimal »wir wissen« sagen) mit der ehrlichen Unwissenheit des Mannes (er sagt dreimal »ich weiß nicht«). Wenn sie nur für die Möglichkeit offen wären, dass auch sie etwas nicht wissen!

»Ob er ein Sünder ist oder nicht, das weiß ich nicht«, entgegnete der Mann, »aber eins weiß ich: Ich war blind, und jetzt kann ich sehen.«

»Was hat er mit dir gemacht?« fragten sie. »Wie hat er dich sehend gemacht?«

»Das habe ich euch schon erzählt«, sagte er, »aber ihr habt ja nicht zugehört.« Und dann fragt er mit erstaunlicher Dreistigkeit: »Warum wollt ihr es noch einmal hören? Möchtet ihr vielleicht auch seine Jünger werden?« (Joh 9,24-27).

Nun wird das Ausmaß ihrer Blindheit allmählich erkennbar. Sie sind der Ansicht, dass sie selbst absolut geistlich sind. Aber sie sind so mit sich selbst beschäftigt, dass sie Gott nicht erkennen, wenn er persönlich vorbeikommt. Sie schenken ihm keine Aufmerksamkeit. Sie nehmen die Gegenwart des Gottes nicht war, dem sie nach eigenen Worten so treu dienen. Mit welchem anderen Wort als »blind« kann man diese Menschen beschreiben?

Gott Aufmerksamkeit schenken

Der erste Schritt, um in Gottes Liebe zu leben, besteht darin zu lernen, ihm selbst Aufmerksamkeit zu schenken.

»Macht eure Ohren auf, ihr Schwerhörigen! Macht eure Augen auf, ihr Blinden, damit ihr etwas seht! ... aber wenn hier einer blind und taub ist, dann seid ihr es, das Volk, das er zu seinem Diener erwählt und zu seinem Boten bestimmt hat! Ihr habt Augen zum Sehen und seht nichts, ihr habt Ohren zum Hören und hört nichts« (Jes 42,18-20).

Gott sagt, dass selbst sein eigener Diener und sein eigenes Volk mit geistlicher Blindheit geschlagen ist. Das bedeutet, dass wir nicht von Natur aus in der Lage sind, Gott Aufmerksamkeit zu schenken. Wir müssen es erst lernen.

William Barry und William Conolly schreiben: »Unser Glaube sagt uns, dass Gott mit uns kommuniziert, ob wir es merken oder nicht, indem er uns beständig erschafft und erlöst. Er teilt sich uns mit, auch wenn wir davon nichts wissen .... Er spricht ständig zu uns. Aber wir können ihn nicht hören, weil wir nicht wissen, wie man zuhört« (in: »The Practice of Spiritual Direction«, HarperCollins, 1993, S. 33).

An einem Nachmittag saß meine Familie in einem Aufenthaltsraum im Studentenwohnheim und wartete darauf, dass meine Schwester aus ihrem Zimmer kam und den Tag mit uns verbrachte. Im selben Raum saß auch die Mutter einer Klassenkameradin meiner Schwester mit ihrem etwa achtjährigen Sohn. Wir warteten insgesamt eine Stunde und fünfzehn Minuten, und ich glaube nicht, dass diese Frau längere Redepausen machte, als sie zum Einatmen brauchte. Sie redete – wie man vor der Erfindung der CD sagte –, als ob sie mit der Phonographnadel geimpft worden wäre. Sie redete, bis ich über ihre Familie mehr wusste als über einige meiner engsten Verwandten.

Schließlich kam ihre Tochter in den Aufenthaltsraum. »Nun, wir müssen gehen«, sagte die Mutter und redete weiter wie ein Wasserfall. »Ich muss noch Plätze fürs Abendessen bestellen. Wir wollen meinen Mann im Restaurant treffen, wissen Sie, und, ach ja, ich muss vorher noch schnell ein paar Knöpfe kaufen ...«

Dann sprach ihr Sohn die einzigen Worte, soweit ich mich erinnere, die er in diesen fünfundsiebzig Minuten sagte. Er wandte sich an seine Mutter und sagte, was nur ein achtjähriges Kind sagen kann: »Mama, du brauchst einen Knopf für deinen Mund.«

Kindermund tut Wahrheit kund.

Jeder von uns hatte es gedacht, aber nur ein Achtjähriger besaß genug Nerven oder Ehrlichkeit oder Dummheit, es auszusprechen. Ich vermute, dass es Zeiten gibt, in denen Gott ungefähr Folgendes zu mir sagen würde: »Ich bin der Gott des Universums, der Schöpfer des Himmels und der Erde. Ich habe dich geschaffen, ich habe deine Welt geformt, ich habe dein Potential in dich hineingelegt. Ich möchte dir Weisheit, Leitung und Liebe zukommen lassen, aber ich dringe nicht zu dir durch. Dein Herz und dein Leben sind zu laut und ich will nicht schreien. Du brauchst einen Knopf für deinen Mund.«

Geistliche Konzentrationsstörung

Die erste und immer wiederkehrende Aufgabe unseres geistlichen Lebens besteht ganz einfach darin, Gott unsere Aufmerksamkeit zu schenken. Das ist herausfordernd genug, wenn wir bedenken, wie schwer es uns fällt, überhaupt irgend jemandem wirklich unsere Aufmerksamkeit zu widmen. Dazu kommt die Herausforderung, sich einem heiligen, geheimnisvollen, unsichtbaren Gott zu nähern, wovon uns unsere Schäbigkeit immer abhalten möchte. Wir alle leiden an so etwas wie einer geistlichen Konzentrationsstörung.

Denken Sie an das Bild eines Teiches, um sich zu verdeutlichen, wie wichtig es ist, zur Ruhe zu kommen und Gott Aufmerksamkeit zu schenken. Wenn Sie einen Stein in einen Teich werfen, verursacht der Stein Wellen, die das Ufer um den ganzen Teich herum erreichen – aber nur, wenn der Teich ruhig ist. Wenn der Teich aufgewühlt ist, bleibt der Aufschlag des Steines unbemerkt. Wo der Wind die Oberfläche schon aufgewirbelt hat, kann der Stein nichts mehr bewegen. Das Wasser ist dann so aufgewühlt, dass niemand ein paar Wellen mehr oder weniger bemerkt.

Ruhe ist immer die Grundvoraussetzung für Aufnahmefähigkeit. Erst zur Ruhe kommen, dann zuhören – diese Reihenfolge ist unverrückbar. »Seid still und erkennt, daß ich Gott bin« (Ps 46,11; Luther), schreibt der Psalmist.

In Psalm 131 findet sich hierfür ein ausdrucksstarkes Bild:

»Herr! Ich denke nicht zu hoch von mir,
ich schaue auf niemand herab.
Ich frage nicht nach weitgesteckten Zielen,
die unerreichbar für mich sind.
Nein, still und ruhig ist mein Herz,
so wie ein sattes Kind im Arm der Mutter –
still wie ein solches Kind bin ich geworden.«

Ein noch nicht entwöhntes Kind ist ein lautes Kind. Es hat gelernt, dass Lärm zu veranstalten schließlich zur Befriedigung seiner Bedürfnisse führt. Und selbst wenn nicht, dann scheint der Lärm an sich schon einen gewissen Trost zu bringen. Oder er bringt die anderen wenigstens dazu, sich genauso unglücklich zu fühlen wie das hungrige Kind.

Das entwöhnte Kind aber hat gelernt, dass die Gegenwart der Mutter mehr bedeutet als nur die unmittelbare Bedürfnisbefriedigung. Das entwöhnte Kind kann zur Ruhe kommen. Es kann auf ganz neue Art mit der Mutter kommunizieren. Es ist in eine neue Beziehung zu seiner Mutter eingetreten. Nun nimmt die Mutter mehr und mehr Gestalt an; anders als eine Person, die einfach dazu da ist, die Grundbedürfnisse zu stillen.

Die Sache hat natürlich einen Haken. Kinder werden nicht unbedingt gerne entwöhnt, weil der Entwöhnungsprozess mit Kosten und Schmerzen verbunden ist. Entwöhnt zu werden bedeutet zu lernen, auch einmal mit ungestillten Bedürfnissen zu leben. Entwöhnung ist ein Zeichen der Reife.

Der Psalmist schreibt, dass dies ein Bild für meine Seele ist. Ich habe gelernt, mein Herz zur Ruhe kommen zu lassen. Ich habe einen geistlichen Entwöhnungsprozess durchgemacht und bin nun nicht mehr meinen Wünschen, Impulsen und Begierden ausgeliefert. Gott ist für mich mehr als nur derjenige, der meine Bedürfnisse befriedigt. Ich trete in eine neue Ära des Zuhörens ein. Meine Seele ist zur Ruhe gekommen.

Wie oft versucht Gott wohl, mit mir zu reden, wenn ich nur zuhören würde?

- Ich bin nahe daran, wütend aufzubrausen und verletzende Dinge zusagen, aber irgendetwas lässt mich innehalten, und ich halte dann doch meinen Mund.
- Ich gehe schnell am Zimmer eines meiner Kinder vorbei, aber irgendetwas veranlasst mich zurückzugehen und das Zimmer zu betreten – genau in dem Augenblick, in dem dieses Kind jemanden zum Reden braucht.
- Ich sitze im Restaurant und werde bedient, nehme aber den Kellner kaum wahr. Plötzlich bringt mich irgendetwas dazu, den Kellner anzusehen – wirklich anzusehen – und mit ihm zu reden. Er ist etwa in meinem Alter, hat Kinder im Alter von meinen Kindern. Sein Englisch ist nicht sehr gut. Er muss

sehr hart für den Unterhalt seiner Familie arbeiten und macht dafür zwei Jobs. Es trifft mich zu sehen, wie sehr er Gebet und Chancen braucht und wie viel mir gegeben ist, mit dem ich verantwortlich umgehen muss.

Vielleicht ist keiner dieser kurzen Augenblicke ein Zufall. Vielleicht flüstert mir Gott in jeder dieser Situationen etwas zu. Vielleicht kommen auf jede dieser Situationen, die ich wahrnehme, tausend andere, die an mir vorbeigehen, ohne dass ich etwas davon merke.

Denn mein Verstand ist nicht sehr ruhig. Er ist von allen möglichen Aufregungen abgelenkt, die es mir sehr schwer machen, die Botschaften zu erkennen, die von Gott kommen. Mein Verstand ist mit lauter wirren Fragen beschäftigt: Wie wirke ich auf andere Menschen? Wie erfolgreich bin ich? Wie viel Besitz kann ich anhäufen? Wie attraktiv bin ich?

Außerdem ist er von der Angst blockiert, die ein steter Begleiter von Kleingläubigkeit ist: Was wird morgen sein? Was passiert, wenn mir die Ideen ausgehen? Was ist, wenn wir nicht genügend Geld haben? Was ist, wenn ich mein Problem nicht lösen kann?

Mein Verstand ist unruhig durch die Turbulenzen meiner Schäbigkeit. Dinge, die in der Vergangenheit liegen und die ich längst bedauert habe, reden mir lautstark ein, dass ich geistlich ein Versager bin. Schuldgefühle bezichtigen mich als Scheinheiligen. Meine Unentschlossenheit bringt mich im einen Augenblick einen Schritt vorwärts und wirft mich im nächsten Augenblick wieder einen Schritt zurück.

Mein Verstand verkauft seine Ruhe an Geschäftigkeit. Zu viele Verpflichtungen, zu viele Aktivitäten, zu wenig Schlaf, zu viele Außenreize, zu viel Reden – all das kommt der Ruhe in die Quere und hält mich davon ab, die leise, ruhige Stimme zu hören, die das Zeichen dafür ist, dass Gott etwas sagen möchte.

Lernen, Menschen Aufmerksamkeit zu schenken

Ich soll nicht nur Gott Aufmerksamkeit schenken, sondern auch den Menschen, die ihm so wichtig sind. Jemanden zu lieben bedeutet, ihm Aufmerksamkeit zu schenken. Die Liebe nimmt Menschen wahr. Die Liebe hört zu. Die Liebe erinnert sich: Wann hat sie Geburtstag? Welchen Kaffee mag er am liebsten? Was ist ihr Lieblingsfilm? Die Liebe steckt im Detail. Deborah Tannen schreibt eine wunderschöne Geschichte über eine Lumpenpuppe (in: »Du kannst mich einfach nicht verstehen«, Goldmann 1996): »Meine Großtante, schon seit Jahren verwitwet, hatte mit über siebzig Jahren eine Liebesaffäre. Korpulent, mit Haarausfall, die Hände und Füße von Arthritis verkrümmt, passte sie nicht so recht in das Klischee einer Frau, die geliebt wird. Aber sie wurde geliebt – von einem Mann, der ebenfalls schon über siebzig war und in einem Altersheim lebte, aber von Zeit zu Zeit mit ihr ein Wochenende in ihrer Wohnung verbrachte. Als sie versuchte, mir zu erklären, was diese Beziehung für sie bedeutete, erzählte meine Großtante mir von einer Unterhaltung. Sie hatte einen Abend mit Freunden verbracht. Als sie nach Hause zurückgekommen war, rief ihr Freund sie an und fragte sie, wie der Abend war. Er hörte interessiert zu und fragte dann: ›Und was hattest du an?‹ Als sie mir davon erzählte, fing sie an zu weinen. ›Weißt du, wie viele Jahre es her ist, dass mich jemand gefragt hat, was ich anhatte?‹

Als meine Großtante dies sagte, meinte sie eigentlich, dass es schon viele Jahre her war, seit jemand ein so echtes, tiefes Interesse an ihr gezeigt hatte.«

Zu Beginn unseres Studiums wurde uns als angehenden Psychologen eine bestimmte Haltung beigebracht. Um unseren Klienten unsere Aufmerksamkeit zu demonstrieren, sollten wir sie direkt anschauen, eine offene Sitzhaltung einnehmen (keine verschränkten Arme oder Beine), uns in ihre Richtung lehnen, angemessenen Augenkontakt halten und entspannt bleiben. Als ich mich zum ersten Mal mit einer Klientin traf, war ich die ersten fünfzehn Minuten unseres Gespräches so damit beschäftigt, mich auf diese »entspannte« Sitzhaltung zu konzentrieren, dass ich kein Wort von dem mitbekam, was sie sagte. Nach und nach merkte ich, dass man jemandem am besten das Gefühl vermitteln kann, aufmerksam zuzuhören, indem man ihm tatsächlich aufmerksam zuhört.

»Jeder soll stets bereit sein zu hören, aber sich Zeit lassen, bevor er redet«, schreibt Jakobus (Jak 1,19). Das dürfte wohl das am häufigsten verletzte Gebot der ganzen Bibel sein.

Wenn Sie so handeln wollen, wie Gott handelt, dann schenken Sie anderen Menschen Ihre Aufmerksamkeit. Nehmen Sie sie wahr. Nehmen Sie vor allem die Menschen wahr, die sonst niemand beachtet. Wenn Sie jemandem Ihre Aufmerksamkeit schenken, wenn Sie sich völlig auf jemanden konzentrieren, dann vermitteln Sie ihm: »Du bist im Moment das Wichtigste für mich.«

Liebe ist eine Form von Arbeit. Scott Peck schreibt (in: »Der wunderbare Weg«, Goldmann 1996): »Die wichtigste Form der Liebe ist Aufmerksamkeit. Wenn wir einen anderen Menschen lieben, schenken wir ihm unsere Aufmerksamkeit; damit tragen wir zum Wachstum dieses Menschen bei.«

Dr. James Lynch, der stellvertretende Direktor der Psychophysiologischen Forschungsabteilung der Universität von Maryland, hat sich eingehend mit Aufmerksamkeit beschäftigt. Er entdeckte, dass das Herz-Kreislauf-System besser funktioniert, wenn wir zuhören. Untersuchungen haben ergeben, dass der Blutdruck steigt, wenn man spricht, dass er aber sinkt, wenn man zuhört.

Gott schenkt uns echte Aufmerksamkeit: »Selbst die Haare auf euren Köpfen sind gezählt«, sagt Jesus. Wir nehmen es oft als Zeichen der Liebe, wenn jemand einen neuen Haarschnitt an uns wahrnimmt. (Ebenso führt eine nicht wahrgenommene neue Frisur oft zu ernsthaften Konflikten in einer Ehe.)

Gott hat jedes unserer Haare gezählt. Wenn eins ausfällt, merkt er es. (Leider ersetzt er es in den meisten Fällen nicht, aber er nimmt den Verlust zumindest wahr.) Gott merkt Dinge, über die selbst Ihre Mutter nie nachgedacht hat. Und wenn wir in der Liebe Gottes leben, fangen wir an, anderen Menschen dieselbe Aufmerksamkeit zu schenken.

Mit seinem Bericht über die Heilung des Blinden wollte Johannes seinen Lesern verdeutlichen, dass Jesus die Kunst, anderen Menschen seine Aufmerksamkeit zu schenken, perfekt beherrscht.

Jede der Personengruppen in der Geschichte sah auf andere Weise:

- Als die Jünger diesen Bettler anschauten, sahen sie in ihm ein interessantes theologisches Rätsel – wer hatte gesündigt, so dass er blind geboren wurde? Aber sie sahen ihn nicht mit den Augen des Herzens. Was sie sahen, bewegte sie nicht.
- Als ihn die Nachbarn anschauten, sahen sie einen Schandfleck, ein zerlumptes Mahnmal für Leid und Armut, das sie zu übersehen gelernt hatten. Aber sie sahen ihn nicht mit dem Herzen. Auch sie blieben unbewegt.
- Als die Pharisäer ihn anschauten, sahen sie nur ein verletztes Gebot, eine Bedrohung für ihre geistliche Autorität. Sie sahen ihn mit trockenen, starren Augen – kein Mitleid, kein Weichwerden. Sie konnten nicht nur nicht sehen, sie weigerten sich zu sehen. Sie pressten die Augen des Herzens fest zu. Geistliche Blindheit ist nicht nur Unwissenheit. Jesus sagte zu den Pharisäern: »Wenn ihr blind wärt, würde euch keine Schuld angerechnet. Weil ihr aber sagt: ›Wir können sehen‹, bleibt eure Schuld bestehen.« Augen, die nicht sehen können, können geheilt werden. Aber Augen, die nicht sehen wollen, kann nicht geholfen werden. Gott wird sie nicht zwingen, sich zu öffnen.
- Als Jesus den blinden Mann anschaute, sah er in ihm eine Gelegenheit für das Eingreifen Gottes. Er sah ein Kind Gottes, das von seiner Behinderung befreit werden musste. Er sah und war bewegt. Er sah mit Augen, in denen manchmal die Tränen glitzerten, die vor Wut blitzen oder vor Freude glänzen konnten. Aber diesen Augen entging nichts.

Und so bekam ein Mann, der sein ganzes Leben lang blind gewesen war, neue Augen. Nicht nur im körperlichen, sondern auch im geistlichen Sinn. Er begann zu erkennen, wer Jesus war.

Zunächst wusste der blinde Mann, dass der Mann, der ihn geheilt hatte, Jesus hieß (Joh 9,11). Später bekannte er vor den Pharisäern, dass Jesus ein Prophet war (Joh 9,17). Und noch später verteidigte er Jesus und sagte, dass das, was Jesus getan hatte, zeigte, dass er von Gott kam (Joh 9,33). Bei seiner letzten Begegnung mit Jesus erkannte er in Jesus den Menschensohn; er fiel nieder und betete ihn an (Joh 9,38).

Ein Mann, der von Geburt an blind gewesen war, kann nun sehen; und er realisiert, dass das Beste, worauf er in seinem ganzen Leben die Augen richten kann, der Eine ist, der ihn geheilt hatte.

Nun sieht er, dass er von Gott nicht vergessen worden war. Nachdem er ein Leben lang ignoriert wurde, realisiert er nun, dass Gott sein Gesicht auch nicht von der verschlissensten Lumpenpuppe abwendet. Gott hört jedes Gebet und zählt jede Träne.

Nun hat dieser Mann Augen, die wirklich sehen können. Und ich stelle mir vor, dass er den Rest seines Lebens damit verbracht hat zu lernen, die Welt mit den Augen Jesu zu sehen.

Denn dazu sind Augen da.

3.

Gott berührt die Unberührbaren

Zu lieben bedeutet, sich verletzlich zu machen. Lieben Sie irgendetwas, und Sie werden feststellen, dass Ihr Herz Schmerz empfinden, wenn nicht sogar gebrochen wird ... Der einzige Ort außerhalb des Himmels, an dem Sie absolut sicher vor all den Gefahren und beunruhigenden Begleiterscheinungen der Liebe sind, ist die Hölle.
(C. S. Lewis)

In meiner Kindheit war die am meisten gefürchtete Kinderkrankheit weder Windpocken, Masern noch Mumps. Die Krankheit war viel heimtückischer und mysteriöser. Sie war hochansteckend. Es gab dagegen keinen Impfstoff und kein Gegenmittel.

Niemand war je in der Lage zu erklären, was passierte, wenn man sich diese Krankheit zuzog, aber schon ihre bloße Erwähnung stürzte meine Freunde und mich in Angst und Schrecken. Für uns war diese Krankheit schlimmer als der Tod. Man konnte sich nur vor ihr retten, indem man alle infizierten Personen in strenge Quarantäne steckte.

Glücklicherweise waren diese Personen leicht zu erkennen. Die Krankheit wurde von Mädchen übertragen. Jedes weibliche Wesen (außer meiner Mutter) war damit infiziert. Ich kenne die korrekte medizinische Bezeichnung nicht, aber wir nannten sie die »Kicherkrankheit«. Ein Überträger musste einen nur berühren, anatmen oder fest anschauen, und schon war man infiziert. Niemand war so verrückt, jemanden zu berühren, der von der Kicherkrankheit befallen war. Es war, als ob alle Infizierten ein Schild mit der Aufschrift »Bitte nicht berühren« um den Hals trugen. Wenn ich damals gewusst hätte, dass ich einmal in einem Haus mit drei Frauen enden werde, wäre ich vermutlich verrückt geworden. Ich lebe in Kicherhausen.

Menschen brauchen Berührungen. Gary Smalley und John Trent zitieren Untersuchungen, die zeigen, dass Menschen, die regelmäßig liebevoll berührt werden, eine höhere Lebenserwartung haben als Menschen, denen solche Berührungen fehlen (in: »Vom Segnen«, Francke 1991). Wir sprechen von Vertrautheit instinktiv in räumlichen Begriffen – man steht jemandem nahe oder distanziert sich von ihm. Psychologen haben herausgefunden, dass Ehepaare umso unzufriedener mit ihrer Ehe sind und sich umso wahrscheinlicher scheiden lassen, je größer in Gesprächen der körperliche Abstand zwischen ihnen ist.

Manchmal werden Menschen auch zu so genannten »Unberührbaren« deklariert. In Indien gibt es eine ganze Gesellschaftsschicht (die Kaste der »Parias«), die als unberührbar gilt. Die Zeitschrift *The Economist* (8.10.1994, S. 17) berichtet von einem Vorfall in einem nordindischen Bundesstaat, bei dem ein Mädchen aus einer niedrigen Kaste mit einem Jungen aus der Kaste der Unberührbaren durchbrannte. Auf Geheiß des Dorfrates wurde der Kopf des Jungen mit einem Stein zerschmettert, das Mädchen wurde ausgepeitscht und mit einem Brandmal versehen. Das ist in Indien das Schicksal der Unberührbaren und derer, die ihnen zu nahe kamen.

Auch wenn die Folgen nicht immer so dramatisch sind, hat jede Gesellschaft ihre eigenen unberührbaren Menschen, abhängig von Rasse, Sprache, sozialer Stellung oder Bildung. Und jeder von uns fühlt sich in bestimmten Lebensphasen oder Situationen unberührbar – als nicht akzeptierter, wertloser Außenseiter.

Ich möchte Ihnen die Geschichte eines Mannes erzählen, der mit einer schrecklichen Krankheit infiziert war. Niemand ging in seine Nähe, geschweige denn fasste man ihn an! Aber dann kam jemand und berührte ihn. Es geht in dieser Geschichte auch um eine Welt, die mit einer schrecklichen Krankheit infiziert war.

Aber Gott berührte sie. Es geht in dieser Geschichte um Sie und um mich.

Der Mann in der Geschichte hat Lepra. Vielleicht sollte ich Ihnen kurz beschreiben, wie man diese Krankheit im ersten Jahrhundert sah. Die ersten Anzeichen waren ein Gefühl der Lethargie und Schmerzen in den Gelenken. Bald machten verfärbte Flecken und Knoten das Gesicht des Opfers unkenntlich. Wenn die wunden Stellen Geschwüre bildeten, wurde der Gestank unerträglich. Auch auf den Stimmbändern bildeten sich Geschwüre, wodurch die Stimme des Kranken heiser und rau wurde.

Den größten Schaden aber richtete die Leprakrankheit durch den Verlust des Tastsinnes und des Schmerzempfindens an. Paul Brand, der in diesem Bereich zu den führenden Forschern des zwanzigsten Jahrhunderts zählt, hatte den größten Teil seines Berufslebens mit Leprakranken in Indien verbracht. Er beschreibt, wie er einmal versuchte, ein Tor zu öffnen, aber das rostige Türschloss widersetzte sich seinem Schlüssel. Ein junger Leprakranker steckte seinen Finger in das Schloss und drehte ihn so lange darin herum, bis das Schloss aufging. Als er seinen Finger wieder herauszog, sah Brand, dass er bis auf den Knochen aufgerissen war. Der Junge aber spürte nichts davon (in: »The Gift Nobody Wants«, Harper Collins, 1993).

Leprakranke verlieren oft Finger und Zehen, und man dachte eigentlich immer, dass das eine Folge der Krankheit wäre. Brand und einige seiner Mitforscher beobachteten die Kranken auch nachts, während sie schliefen. Sie sahen, wie Ratten kamen und die Extremitäten der Kranken abnagten. Aber da die Kranken keinen Schmerz spürten, schliefen sie ungestört weiter. Am nächsten Tag wachten sie auf und ein Teil ihres Körpers fehlte. Schließlich stellte man jemanden ab, der sie nachts bewachte.

Schon das erste Anzeichen von Lepra wurde als Todesurteil gewertet. »Alle, die von Aussatz befallen sind, müssen zerrissene Kleider tragen und ihr Haar frei hängen lassen; Männer müssen den Bart verhüllen. Sie müssen andere, die in ihre Nähe kommen, mit dem Ruf ›Unrein, unrein!‹ warnen. Solange der Zustand anhält, bleiben sie unrein. Sie müssen abgesondert leben und sich außerhalb des Lagers aufhalten« (Lev 13,45-46).

Das Gesetz war eindeutig: »Nicht berühren.« Die Rabbis weiteten dieses Gesetz noch weiter aus: Wenn ein Leprakranker ein Haus betrat, wurde das Haus selbst unrein und musste zerstört werden. Wenn man einen Leprakranken auf einer öffentlichen Straße sah, war es erlaubt, ihn mit Eiern oder sogar mit Steinen zu bewerfen. Wer einen Leprakranken berührte, machte sich selbst unrein.

Stellen Sie sich vor, wie es wäre, nie mehr berührt zu werden: nie mehr die Umarmung eines kleinen Kindes zu spüren, die Hand eines Freundes, die Ihre ergreift, die Umarmung des Ehepartners, der Arm des Vaters, der sich um Ihre Schultern legt.

Und Lepra war nicht nur eine körperliche Krankheit, sie trug auch ein moralisches Stigma mit sich: Lepra galt als Fluch Gottes. Andere Krankheiten konnten geheilt werden. Leprakranke aber waren nicht nur krank, sie waren »unrein«, verschmutzt.

Aus diesem Grund erzählt uns das Markusevangelium, dass der Leprakranke vor Jesus auf die Knie fiel und sagte: »Wenn du willst, kannst du machen, daß ich rein werde« (Mk 1,40, Einheitsübersetzung). Der Vater eines von Dämonen besessenen Kindes sagt zu Jesus: »Hilf uns, wenn du kannst« (Mk 9,22). Der Leprakranke hatte keine Zweifel daran, dass Jesus ihn heilen konnte. Er war sich nur nicht sicher, ob er ihn heilen wollte. Er trug tief in sich das Gefühl, nichts wert zu sein. Er war von Scham gezeichnet.

Das hier ist nicht nur die schöne Geschichte einer Heilung. Es könnte hier genauso um eine Krankheit gehen, die heute durch die Schlagzeilen geht. Denken Sie an eine moderne Krankheit, die hochansteckend ist, die Angst und Schrecken verbreitet, die als tödlich gilt, die ein moralisches Stigma beinhaltet. Wie würde Jesus mit einem Menschen umgehen, der an so einer Krankheit leidet?

Mich erreichte einmal ein Telefonanruf von einer Frau, deren Familie eine Gemeinde besuchte, die ich einige Jahre zuvor geleitet hatte. Sie bat mich, ihren Bruder im Krankenhaus zu besuchen. Obwohl ich ihre Familie ganz gut kannte, war ich überrascht, weil ich nie etwas von diesem Bruder gehört hatte.

Er hatte AIDS im Endstadium und war schon einige Zeit

krank. Ein Jahr lang hatte er jeden Kontakt zu seiner Familie gemieden; er wollte allein und unbemerkt sterben. Aber schließlich fand seine Schwester heraus, dass er krank war, und überredete ihn dazu, in ein Krankenhaus zu gehen.

Er sprach davon, sich das Leben zu nehmen, weil in ihm so viel Angst und Scham waren. Aber dann schloss er Frieden mit Gott und bat mich, ihn zu taufen. Und so taufte ich ihn in Anwesenheit seiner Schwester nur wenige Tage vor seinem Tod.

Seine Eltern besuchten ihn ein paar Mal im Krankenhaus, aber sie wollten den Grund, aus dem er dort war, nicht akzeptieren. Seine Mutter, die Frau, die ihn auf die Welt gebracht hatte, weigerte sich nun, ihn zu berühren, als er sich darauf vorbereitete, diese Welt zu verlassen. Ihr Hauptanliegen bestand darin sicherzustellen, dass in öffentlichen Berichten AIDS nicht als seine eigentliche Todesursache aufgeführt wurde, damit es bloß niemand erfuhr. Sie weigerte sich, das Wort auch nur auszusprechen.

Er starb, ohne von seiner Mutter oder von seinem Vater noch eine Berührung erfahren zu haben.

Die religiösen Leiter der Zeit Jesu verfolgten die Strategie der Isolation. Leprakranke, Heiden, Zolleinnehmer, Frauen, Unbeschnittene – sie alle sollte man meiden wie die Pest. Es gab eine Gruppe von Rabbis, die man die »Zerschundenen und Blutenden« nannte. Sie verpflichteten sich dazu, eine Frau noch nicht einmal anzuschauen. Für ihre Begriffe war das die beste Möglichkeit, um Lustgefühle zu unterdrücken. Wenn sie also fürchteten, im Augenwinkel eine Frau zu bemerken, machten sie die Augen schnell zu, bis sie sicher waren, dass die Frau außer Sichtweite war. Die Folge davon war, dass sie ständig in Mitmenschen, Gegenstände und Gebäude rannten; daher auch der Titel »zerschundene und blutende« Rabbis. Und das ist nicht geschwindelt!

Der Gedanke hinter dieser Strategie der Isolation ist, dass Sünde und Leid ansteckend sein könnten. Wenn man sich also von Personen und Orten fernhielt, an denen man Sünde und Leid ausgesetzt werden konnte, konnte man einer Ansteckung am ehesten entgehen. Man lebte sozusagen in geistlicher Quarantäne.

Ich verstehe den Reiz dieser Strategie. Sünde verbreitet sich so schnell wie eine Sommergrippe. Halten Sie sich in einer Gruppe von Personen auf, die unablässig klagt und sich beschwert – und was machen Sie nach kurzer Zeit?

Wenn ich meine Kinder anschaue und daran denke, wie zerstörerisch diese Welt ist, dann würde ich sie gerne in Quarantäne stecken können. Ich würde ihnen ein Schild um den Hals hängen: »Wenn Sie Gefallen finden an Drogenmissbrauch, One-Night-Stands, Zerstörung von Eigentum, am Ausstieg aus der Gesellschaft oder an bizarren Formen von Körperschmuck, dann kommen Sie nicht näher. Anfassen verboten. Quarantäne.« Aber so funktioniert es leider nicht.

Religiöse Menschen fühlten sich im Lauf der Geschichte immer wieder von der Quarantänestrategie angezogen. Sie mieden sündige Menschen und lebten in religiöser Isolation. Das Problem daran ist, dass ich damit mein Leben in dieser Welt als ständigen Kampf »wir gegen sie« sehe. Die Quarantäne wird zum Gewächshaus für die schlimmsten Herzenshaltungen: Stolz, Exklusivitätsdenken, Selbstgerechtigkeit. In der Isolation stirbt die Liebe; Demut, Mitleid und Großzügigkeit ersticken.
Wohin diese Strategie der Isolation führt, zeigt sich beispielsweise im ehemaligen Jugoslawien, wo Völkermord beschönigend als »ethnische Säuberung« bezeichnet wird. Menschen, die anders sind, werden als Dreck angesehen, den man beseitigen muss.

Jesus macht in der Begegnung mit dem Leprakranken deutlich, dass er die Strategie der Isolation für immer verwirft. In dieser Geschichte ereignen sich mehrere Wunder; das erste beginnt hier.

Das Wunder der Nahbarkeit

Jesus war ein Rabbi, ein religiöser Lehrer. Aufgabe eines Rabbis war es, darauf zu achten, dass das Gesetz von allen verstanden und befolgt wurde.

Dieser Mann war leprakrank. Aufgabe eines Leprakranken war es, allen Menschen aus dem Weg zu gehen, vor allem den Rabbis. Ein Rabbi war der letzte Mensch, dem sich ein Leprakranker nähern würde. Wenn er einem Rabbi zu nahe kam, würde er sofort bestraft werden, weil er das Gesetz gebrochen hatte.

Rabbis waren stolz darauf, unberührbar zu sein. Je religiöser sie wurden, desto unnahbarer wurden sie auch. Sie hielten sich selbst für so nahe bei Gott, dass gewöhnliche Menschen ihnen nicht zu nahe kommen durften.

Ironischerweise war der einzige Rabbi, dem die Leprakranken jemals nahe kommen durften, Gott selbst.

Welche besondere Eigenschaft hatte Jesus, die die anderen Rabbis nicht hatten? Er war ausgesprochen zugänglich. Nicht nur für Leprakranke. Er hatte auch direkten Kontakt mit Prostituierten, Zolleinnehmern und Heiden – mit schäbigen Lumpenpuppen aller Art.

Wir sind mit demselben Problem konfrontiert wie die Rabbis. Wir wissen, dass es wichtig ist, heilig zu sein, also fangen wir an, andere Menschen mit unserem theologischen Wissen oder unserer moralischen Überlegenheit zu beeindrucken, um unser Gefühl der geistlichen Distanz zu verstärken. Wenn wir das durchhalten, wird es nicht lange dauern, bis wir tatsächlich völlig unnahbar wirken.

Hier zeigt sich einer der entscheidenden Unterschiede zwischen dem Lebensstil Jesu und dem der religiösen Leiter seiner Zeit. Je geistlicher sie wurden, desto unzugänglicher wurden sie auch. Bei Jesus aber war genau das Gegenteil der Fall. Jesus hatte eine Art von tiefer Andersartigkeit, die die Sünder anzog. Die Pharisäer besaßen eine oberflächliche Andersartigkeit, die Menschen von ihnen abstieß.

Als Kind dachte ich oft, dass Heiligkeit ein gewisses Maß an Strenge, Ernst und Distanziertheit erfordert, weil ich beobachtete, dass Menschen umso unnahbarer wurden, je »geistlicher« sie waren. Aber in der Person Jesu sehen wir, dass echte Spiritualität jemanden zugänglicher und nicht unnahbarer werden lässt. Deshalb lohnt es sich, über folgenden Satz nachzudenken: *Jesus war der zugänglichste Mensch, der je gelebt hat.*

Wenn wir uns berühren, werden wir füreinander real und gegenwärtig – eben »fassbar«. Vor ein paar Jahren waren wir mit unseren drei Kindern in Disneyland. Da mischte sich Micky Maus unters Volk und begrüßte die Massen. Alle Kinder wollten nur eines: Sie wollten keine Geschenke oder Freikarten. Sie wollten von Micky angefasst werden. Unser Jüngster hüpfte auf und ab, winkte und rief immer wieder: »Berühr mich! Berühr mich!«

Dann kam die Schöne aus »Die Schöne und das Biest«. Unsere beiden Töchter hüpften auf und ab, winkten und riefen immer wieder: »Hallo! Hierher! Berühr mich!«

Kurze Zeit später sahen wir Kevin Costner, der ebenfalls mit seinen Kindern Disneyland besuchte. Meine Frau begann auf und ab zu hüpfen, zu winken und zu rufen ...

Markus erzählt uns von einer Begebenheit, als ein paar Leute Kinder zu ihm brachten, »damit er sie berühre« (Mk 10,13). Die Jünger wollten die Kinder wegschicken und »fuhren sie an«. Sie waren der Ansicht, dass jemand, der so wichtig wie Jesus ist, generell nicht für jeden zugänglich ist. Aber Jesus wurde zornig. »Dann nahm er die Kinder in die Arme, legte ihnen die Hände auf und segnete sie« (Mk 10,16). Er hätte das alles nicht tun müssen. Er hätte einfach ein paar Worte sprechen können. Aber stattdessen gab er den Kindern ein Geschenk. Stellen Sie sich vor, Sie wären eines dieser Kinder gewesen: Sie hätten sich für den Rest Ihres Lebens daran erinnern können, dass Jesus Sie berührt hatte!

Eine der wichtigsten Fragen, die ich mir selbst in Bezug auf mein geistliches Wachstum stellen kann, lautet: »Werde ich zugänglicher oder unnahbarer? Bin ich für die Menschen meiner eigenen kleinen Welt verfügbar? Kann meine Frau mir alles sagen? Halte ich manchmal inne und lege den Menschen, mit denen ich zusammenarbeite, eine Hand auf die Schulter, um ihnen zu vermitteln, dass ich froh bin, dass sie da sind? Werde ich besser darin, anderen Menschen zuzuhören, ohne sie zu verurteilen?«

Das Wunder der Berührung

Das zweite Wunder hat etwas mit der Reihenfolge der Ereignisse zu tun. Das Gesetz sagte: »Nicht berühren.« Die Evangelien sind voll von Geschichten über Menschen, die versuchten, Jesus zu berühren: kleine Kinder, die Frau, die an Blutungen litt und verzweifelt den Saum seines Gewandes berührte, die Prostituierte, die die Füße Jesu mit ihren Tränen wusch und mit ihren Haaren trocknete, und der zweifelnde Thomas, der die Wunden Jesu mit seinen eigenen Händen spüren wollte.

Anders als diese Personen machte der Leprakranke keinen Versuch, Jesus zu berühren. Der Leprakranke erfasste die Situation. Er kannte das Gesetz. Aber achten Sie darauf, was Jesus tat: »Jesus hatte Mitleid mit ihm, streckte die Hand aus und berührte ihn. ›Ich will‹, sagte er, ›sei gesund!‹ (Mk 1,41)

Jesus berührte den Leprakranken, bevor er ihn heilte. Er fasste den Mann an, als dieser noch unrein war. Das schockierte alle, die zuschauten. Einen Leprakranken zu berühren bedeutete, sich schmutzig zu machen. Gott, der schließlich das Gesetz selbst aufgestellt hatte, brach sein eigenes Gesetz zum Wohl des Menschen. Jesus hätte den Leprakranken nicht berühren müssen, um ihn zu heilen. Er hatte andere Wunder auf weite Entfernung gewirkt; er musste dazu »nur ein Wort« sprechen. Jesus wollte etwas deutlich machen: Das Wort heilt den Körper, aber die Berührung heilt die Seele.

Seine Berührung zeigt, dass Jesus bereit ist, das Leid eines anderen Menschen zu teilen, um ihm Heilung zu bringen. Das lässt das Kreuz bereits ahnen: Jesus nimmt unsere Sünde auf sich, damit wir sein Leben haben können. Wir werden dadurch geheilt, dass er sich verletzen lässt.

In einer Welt voller Ansteckungsgefahren lernen wir, Distanz zu halten. Wenn wir jemandem, der leidet, zu nahe kommen, könnten wir am Ende auch infiziert werden. Aber nur, wenn Sie einem anderen Menschen so nahe sind, dass Sie seinen Schmerz spüren, ist der andere Ihnen nahe genug, um Ihre Liebe zu spüren.

Jesus forderte seine Nachfolger nicht dazu auf, in Quarantäne zu leben. Sie sollten vielmehr so eine Art Krankenhaus sein. Stellen Sie sich ein Krankenhaus vor, in dem die Ärzte sagen: »Heute war ein erfolgreicher Tag. Ich habe mich nicht angesteckt. Meine Patienten strotzten nur so von Krankheitserregern, aber ich habe sie alle vor die Tür gesetzt. Kann sein, dass sie sterben, aber wenigstens habe ich keinen von ihnen berührt. Ich habe mich nicht infiziert.«

Vor vielen Jahren standen Nancy und ich vor der Tür eines Antiquitätengeschäftes. Bevor wir den Laden betraten, nahm Nancy mich zur Seite. Ich hatte unsere kleine Tochter in einem Tragegestell auf dem Rücken und Nancy war im achten Monat schwanger. »Vielleicht bleibst du lieber draußen«, sagte sie. »Ich war schon mal in dem Laden und habe die Preisschilder gesehen. Die haben ganz schön wertvolle Sachen hier. Im ganzen Laden stehen Schilder: ›Bitte nicht berühren!‹ Und ich kenne dich. Du wirst dich in die Abteilung mit den antiquarischen Büchern vertiefen und vergessen, dass du ein Baby auf dem Rücken hast. Und wenn du nicht mehr auf sie aufpasst, wird sie irgendeine unglaublich teure Vase zerbrechen und uns finanziell ruinieren.«

»Entschuldigung«, sagte ich. »Ich bin dreißig Jahre alt. Ich habe einen Doktortitel in Psychologie. Ich denke doch, dass ich in der Lage bin, eine halbe Stunde lang auf ein einjähriges Kind aufzupassen.«

»Gut. Ich wollte nur klarstellen, dass du alles, was sie kaputt macht, von deinem Taschengeld bezahlen musst.«

Wir betraten den Laden.

Ich fand die Abteilung mit den antiquarischen Büchern.

Ich vergaß das Baby auf meinem Rücken völlig.

Es streckte die Hand nach etwas aus. Ich schnappte entsetzt nach Luft. Nancy hörte es und wirbelte herum. Aber da sie im achten Monat schwanger war, erstreckte sich ihr Körper weit über die normalen Ausmaße. Nancy stieß eine unglaublich teure Vase zu Boden, die zerbrach.

Das war vor zehn Jahren. Sie bezahlt heute noch dafür.

Jeden Tag trampeln Sie und ich durch Gottes Porzellanladen. Jeden Tag beschädigen wir Objekte, die für ihn von unschätzbarem Wert sind: Menschen. Jeder einzelne trägt ein Preisschild, auch wenn wir es nicht sehen können. Leprakranke und AIDS-Patienten, Kinder und Senioren, Kluge und Dumme, Heilige und Prostituierte. Auf dem Preisschild steht: »Preis: Das Leben meines Sohnes«. Achten Sie den Wert derer, die Sie berühren? Sind Sie bereit, den Preis zu bezahlen?

Wenn Sie die Hand nach den Unberührbaren dieser Welt ausstrecken, erklären Sie sich damit gleichzeitig bereit, Schmerz zu ertragen. Liebe geht einher mit Enttäuschung und Kummer.

Aber wie sieht die Alternative aus?

C. S. Lewis schrieb (in: »Was man Liebe nennt«): »Zu lieben bedeutet, sich verletzlich zu machen. Lieben Sie irgendetwas, und Sie werden feststellen, dass Ihr Herz Schmerz empfinden, wenn nicht sogar gebrochen wird. Wenn Ihr Herz intakt bleiben soll, dann sollten Sie es an nichts und niemanden verschenken, nicht einmal an ein Tier. Packen Sie es sorgfältig ein in Hobbys und kleine Annehmlichkeiten; vermeiden Sie alle Beziehungen; sperren Sie es sicher ein in den Sarg Ihrer Selbstsucht. Aber in diesem Sarg – sicher, dunkel, starr, luftdicht – wird es sich verändern. Es wird nicht gebrochen; es wird vielmehr verhärtet, undurchdringlich, rettungslos verloren. Die Alternative zur Tragödie, oder zumindest zum Risiko der Tragödie, ist die Verdammnis. Der einzige Ort außerhalb des Himmels, an dem Sie absolut sicher vor all den Gefahren und beunruhigenden Begleiterscheinungen der Liebe sind, ist die Hölle.«

Der Porzellanladen Gottes ist voll mit zerbrochenen Vasen, auf denen steht: »Bitte berühren!« Vielleicht wollen wir nichts berühren. Wir haben Angst, sind schüchtern oder zu beschäftigt. Aber nur wenn Menschen in ihrer Zerbrochenheit berührt werden, können sie heil werden.

Es gibt heute in Ihrer Welt Menschen, die darauf warten, berührt zu werden. Werden Sie derjenige sein, der sie anfasst? Legen Sie einem Freund einen Arm um die Schulter. Nehmen Sie die Hand eines Menschen, der leidet. Umarmen Sie ein Kind. Bitte berühren!

Vorsicht, Ansteckungsgefahr!

Niemand berührte einen Leprakranken, weil jeder wusste, was dann passierte. Einen Leprakranken zu berühren bedeutete, selbst mit Lepra angesteckt zu werden. So war es schon immer – dachten die Menschen zumindest.

Aber in dieser Geschichte wirkt etwas, was stärker ist als Lepra. Markus schreibt, dass Jesus den Mann berührte und dieser unmittelbar von seiner Krankheit geheilt wurde. Der Leprakranke steckte Jesus nicht mit seiner Krankheit an. Jesus steckte den Leprakranken mit seiner Gesundheit an! Das könnte man eine »unbefleckte Infektion« nennen. Das Leben, das in und durch Jesus floss, war so stark, dass die Lepra daneben einfach nicht bestehen konnte.

Gott sei Dank sind nicht nur Fehler und Leid ansteckend, sondern auch Begeisterung, Kraft und Glaube. Wenn Sie mit Menschen zusammen sind, die diese Merkmale aufweisen, werden Sie merken, wie mitreißend sie sind. Ansteckung funktioniert in beide Richtungen.

Jesus verwendete in seinen Lehren zweimal das Bild vom Sauerteig. Sauerteig ist ein Symbol für Ansteckungskraft. Geben Sie ein kleines Stückchen Sauerteig in eine große Schüssel Teig, und bald ist alles durchsäuert. In Matthäus 16 warnt Jesus seine Nachfolger vor dem Sauerteig der Pharisäer. Ihre Dünkel, wer berührt werden darf und wer nicht, würden sich sonst ausbreiten. Sünde verbreitet sich auf diese Weise. Wir wissen das und drücken es in verschiedenen Redewendungen aus: »Schlechter Umgang verdirbt die Sitten« oder: »Der Apfel fällt nicht weit vom Stamm«. Die Pharisäer waren mit einer vollen Dosis Religiosität geimpft und deshalb gegen echtes Christsein immun geworden.

Aber in Matthäus 13 verwendete Jesus den Sauerteig, um etwas anderes damit zu beschreiben: das Reich Gottes. Dieses Mal verwendete er Maßangaben. Er erzählte von einer Frau, die Sauerteig unter eine geradezu absurd große Menge Mehl mischt. Der Sauerteig scheint viel zu wenig zu sein. Wörtlich heißt es im Text, dass sie den Sauerteig im Mehl »versteckte«. Es scheint ein sinnloses Unterfangen zu sein. Aber nur Geduld! Unbemerkt, unbeobachtet durchdringt dieses winzige bisschen Sauerteig die große Teigmenge. Es ist nur eine Frage der Zeit.

So verhält es sich auch mit dem Reich Gottes, sagt Jesus. Es lässt sich nicht aufhalten. Seit Jesus ist der Sauerteig am Wirken. Es mag zuerst klein und unbedeutend aussehen: eine Gemeinde in einem heruntergekommen Bürogebäude in der Innenstadt; eine Hauskirche, die sich in China im Untergrund trifft; eine Gruppe, die für ihre kleine Ecke der Welt betet. Es wirkt auf den ersten Blick wie ein kleiner, grauer Klumpen Sauerteig, aber behalten Sie die Sache im Auge. Es ist nur eine Frage der Zeit.

Das Geheimnis eines wahrhaft geistlichen Lebens besteht darin, sich nicht von Sünde und Leid zu isolieren. Das wäre auch unmöglich, selbst wenn wir es wollten. Jesus lebte auf demselben verseuchten Planeten wie wir alle, aber er war gegen alle Ansteckungsgefahren immun. Unser Immunsystem dagegen ist total zusammengebrochen. Wir leiden sozusagen an einer geistlichen Abwehrschwäche. Das Geheimnis besteht darin, so mit dem Leben Jesu erfüllt zu sein, dass wir nicht von der Welt infiziert werden, sondern stattdessen die Welt mit dem Geist Gottes anstecken.

Der Ex-Leprakranke hatte nun diesen positiven »Erreger« in sich. Er war ansteckend; er konnte nichts dagegen tun. Auch wenn er schweigen sollte, merkte er, dass er nicht schweigen konnte. Sein Glaube war so hochinfektiös, dass Markus schreibt, dass sich sein Bericht ausbreitete wie ein Grippevirus oder ein heißes Gerücht. Jeder bekam es mit. »Die Leute kamen von überall her zu ihm.« Und seitdem verbreiten alle, die mit Jesus in Berührung gekommen sind, ihre »Bazillen«. Kleine Freudenkeime, Glaubensviren, Überzeugungsbakterien.

Denn wir leben, wie es mein Freund Ian Pitt-Watson in einer wunderschönen Interpretation dieses Textabschnittes ausdrückte, auf einem kontaminierten Planeten. Er ist auf allen Ebenen verseucht. Er sollte in Quarantäne gesteckt werden. Kein vernünftiger Gott würde sich diesem Planeten auch nur auf hundert Lichtjahre Entfernung nähern.

Aber Jesus ist kein vernünftiger Gott. Er wurde Mensch, er nahm Ihre und meine Infektionskrankheiten auf sich. Aber statt sich von der Welt anstecken zu lassen, steckte er die Welt an mit seiner »unbefleckten Infektion«. Und sie breitet sich immer noch weiter aus.

Es ist nur eine Frage der Zeit.

4.

Der Gott der zweiten Chance

Vergebung ist Gottes Erfindung, um sich mit einer Welt zu arrangieren, in der die Menschen unfair zueinander sind und sich gegenseitig tief verletzen. Er schenkte uns seine Vergebung. Und er lädt uns dazu ein, einander zu vergeben.
(Lewis B. Smedes)

Vor ein paar Jahren ging ich mit ein paar Freunden Golf spielen (etwas, was ich sehr selten und sehr schlecht tue). Am ersten Loch schickte ich mich an, den Ball zu schlagen, was im Fernsehen immer so einfach aussieht. Mir gelang ein geradezu unglaublicher Schlag. Der Ball hob in einem Winkel von neunzig Grad ab. Niemand hatte jemals einen Golfball in dieser Flugbahn fliegen sehen und bis zu diesem Tag war nicht bekannt, dass so etwas physikalisch überhaupt möglich war. Ich wünschte mir verzweifelt, diesen Schlag zurücknehmen zu können. (Er traf das Schieferdach eines in der Nähe stehenden Hauses und es klang so, als ob er einigen Schaden angerichtet hatte.)

Ich versuchte, den Ball wiederzufinden, um meinen nächsten Schlag ausführen zu können. Da sagten die Leute, mit denen ich spielte, etwas Erstaunliches: »Mach dir nichts draus. Vergiss den Ball.« Sie erklärten mir, dass ich einen Ball, der unspielbar war, nicht spielen musste. Ich musste ihn nicht einmal zählen. Er würde nicht auf der Karte erscheinen. Es war, als ob ich diesen Schlag nie gespielt hätte, sagten sie. Er war irrelevant für meinen Gesamtpunktestand. Ich durfte noch einmal von vorne anfangen. So etwas verleiht dem ansonsten recht unbarmherzigen Spiel eine nette Note.

Und ich dachte: Wäre es nicht schön, wenn man auch in anderen Bereichen des Lebens solche zweiten Chancen in Anspruch nehmen könnte? Stellen Sie sich vor, ein Polizist hält Sie an, weil Sie zu schnell gefahren sind, und Sie zerreißen den Strafzettel einfach: »Danke, aber ich nehme meine zweite Chance in Anspruch!« – »In Ordnung«, sagt er darauf.

Die Bank teilt Ihnen mit, dass Ihr Scheck nicht gedeckt ist. »Zweite Chance«, sagen Sie den Leuten in der Bank. »Kein Problem«, bekommen Sie zur Antwort.

In einem Streit mit einem Freund sagen Sie etwas, was Sie gerne ungesagt machen wollen. »Zweite Chance.«

Keiner stellt Fragen.

Keiner verhängt irgendwelche Strafen.

Lumpenpuppen brauchen ständig zweite Chancen. Ich habe die Chance, jemandem einen Dienst zu erweisen; statt dessen betreibe ich Eigenwerbung. Ich lasse eine falsche Aussage kommentarlos stehen, um Ehre einzuheimsen, die mir nicht zusteht. Ich brause ohne Grund auf. Als ich einmal nach so einer Episode eines meiner Kinder ins Bett brachte, bekannte ich: »Es tut mir Leid, dass ich so eklig zu dir war. Ich weiß nicht, was mit mir los war. Ich hoffe, der Weihnachtsmann bringt mir trotzdem noch ein Geschenk.«

Zweifelndes Kopfschütteln meines Kindes: »Ich hoffe es auch für dich.«

Gibt der Weihnachtsmann zweite Chancen?

Manchmal geht das Bedürfnis nach einer zweiten Chance aber auch tiefer. Manchmal brauchen Sie eine zweite Chance für ganze Lebensbereiche. Eine Frau hatte eine komplizierte, konfliktreiche Beziehung zu ihrem Vater. Sie liebte ihn, war aber auch wütend auf ihn – und so zog sie sich zurück. Schließlich starb der Vater allein und weit weg von ihr. Heute bedauert die Frau ihr Handeln. Sie würde alles für eine zweite Chance geben.

Sie schlagen einen Weg ein, treffen eine Entscheidung, die jemanden, der Ihnen sehr nahe steht und Ihnen wichtig ist, sehr verletzt. Und nun nagt die Schuld an Ihnen; Sie fragen sich, ob

Sie jemals wieder die vorherige vertraute Ebene erreichen können. Sie würden alles für eine zweite Chance geben.

Sie sind in unehrliche Finanzgeschäfte verwickelt. Nun leben Sie in ständiger Angst davor, dass alles ans Licht kommt und Sie dadurch in Schimpf und Schande gestürzt werden. Sie leben in dem ständigen Bewusstsein, dass Sie Ihr Leben auf Täuschung und Betrug aufgebaut haben. Vielleicht wird es nie jemand erfahren, aber Ihr Gewissen und Ihre Sensibilität für Gottes Botschaften werden Tag für Tag mehr untergraben. Ihre Unehrlichkeit ist wie eine geistliche Krebserkrankung, die Ihre Seele von innen her zerstört. Sie brauchen eine zweite Chance, und zwar dringender, als Ihnen selbst bewusst ist.

Sie versagen in einem Bereich, der Ihnen sehr wichtig ist – in Ihrer Ehe, bei der Erziehung Ihrer Kinder oder beim Erreichen eines entscheidenden Ziels – und das Gefühl des Versagens lässt Sie nicht mehr los. Es belastet Sie; Sie haben das Gefühl, nie mehr davon frei werden zu können. Es haftet wie eine zweite Haut an Ihnen und Sie glauben nicht daran, dass Sie noch einmal von vorne anfangen können. Wenn Sie eine zweite Chance bekommen würden ...

Wenn Menschen ständig Gottes Liebe unterschätzen, liegt das vermutlich daran, dass sie Gottes Vergebungsbereitschaft unterschätzen.

Am Boden zerstört

Im Johannesevangelium lesen wir von einem Mann, der gegenüber seinem besten Freund versagt und seinen Herrn und Meister verraten hatte; von einem Mann, der dachte, dass ihn sein Versagen aus der Reichweite von Gottes Gnade treiben würde, und der am Ende merkte, dass er sich glücklicherweise geirrt hatte. Es ist die ideale Geschichte für jeden, der schon einmal das zerstörerische Gefühl des eigenen Versagens erlebt hat. Und es ist die Geschichte über den Gott der zweiten Chance.

Es ist sechs Uhr morgens. Petrus und seine Freunde waren die ganze Nacht mit dem Boot auf dem See, um zu fischen. Sie haben nichts gefangen.

Jemand ruft sie vom Ufer aus. Eine Stimme, die sie schon einmal gehört haben, aber noch nicht kennen, sagt: »Ihr habt nichts gefangen, Kinder, oder?«

Die Frage trägt einen kleinen Stachel in sich. Sie soll zu Tage bringen, ob die Jünger die Realität – ihr Versagen – wirklich akzeptieren.

Jesus verwendet oft eher beiläufige Fragen, um zu sehen, ob Menschen die Wahrheit über sich selbst kennen und zugeben: »Worüber habt ihr unterwegs gesprochen?«, fragte er die Jünger, als diese sich darüber stritten, wer von ihnen der Größte sei. »Wo ist dein Mann?«, fragte er die Frau, die fünfmal verheiratet war. »Wie geht's?«, fragt er hier. »Irgendwas gefangen?« Natürlich kennt er in allen Fällen bereits die Antworten.

Er mildert den Stachel etwas durch die Anrede: »Kinder«. Das ist das einzige Mal in den Evangelien, dass er sie so anredet. »Na, Jungs, kein Glück gehabt?«

Und dann passiert etwas Erstaunliches: Eine Gruppe von Fischern gesteht, dass sie nicht einen Hering gefangen hat. Es macht nicht mal einer eine Bemerkung über den einen, der nicht mehr dabei ist. (Und Fischer haben ja normalerweise nicht den Ruf, zu den aufrichtigsten Leuten zu gehören.)

Die Stimme fragt: »Habt ihr etwas gefangen?«

»Nein«, sagen sie. »Warum fragst du, Stimme?« Die Geschichte beginnt damit, dass sie ihre Niederlage zugeben – und das ist alles, was die Stimme hören wollte.

Die Stimme sagt: »Versucht es noch einmal. Werft euer Netz auf der rechten Seite des Bootes aus. Gebt noch nicht auf.«

Sie gehorchen. Und bald ist das Netz so voll, dass sie es nicht ins Boot holen können. Plötzlich begreifen sie, wem diese Stimme gehört. Petrus wird von Emotionen übermannt. Vielleicht erinnert er sich an den Tag, an dem er Jesus zum ersten Mal begegnet ist.

Diese Geschichte wird uns von Lukas berichtet (Lk 5): Jesus stieg in Petrus Boot und lehrte die Menschenmenge am Strand. Dann sagte er zu Petrus: »Fahre ins tiefere Wasser hinaus und wirf deine Netze aus.«

Petrus erklärt: »Wir waren die ganze Nacht unterwegs und haben nichts gefangen ...«

»Versuch es noch einmal. Mir zuliebe.«

Petrus gehorchte und bald waren die Netze so voll, dass sie zu reißen begannen, und die Boote waren so voll mit Fischen, dass sie zu sinken drohten.

Bei dieser Gelegenheit sagte Petrus zu Jesus: »Herr, geh fort von mir! Ich bin ein sündiger Mensch!« Menschen in einem armseligen Zustand sagen so etwas manchmal. Aber Jesus sagte: »Ich weiß, dass du eine Lumpenpuppe bist. Ich habe schon Pläne, wie ich dir bei deinem Problem helfen kann. Ich gebe dir ein neues Leben. Du kannst noch einmal von vorn anfangen, aber dieses Mal wirst du Menschen fischen.«

So begegnete Petrus dem Gott der zweiten Chance.
Jetzt – nach der Kreuzigung und der Auferstehung und nach einem weiteren Fischwunder – begreift Petrus, wem diese Stimme gehört. In seiner typischen emotionalen Überschwänglichkeit springt er ins Wasser und schwimmt an den Strand. Vielleicht erinnert er sich dabei an eine andere Begebenheit, bei der er seine Freunde im Boot zurückgelassen hatte und über das Wasser gelaufen war. Sein Glaube hatte ihn damals verlassen, und er war gesunken – er hatte versagt –, aber der Gott der zweiten Chance hatte ihn auch damals gerettet. Er ist sehr geduldig, dieser Gott.

Petrus kam also an den Strand und fand Jesus vor, der Frühstück machte. Er hatte schon ein Feuer entfacht. Johannes verrät uns noch ein Detail: Es war ein Kohlefeuer.

Dafür gab es einen guten Grund. In Johannes 18, als Petrus dreimal gefragt wurde, ob er nicht auch ein Jünger Jesu war, wärmte er sich an einem Feuer. Wir lesen, dass es ein Kohlefeuer war. Und dort verleugnete er seinen Herrn dreimal.

Nun sieht Petrus das Feuer, ein Kohlefeuer – und er erinnert sich. Wenn er mit Jesus zusammen sein will, dann muss er sich der Wahrheit stellen und zugeben, wer er ist und was er getan hat.

Wenn Sie Hilfe vom Gott der zweiten Chance erfahren wollen, werden auch Sie die Wahrheit über Ihren Zustand akzeptieren müssen. Blicken Sie der Realität ins Auge. Nehmen Sie die Maske ab.

Kennen Sie die alte Geschichte von dem Mann, der verzweifelt einen Job sucht und auf eine Stellenanzeige des Zoos reagiert? Der Wärter erklärt, dass ihr einziger Gorilla gestorben sei und der Zoo sich keinen neuen Gorilla leisten könne. Deshalb soll sich der Mann als Gorilla verkleiden. Zuerst ziert er sich etwas, aber da er das Geld dringend braucht, ist er schließlich einverstanden.

Von Tag zu Tag entwickelt er mehr Begeisterung für seine Rolle. Eines Tages schaukelt er so schwungvoll an einer Liane, dass er im Käfig nebenan landet: dem Löwengehege. Als er den heißen Atem des Löwen im Gesicht spürt, vergisst er seine Verkleidung und schreit laut um Hilfe. Da sagt der Löwe: »Halt den Mund, du Idiot! Oder willst du, dass wir beide unseren Job verlieren?«

Masken zu tragen kann zum Lebensstil werden. Sie geben vor, glücklich zu sein, während Sie einen verborgenen Schmerz mit sich herumtragen. Sie geben vor, ein gesundes geistliches Leben zu führen, während zwischen Ihnen und Gott eine riesige Lücke klafft. Sie geben vor, dass Ihre Ehe prima ist, während Ihre Beziehung in Wirklichkeit da ein großes Loch hat, wo eigentlich ihr Herz sitzen sollte.

Petrus erinnert sich nun an das schlimmste Versagen seines Lebens. Er hatte oft versagt: als er im Wasser unterging; als Jesus zu ihm sagte, dass er die Worte Satans sprechen würde; als er versuchte, Jesus mit dem Schwert zu retten und die erste schriftlich belegte Ohramputation der Geschichte durchführte. Aber das war das schlimmste Versagen. Manchmal kommt man im Leben an so einen Punkt: Man hat das Gefühl, etwas völlig Unverzeihliches getan zu haben.

Er erinnert sich daran, wie er am Feuer gestanden und seinen Gott verleugnet hatte.

Inzwischen ist das Frühstück vorbei, und sie sehen sich an,

nur Petrus und Jesus. Vielleicht sind sie zum ersten Mal seit der Verleugnung, der Kreuzigung und der Auferstehung allein miteinander. Petrus ist so verletzlich; er wartet auf die Worte Jesu wie ein Häftling auf das Urteil des Gerichts.

Dann hört er die Frage, die ihn tief im Herzen trifft; die Frage, die ihn heilt und ihm neues Leben schenkt; die Frage, die er bis zu seinem Tod nicht mehr vergessen wird:

»Liebst du mich?«

Jesus fragt nicht: »Petrus, tut es dir Leid, was du getan hast? Versprichst du mir, mich nie wieder zu verleugnen? Wirst du dich in Zukunft mehr anstrengen?« Das Wichtigste zuerst: »Liebst du mich?«

Das ist eine sehr heikle Frage. Wenn Sie diese Frage stellen, dann legen Sie Ihr Herz bloß. Es ist die Frage eines hoffnungsvollen Liebhabers. Es ist die Frage, die Eltern einem Kind stellen wollen, das von zu Hause weggelaufen ist, die sie sich aber nicht zu stellen trauen.

»Liebst du mich?«

Tevye, ein jüdischer Milchmann, dessen Töchter sich dem Ehestifter widersetzen, weil sie aus Liebe heiraten wollen, sitzt eines Tages mit seiner Frau zusammen und ist ungewohnt still. Schließlich fragt er sie in einem Lied, weil die Frage zu heikel ist, um ausgesprochen zu werden: »Golde, liebst du mich?«

»Bitte, was?«, fragt sie.

»Liebst du mich?«

Sie ist auf diese Frage nicht vorbereitet. Sie hat die Dinge getan, die man von einer Ehefrau in dieser Kultur erwartete. Erfüllung ehelicher Pflichten. Führung des Haushaltes. Ende der Diskussion.

Wieder die Frage: »Liebst du mich?«

Sie sagt ihm, dass er ein Narr ist. Er gibt ihr Recht, aber wartet noch immer auf eine Antwort.

»Liebe ich ihn?«, grübelt sie laut. Sie blickt zurück auf 25 Jahre ihres Lebens – gemeinsames Hoffen, Leiden, Streiten, Teilen von Haus und Bett. Wenn das nicht Liebe ist, was dann?

»Dann ....« (Und das sagt er wie ein kleines Kind. Wie ein frisch Verliebter.) »... liebst du mich!«

»Ich nehme es an.«

»Und ich nehme an, dass ich dich auch liebe.«

»Es ändert kein bisschen«, singen sie gemeinsam, »aber trotzdem ist es schön, so etwas nach 25 Jahren zu wissen.«

Es ändert nichts – die Aufgaben bleiben dieselben, das Leben bleibt dasselbe –, aber es verändert alles.

Ihre Beziehung, die für sie vorher nur arrangiert schien und zur Erfüllung von Pflichten diente, wird plötzlich zur Liebesgeschichte. Ihre Herzen sind so voll, dass sie nicht sprechen können. *(Aus dem Musical »Fiddler on the Roof, Musik: Jerry Bock, Text: Sheldon Harnick, nach den Geschichten von Sholem Aleichem.)*

Liebst du mich?

So lautet die Frage Jesu, und das ist keine Frage, die man leicht ganz ehrlich beantworten kann. Manchmal denke ich über Jesus nach, darüber, wie gut und weise er ist, und ich weiß, dass er wunderbar ist und dass sein Tod die beste Chance ist, die der Welt jemals geboten wurde.

Ich weiß, dass ich das weiß.

Aber um ehrlich zu sein, bin ich manchmal so mit mir selbst beschäftigt, dass ich nicht weiß, ob ich ihn wirklich liebe.

Jesus und Petrus stehen also gemeinsam vor einem kleinen Kohlefeuer.

»Simon, Sohn des Johannes ...« Jesus verwendet nicht einmal den alten Spitznamen, Petrus. Er verwendet den offiziellen Namen, als ob er sagen wollte: »Ich will nicht selbstverständlich davon ausgehen, dass du die alte vertraute Beziehung wieder haben und weiterhin den Namen tragen möchtest, den ich dir gegeben habe.«

»Simon, Sohn des Johannes, liebst du mich?«

Nun ist Jesus der Verletzliche. Nun ist Jesus in der Rolle des Liebhabers, der auf die Antwort dessen wartet, den er liebt.

»Ja, Herr«, antwortet Petrus, aber er traut seiner Fähigkeit, sein Herz völlig richtig zu beurteilen, nicht ganz. »Du weißt alles. Du weißt es.«

Ich kann Petrus' Antwort verstehen: »Herr, du weißt es. So

weit ich es beurteilen kann, liebe ich dich. Wenn ich klar bei Verstand bin, liebe ich dich. Ich möchte dich mehr lieben, als ich dich jetzt liebe. Ich weiß nicht genau, was in mir vorgeht, Herr, aber du weißt es.«

»Dann weide meine Schafe«, sagt Jesus. *Liebe und lehre und schütze und führe und diene der kleinen Herde, die für mich das Wichtigste auf der ganzen Welt ist. Geh wieder zurück ins Spiel.*

Dieser Dialog wiederholt sich dreimal, bis Petrus verzweifelt. Warum fragt Jesus ihn immer wieder dasselbe? Manche Leute schreiben der Tatsache eine besondere Bedeutung zu, dass Johannes in der dritten Frage Jesu ein anderes griechisches Wort verwendet, fast als ob Jesus sich mit einer minderwertigeren Art von Liebe zufrieden geben wollte. Aber im Allgemeinen sind sich die neutestamentlichen Wissenschaftler darin einig, dass Johannes einfach eine »stilistische Variation« verwendete, um nicht immer wieder dasselbe Wort verwenden zu müssen.

Die Bedeutung liegt nicht in der Verwendung von Synonymen, sondern in der Anzahl der Wiederholungen der Frage. Dreimal. Petrus weiß nicht, was wir wissen – nämlich dass er gerade vom Gott der zweiten Chance Heilung und Versöhnung empfängt.

Nicht einmal, sondern dreimal verleugnete er am Feuer seinen Herrn. Nicht einmal, sondern dreimal steht er nun am Feuer und bekennt seine Liebe zu Jesus.

Jesus sagt zu Petrus, was er zu jedem sagt, der sich schon einmal am Feuer verbrannt hat, und was er auch zu Ihnen und zu mir sagt, egal was wir getan haben: »Geh wieder zurück ins Spiel. Nutze die Gaben, die ich dir gegeben habe, freue dich über den Auftrag, den ich dir gegeben habe, und widme dich meiner Sache. Weide meine Schafe. Sie brauchen dich.«

In dem Film »City Slickers« versucht Billy Crystal seinen Freund zu trösten, dessen Leben gerade ins Chaos gestürzt ist – seine Ehe ist zerbrochen, seine berufliche Karriere zerstört – und der kurz davor ist, allem ein Ende zu bereiten. Billy Crystal sagt zu ihm: »Fang einfach noch einmal von vorne an. Wenn wir als Kinder gespielt haben und das Spiel lief ganz schlecht, dann haben wir einfach noch einmal neu angefangen. Das kannst du jetzt auch machen. Fang einfach noch einmal neu an.«

Aber woher bekommen wir die Kraft und das Recht dazu, noch einmal neu anzufangen?

Beim Golfspiel verschlug ich einen weiteren Ball, und meine Freunde sagten mir wieder: »Du kannst noch einmal neu abschlagen.«

»Seid ihr sicher?«

»Klar«, antworteten sie. »Das machen wir immer so.«

An diesem Punkt fing ich an, mir leichte Gedanken über die Regeltreue dieses Spiels zu machen. Wenn man ständig zweite Abschläge gewährt, ist der Punktestand nicht mehr sehr aussagekräftig. Vor allem, wenn man wie ich eine ganze Menge schlechter Schläge produziert. Ich schlage Bälle ins Wasser und über die Grenzen des Platzes hinaus. Allein am ersten Loch brauchte ich vier zweite Abschläge.

Wir konnten an diesem Tag so großzügig mit zweiten Abschlägen sein, weil das Spiel nicht zählte. Wir nahmen es nicht sonderlich ernst, sondern wollten nur ein gutes Spielergebnis haben. Wenn es darum geht, Punkte zu zählen, stehen Golfer in Bezug auf Wahrhaftigkeit, Ehrlichkeit und Integrität etwa auf der Stufe von Kredithaien und Buchmachern. Gegen Hobby-Golfer sind Angler zutiefst aufrichtige Menschen.

Doch wenn das Spiel zählt, dann sieht das alles ganz anders aus. Wenn das Spiel zählt, muss es gerecht zugehen. Wenn Tiger Woods um die Meisterschaft spielt, vor dem letzten Loch steht und den Schlag versiebt, kann er nicht einfach sagen: »Ich glaube, ich wiederhole den Schlag.«

Im offiziellen Golf gibt es keine zweiten Abschläge. Da sind die Regeln wichtig. Man spielt den Ball, egal wo er liegt. Wenn Sie den Ball ins Wasser schlagen, bekommen Sie einen Strafpunkt. Sie ernten, was Sie säen. Es muss Gerechtigkeit geben. Ihr Punktestand spiegelt auf brutal ehrliche Weise wider, wie Sie gespielt haben.

Sie verstehen, was ich meine. Das Leben ist das »richtige Spiel« unter Turnierbedingungen. Die Regeln zählen jetzt – zumindest die wichtigen. Wenn Gott wirklich Gott ist, muss er gerecht sein. Er kann nicht sagen: »Hitler, du bekommst eine zweite Chance. Wir zählen den Holocaust einfach nicht. Wir schreiben nichts davon auf. Lass uns so tun, als ob das alles nie passiert wäre.«

Irgendjemand muss die Punkte zählen – die Dachaus und Buchenwalds und die Plätze des Himmlischen Friedens, die Straßenschießereien, die missbrauchten Kinder und die unterdrückten Menschen dieser Welt. Eines Tages muss es für diese Welt Gerechtigkeit geben, damit das alles Sinn macht. Und die Bibel sagt, dass es diese Gerechtigkeit geben wird. Es heißt in der Bibel, dass die Gerechtigkeit eines Tages wie ein reißender Fluss kommen wird. Jeder von uns muss Rechenschaft für alle Sünden und Fehler seines Lebens ablegen – auch Sie und ich. Jeder von uns muss das Spielprotokoll unterschreiben.

Am Kreuz begegnen sich Gottes unerschütterliches Festhalten an der Gerechtigkeit und seine unendliche Vergebungsbereitschaft. Das Kreuz ist Gottes Erklärung, dass er die Sünde und allen Schaden, den sie anrichtet, hasst. Das Kreuz ist aber auch gleichzeitig Gottes Erklärung, dass er die Sünder liebt und ein unstillbares Verlangen danach hat, sie zu erlösen.

Die Bibel ist voll von Bildern, die Gottes Sehnsucht danach beschreiben, uns zweite Chancen zu geben. »Wie ein Vater mit seinen Kindern Erbarmen hat, so hat der Herr Erbarmen mit denen, die ihn ehren« (Ps 103,13).

Als meine Kinder noch klein waren, hatten wir ein bestimmtes Ritual vor dem Schlafengehen. »Ich liebe dich nicht sooo sehr«, sagte ich und hielt meine Hände ein paar Zentimeter auseinander. »Und ich liebe dich nicht soooo sehr (Hände etwa dreißig Zentimeter auseinander), oder sooooooo sehr, oder sooooooooooooooo sehr (der Zwischenraum wurde jedes Mal etwas größer, bis er so weit war, wie meine Arme reichten), sondern soooooooooooooooooooooooooooooooo sehr.«

Von Zeit zu Zeit stellten die Kinder diese Aussage auf die Probe. Wir waren dabei, unser Auto zu waschen, als eines der Kids in den Kofferraum stieg und den gesamten Inhalt hinaus auf die Straße warf: Bücher, Decken, meinen Tennisschläger und ein neues Kleidungsstück wurden mit dem Schlauch nassgespritzt und bis zur Unkenntlichkeit eingeschäumt. Meine Tochter, die damals etwa vier Jahre alt war, konnte an meinem Gesicht sehen, dass sie gesündigt hatte – und der Lohn der Sünde ist der Tod. Sie schaute mit großen braunen Augen zu mir auf und breitete die Arme so weit aus, wie sie konnte, und sagte: »Ich liebe dich soooooooooooooooo sehr.«

Wie konnte ich sie da noch bestrafen? »Na gut, Liebes. Räum die ganzen Sachen erst mal in die Garage.«

Ich konnte ihr vergeben, aber natürlich musste jemand für den Schaden aufkommen. Sie hatte immerhin Bücher, Kleidungsstücke und einen Tennisschläger ruiniert. Selbst wenn ich ihr Sparschwein geschlachtet hätte, wäre der Schaden damit nicht annähernd gedeckt worden. Vergebung ist nie nur eine Sache von Worten, mit ihr sind immer auch Kosten verbunden. Irgendjemand muss die Schuld bezahlen.

Genau das geschah am Kreuz, sagt die Bibel. Dort wurde, was wir wohl nie völlig verstehen werden, eine eigentlich unbezahlbare Schuld getilgt. Und wir können neu anfangen. Wir müssen es sogar.

Die wichtigste Frage lautet nicht, wie sehr Sie Gott lieben. Die wichtigste Frage lautet vielmehr, wie sehr Gott Sie liebt.

Gott füllte diese Welt mit Schönheit und Geheimnisvollem, mit Wasserfällen, Sonnenuntergängen, Gletschern, Regenwäldern und Schokocremetorte, aber er sagte: »Ich liebe dich nicht nur so sehr.«

Gott gab Ihnen einen Verstand, die Fähigkeit, Richtig von Falsch zu unterscheiden, das Gute und das Leben zu wählen, aber Gott sagte: »Ich liebe dich nicht nur so sehr.«

Gott stellte Ihnen Menschen zur Seite. Lehrer, Freunde, Vorbilder, Menschen, mit denen Sie Vertrautheit und Gemeinschaft genießen können. Aber Gott sagte: »Ich liebe dich nicht nur so sehr.«

Dann gab Gott Jesus. Jesus war Gottes letzter Versuch, uns zu zeigen, wie viel wir ihm bedeuten. Jesus wurde ans Kreuz geschlagen, um die Schuld zu bezahlen, die wir nicht bezahlen konnten. Er wurde ans Kreuz geschlagen, und Gott sagte: »Nun kannst du frei sein von allen Gewissensbissen. Du hast keine Schuld mehr. Alle rechtlichen Ansprüche sind gegenstandslos. Nun weißt du, welchen Platz du in meinem Herzen einnimmst.«

Jesus wurde ans Kreuz genagelt und sagte: »Ich liebe dich so sehr.«

Und nun war es an Petrus zu lernen, dass der da am Kreuz auch der Gott der zweiten Chance ist.

Warren Bennis berichtet über einen viel versprechenden Juniormanager bei IBM, der an einem riskanten Geschäft für das Unternehmen beteiligt war und am Ende zehn Millionen Dollar in den Sand setzte. Er wurde in das Büro von Tom Watson senior zitiert, der IBM gegründet und vierzig Jahre geleitet hatte.

Der Juniormanager war von Schuldgefühlen und Angst so überwältigt, dass er sofort herausplatzte: »Ich nehme an, Sie haben mich hergebeten, um mich zu entlassen. Bitte. Ich lege meinen Posten nieder.«

Watson antwortete: »Sie machen wohl Witze. Ich habe eben zehn Millionen Dollar in Ihre Ausbildung gesteckt. Ich kann es mir nicht leisten, sie rauszuwerfen!« (in: »Führungskräfte«, Campus 1992).

Ich vermute, dass Petrus diesen Dialog öfter mit Jesus führte. Petrus legte sein berühmtes Bekenntnis ab, dass Jesus der Christus, der Sohn des lebendigen Gottes war. Jesus nannte ihn gesegnet, sagte, dass Gott selbst ihm dies offenbart hatte, und erklärte weiter, dass er selbst ans Kreuz gehen müsse. Als Petrus ihn dann beiseite nahm und ihn dafür zurechtwies (»das ist schlecht für die Moral«), sagte Jesus ihm, dass er, Petrus, nun die Worte Satans sprechen würde.

Ich stelle mir vor, wie Petrus sagte: »Du hast Recht. Ich rede impulsiv. Ich rede immer erst und denke erst dann nach. Ich bin einfach zu dumm. Hier ist meine Rücktrittserklärung.«

Und ich stelle mir vor, wie Jesus dann sagt: »Du machst wohl Witze. Ich habe eben erst eine Offenbarung in dich investiert. Ich kann es mir nicht leisten, dich rauszuwerfen!«

Auf dem See Genezareth steigt Petrus aus dem Boot und fängt an, über das Wasser zu laufen. Aber dann wendet er die Augen von Jesus ab. Er wird von Angst und Zweifel überwältigt und wäre ertrunken, wenn ihn Jesus nicht aus dem Wasser gezogen hätte. Jesus diagnostiziert das Problem messerscharf: »Du Kleingläubiger.«

Ich stelle mir vor, wie Petrus sagt: »Du hast Recht. Ich bin gut in dramatischen Effekten, aber mein Vertrauen ist nicht besonders stark ausgeprägt. In mir toben die Fragen und Ängste. Es braucht keinen besonders starken Sturm, um mich aufzuhalten. Ich bin untauglich. Hier ist meine Rücktrittserklärung.«

»Du machst wohl Witze. Ich habe gerade erst ein Wunder in dich investiert. Ich kann es mir nicht leisten, dich rauszuwerfen!«

Als Jesus die größte Krise seines Lebens erlebte, sagte Petrus: »Ich werde dir folgen, egal was es mich kostet, egal was alle anderen machen.«

Aber er konnte Jesus nicht einmal eine Nacht lang folgen und verleugnete seinen besten Freund gleich dreimal.

Ich stelle mir vor, wie er sagte: »Du hast Recht gehabt. Ich habe dir gegenüber zum Zeitpunkt deiner größten Not völlig versagt. Ich habe dich verleugnet und im Stich gelassen. Hier ist meine Rücktrittserklärung.«

Und Jesus sagte: »Du machst wohl Witze. Ich habe gerade erst eine Auferstehung in dich investiert. Ich kann es mir nicht leisten, dich rauszuwerfen!«

Die Kirche ist ein Ort für Menschen, die neue Chancen brauchen. Sie sind Gottes Hauptbeschäftigung. Er kommt zum alten Abraham, der über Gottes Verheißung lachte und wegen seiner Frau gelogen hat, und Gott sagt: »Wie wäre es mit einem Neuanfang?«

Er kam zu einem Hirtenjungen, der König wurde und Mord und Ehebruch beging; zu einem Propheten, der davon lief, aus dem Bauch eines Fisches gerettet wurde und die beleidigte Leberwurst spielte, weil er in der heißen Sonne ohne Schatten sitzen musste; zu einer ganzen Nation halsstarriger und Götzen anbetender Leute; zu einem Christenverfolger namens Saulus, der sein Volk terrorisierte; zu verzweifelten, einsamen, schäbigen Lumpenpuppen kommt Gott immer und immer wieder und sagt: »Wie wäre es mit einem Neuanfang?«

Denn Gott liebt es, neue Chancen zu gewähren. Er findet Schafe, die unbedingt in die falsche Richtung gehen wollten, er sucht verlorene Münzen, er umarmt dumme verlorene Söhne. Sein Lieblingsladen ist das Fundbüro.
Seine Liebe, Gnade und Macht hat keine Grenzen. Er erlöst und erlöst und erlöst und ist in diesem Augenblick, in dem Sie diese Worte lesen, schon wieder dabei, Ihnen eine neue Chance einzuräumen. Er sehnt sich danach, auch für sie das zu tun, was er vor Ihnen schon für unzählige Lumpenpuppen getan hat.

Er ist der Gott des Neuanfangs, der Herr der zweiten Chance.
Ergreifen Sie sie!

5.

Jesus, der Lehrer

Auch wenn Jesus kein Philosoph oder Theologe war, bieten schon allein seine Gleichnisse mehr Material, als ein Philosoph oder Theologe in seinem ganzen Leben erschöpfend behandeln könnte. Daran erkennt man Jesus' überragendes Genie. Wir neigen dazu, seine intellektuelle Größe zu übersehen, wenn wir uns mit dem Menschsein Jesu beschäftigen.
(C. W. F. Smith)

Ich lernte Frau Beier vor dreißig Jahren kennen. Damals gab sie meiner Schwester und mir fünf Jahre lang Klavierunterricht.

Frau Beier war Deutsche, und zwar durch und durch. Fünf Jahre lang bestimmte sie das Leben meiner Familie. Andere Klavierlehrer in Rockford setzten ihre Anforderungen ziemlich niedrig an: Üb, wenn du Zeit hast, mach deine Fortschritte in deinem Tempo. Aber bei Frau Beier war alles anders; kein pädagogisch korrektes, kindgerechtes Verhätscheln. Wenn man ihr Schüler war, dann hatte man zu tun, was sie sagte.

Wir übten zu den Zeiten, die sie uns vorgab, wir übten so lange, wie sie es befahl. Wenn sie uns aufgab, jeden Tag eine halbe Stunde lang Tonleitern zu spielen, dann spielten wir jeden Tag eine halbe Stunde lang Tonleitern. Wir stellten das Metronom auf ihr Tempo ein. Wir saßen in der von ihr gutgeheißenen Sitzhaltung, wir krümmten die Finger exakt in dem von ihr angegebenen Winkel. Wir schnitten unsere Fingernägel kurz, um nicht auf den Tasten zu klappern, was nicht unbedingt der favorisierten Fingernagellänge meiner Schwester entsprach, als sie älter wurde.

Frau Beier hatte eine natürliche Autorität an sich, der man

nicht widersprach. Eines Tages sagte sie meinen Eltern, dass das Klavier, das wir zu Hause hatten, nicht geeignet war. Meine Eltern kauften widerstandslos ein neues Klavier.

Als Teenager kamen wir schließlich an einen Punkt, an dem wir zu viele andere Dinge taten. Es war an der Zeit aufzuhören. Das Problem war nur, dass sich niemand traute, es Frau Beier zu sagen! Wir waren uns nicht sicher, ob sie uns überhaupt gehen lassen würde. Eines Abends saßen wir zusammen beim Abendessen und meine Eltern sagten zueinander: »Das ist einfach lächerlich!« Schließlich bot mein Vater mir fünf Dollar, wenn ich Frau Beier anrufen und ihr die schlechte Nachricht am Telefon beibringen würde. Da es zu dieser Zeit leider noch keine Anrufbeantworter gab, musste ich das Ganze live machen. Es waren hart verdiente fünf Dollar!

Ich möchte nicht den falschen Eindruck erwecken, dass der Klavierunterricht bei Frau Beier eine einzige Tortur war. Manchmal musste ich üben, wenn ich keine Lust dazu hatte, aber oft machte es mir auch sehr viel Spaß. Eine überragende Tatsache hielt mich am Ball: Sie konnte Klavier spielen wie kein anderer Mensch, den ich kannte.

Bevor ich sie kennen lernte, konnte ich mir nicht vorstellen, dass ein Mensch aus Fleisch und Blut solche Musik machen konnte. Manchmal kamen wir zu ihr, und sie spielte uns Mozart, Beethoven oder Rachmaninoff (ihr Lieblingskomponist) vor, und es war, als ob wir in eine andere Welt versetzt würden.

Dann sagte sie etwas, was wir kaum glauben konnten. »Wenn ihr mir vertraut«, sagte sie, »wenn ihr euch in meine Hand gebt, wenn ihr tut, was ich euch sage, dann werdet ihr eines Tages in der Lage sein, auch so zu spielen. Eines Tages wird die Musik in euch sein.«

Ich war damals zu jung oder zu unaufmerksam, um es zu merken, aber wenn Frau Beier nicht Klavier spielte, waren ihre Finger verkrampft und verdreht, als ob sie sich an etwas krallen wollte. Sie hatte schwere Arthritis und konnte keine einzige Note ohne Schmerzen spielen. Ganze Stücke von Rachmaninoff zu spielen, wie sie es für uns tat, bis der Steinway bebte, muss die reinste Qual für sie gewesen sein. Aber sie spielte, weil sie die Musik liebte. Und sie tat es für uns. Sie wollte erreichen, dass wir genau wie sie von der Schönheit der Musik gepackt würden. Sie wollte uns dieses große Geschenk machen, deshalb litt sie Schmerzen, die wir uns nicht einmal vorstellen konnten.

Wie jeder große Lehrer lehrte sie aus Liebe. Aus Liebe zur Musik. Aus Liebe zu ihren Schülern. Wirklich gutes Lehren ist immer eine Form von Liebe.

Das wissen alle Eltern. Aus diesem Grund kaufen sie pädagogisch wertvolles Spielzeug, verbringen sie unzählige Stunden damit, ihre Kinder dazu zu animieren, sich aufzusetzen, zu stehen und einen Schritt zu gehen; deshalb reagieren sie begeistert auf jeden Laut ihrer Kinder, auch wenn er keine Ähnlichkeit mit irgendeinem erkennbaren Wort hat; deshalb hängen sie selbstgemalte Kunstwerke an den Kühlschrank, und seien sie noch so grauenvoll; deshalb lesen sie ihren Kindern vor, schleifen sie zu Unterrichtsstunden und lassen sich von ihren Kindern bei Aufgaben im Haus »helfen«, die sie selbst allein viermal schneller erledigen könnten.

Gutes Lehren ist immer eine Form von Liebe. Das ist es, was uns in Filmen wie »Der Club der toten Dichter« bewegt. Große Lehrer geben nicht nur Informationen und Fakten weiter. Sie sehen vielmehr, was hinter unserem armseligen und schäbigen Zustand steckt. Sie erschließen unserem Herzen und unserem Verstand eine neue Welt.

Jesus will allen, die ihm nachfolgen, ein Lehrer sein. Er lebte, wie kein anderer Mensch je gelebt hat. Menschen, die ihn erlebten und ihm zuhörten, wurden in eine andere Welt versetzt.
Und dann sagte er Dinge, die kaum zu glauben waren. »Hier ist deine Chance«, sagte er. »Wenn du mir vertraust, wenn du tust, was ich dir sage, wenn du dein Leben in meine Hand legst, dann wirst du eines Tages so leben können wie ich. Eines Tages wird die Musik in dir sein.«

Aber zuerst müssen Sie Jesus als Ihren Lehrer akzeptieren.

Vor etwa einem Jahrhundert erreichte eine bereits länger andauernde Debatte über Jesus einen neuen Höhepunkt. Die eine Seite vertrat die Meinung, dass der Jesus der Geschichte einfach ein Lehrer war, wenn auch ein sehr wichtiger und möglicherweise sehr großer Lehrer. Die andere Seite aber sagte: »Nein, er war nicht einfach nur ein weiser Mensch. Er war und ist Gott. Der Jesus der Geschichte ist wirklich der Sohn Gottes.«

Meinem Verständnis nach ist der Jesus des Neuen Testamentes sowohl ganz Mensch als auch ganz Gott; er lebt noch heute und ist äußerst interessiert und beteiligt an den Angelegenheiten der Menschen.

Aber bei dieser Debatte geschah etwas, was weniger gut war. Einige Leute, die an die Göttlichkeit Jesu glaubten, begannen die Rolle seiner Lehren abzuwerten. Sie gingen davon aus, dass jeder, der über die Lehren Jesu sprach, in gewisser Weise seine Göttlichkeit anzweifelte. Manche Teile der Kirche behaupteten sogar, dass große Teile seiner Lehren, wie etwa die Bergpredigt, nicht mehr für die heutige Gemeinde gelten würden. Die Bedeutung seiner Lehren wurde zum großen Teil übergangen.

Aber Jesus lehrte nicht nur, um irgendwie die Jahre bis zur Kreuzigung zu überbrücken. Seine Lehre war kein freiwilliger, entbehrlicher Teil seines Dienstes. Wenn er lehrte, dann nicht nur, um sich bis zu seinem Tod die Zeit zu vertreiben.

Seine Lehren waren ein unersetzlicher Teil seines Dienstes. Er kam, um uns in seinen Lehren entscheidende Dinge weiterzugeben. Frederick Buechner schreibt (in: »The Longing for Home: Recollections and Reflections«, Harper Collins, 1996, S. 129): »Was ist das Reich Gottes? [Jesus] spricht nicht von einer Neuorganisation der Gesellschaft als politische Möglichkeit oder von der Erlösung als Doktrin. Er spricht davon, was es bedeutet, einen Diamantring zu finden, von dem Sie schon dachten, ihn für immer verloren zu haben. Er spricht davon, was es bedeutet, bei einer Pferdewette zu gewinnen. Er deutet Dinge an, statt sie bis ins Detail auszuführen. Er ruft Dinge wach, statt sie zu erklären. Er nutzt den Überraschungseffekt ... Mir scheint, dass man die Gleichnisse in den meisten Fällen als hochheilige Witze über Gott und den Menschen und das Evangelium selbst als den heiligsten Witz von allen lesen kann.«

Die Menschen, die Jesus nachfolgten, wurden von ihm überwiegend deswegen angezogen, weil seine Lehren für sie so viel Sinn machten. Jesus war, unter anderem, einfach der netteste Mensch, dem sie je begegnet waren. Was er lehrte, stimmte mit seinem eigenen Leben und mit der Natur der Dinge überein. Sie hatten nie jemanden wie ihn gesehen – sie konnten sich bis zu diesem Zeitpunkt nicht einmal vorstellen, dass so ein Leben überhaupt möglich war. Und er erklärte ihnen, dass sie eines Tages ebenfalls so leben konnten, wenn sie ihm vertrauten. Eines Tages würde die Musik in ihnen sein.

Sie merkten, dass sie ihm als ihrem Lehrer vertrauen konnten. Und es lag zum großen Teil daran, dass sie ihm als ihrem Lehrer vertrauen konnten, dass sie auch später nach seinem Tod und seiner Auferstehung in der Lage waren, ihm als ihrem Erlöser zu vertrauen.

Wenn ich die Liebe Jesu also in ihrer ganzen Fülle erleben möchte, muss ich eines der wichtigsten Geschenke annehmen, das er mir gegeben hat – seine Lehren. Ich muss Jesus einladen, zu meinem persönlichen Lehrer zu werden. Ich muss darauf vertrauen, dass er Recht hat, und zwar in allem. Wenn ich mit ihm nicht einer Meinung bin, dann ist entweder meine Ansicht falsch, oder aber ich habe ihn nicht richtig verstanden. Ich muss Jesus zugestehen, dass er mir beibringt, wie ich mein Leben führen soll.

Jesus selbst erzählte eine Geschichte über die fundamentale Bedeutung seiner Lehren. Diese Geschichte gehört zu seinen bekanntesten. Sie handelt vom Baugewerbe. Mit diesem Bereich war er sehr gut vertraut, da er den Beruf seines Vaters als freischaffender Zimmermann übernommen hatte. In dieser Geschichte geht es um zwei Männer, die Häuser bauen. Der eine baut sein Haus auf Sand, der andere auf Fels.

Dieses Gleichnis gehört zu den Geschichten, in denen Jesus in Wirklichkeit zwei Geschichten erzählt – die Geschichte von einem weisen und die von einem dummen Menschen. (Andere Beispiele für solche Geschichten wären die Geschichte über den Vater, der seine zwei Söhne bittet, auf dem Feld zu arbeiten, oder die Geschichte von den fünf weisen und von den fünf törichten Jungfrauen.) Man kann solche Gleichnisse meist verstehen, indem man die beiden Geschichten nebeneinander stellt und schaut, wo sie sich gleichen und wo sie voneinander abweichen. Wenn man die Punkte erkennt, an denen die Geschichten Unterschiede aufweisen, erkennt man die Punkte, die Jesus deutlich machen wollte.

Jeder Mensch baut ein Haus

Dieses Detail ändert sich nicht; es ist nicht fakultativ: Wir alle sind Häuslebauer.

Zum besseren Verständnis könnte man das Wort »Haus« durch »Charakter« oder »Seele« ersetzen. Jeder von uns baut sich sein Leben. In erster Linie geschieht das durch die Entscheidungen, die wir treffen.

Jede Verpflichtung, die ich eingehe, jede Freundschaft, die ich pflege, jede Fähigkeit, die ich kultiviere oder vernachlässige, jedes Versprechen, das ich einlöse oder breche, wird zum Teil meines Hauses.

Sie bauen Ihr Leben. Die Qualität der Entscheidungen, die Sie treffen, bestimmt die Qualität Ihres Charakters, Ihrer Seele.

Das Haus ist in der Bibel ein häufig verwendetes Bild: »Das Fundament ist gelegt: Jesus Christus. Niemand kann ein anderes legen. Es wird auch nicht verborgen bleiben, was jemand darauf baut, ob Gold, Silber oder wertvolle Steine, ob Holz, Schilf oder Stroh. Am Tag des Gerichts wird sich erweisen, ob es Bestand hat. Dann wird die Feuerprobe gemacht: Das Werk eines jeden wird im Feuer auf seinen Wert geprüft. Wenn das, was ein Mensch gebaut hat, die Probe besteht, wird er belohnt. Wenn es verbrennt, wird er bestraft. Er selbst wird zwar gerettet, aber so, wie jemand gerade noch aus dem Feuer gerissen wird« (1 Kor 3,11-15).

Jeder von uns ist für sein eigenes Haus verantwortlich, nicht für das eines anderen Menschen. Aber das ist etwas, was uns sehr schwer fällt. Wir neigen dazu, andere für unser Haus verantwortlich zu machen.

Die Nachrichtenagenturen meldeten vor ein paar Jahren die Geschichte von einem Mann in Italien, der wegen Polygamie verhaftet wurde. Er brachte es tatsächlich auf 105 Ehefrauen! Als er vor Gericht gefragt wurde, wie es dazu kommen konnte, antwortete er, dass er juristisch schlecht beraten worden sei. (Man kann sich kaum vorstellen, was ihm seine Anwälte geraten haben konnten: »Bemühen Sie sich darum, eine vernünftige Anzahl von Ehefrauen zu haben -- etwa hundert oder so. Übertreiben Sie nicht gleich.«)

Die Wahrheit der Selbstverantwortung ist so groß, dass wir ihr unter Umständen unser ganzes Leben lang zu entkommen versuchen. Erich Fromm schrieb in »Die Furcht vor der Freiheit« (dtv 1993), dass viele Menschen sich weigern, tief gehende Entscheidungen zu treffen und dazu zu stehen, weil sie die Verantwortung scheuen, die unweigerlich dazu gehört. In extremer Form sehen wir dieses Phänomen in Sekten und Kommunen. Autoritäre Gemeinden haben oft reißenden Zuwachs, weil viele Menschen jemanden suchen, der sie von dem Druck befreit, Entscheidungen treffen zu müssen. Aber oft sind unsere Bemühungen, der Verantwortung zu entkommen, viel subtiler als die Flucht in eine Sekte.

Eine junge Frau entscheidet, wo sie zur Schule gehen will, welchen beruflichen Weg sie einschlagen will, mit wem sie eine Beziehung eingehen und wen sie heiraten will; das alles entscheidet sie auf der Grundlage dessen, was ihrer Meinung nach ihre Eltern von ihr erwarten. Sie hinterfragt nie wirklich die Überzeugungen, Werte oder religiösen Anschauungen, um die herum ihr Leben aufgebaut ist. Sie vermutet nicht einmal, dass ihre Eltern in diesen Dingen weit weniger sicher sind, als sie annimmt. Selbst ihre Wohnung ist so eingerichtet, wie es ihrer Ansicht nach ihren Eltern gefallen könnte.

Keine dieser Entscheidungen trifft sie bewusst. Wenn man sie fragen würde, würde sie behaupten, eine eigenständige Person zu sein. Tatsache ist aber, dass sie keine eigene Persönlichkeit hat. Sie baut nicht ihr eigenes Haus. Sie baut das Haus eines anderen Menschen. Aber sie muss in diesem Haus leben.

Paul Tournier schrieb (in: »The Meaning of Persons«, Harper & Row, 1973, S. 205): »Zu leben bedeutet, Entscheidungen zu treffen. Durch aufeinander folgende und energische Entscheidungen gestaltet der Mensch sein Leben.«

Manche Menschen haben so viel Angst davor, von ihren eigenen Entscheidungen enttäuscht zu werden, dass sie lieber überhaupt keine Entscheidungen treffen. Aber so sieht dann auch das Haus aus, in dem sie leben. Oder sie schieben aus Angst vor Enttäuschungen ihre Entscheidungen immer vor sich her. Dann müssen sie in diesem verschobenen Haus leben.

Folgende Merkmale können ein Zeichen dafür sein, dass Sie es nicht schaffen, Verantwortung für Ihr eigenes Haus zu übernehmen:

- Sie sind extrem darum bemüht, anderen zu gefallen. Sie merken, dass Sie auf die Zustimmung anderer schauen, um Ihre Entscheidungen zu rechtfertigen.
- Sie können sich nicht entscheiden. Ihnen fehlt die Klarheit darüber, was Ihrer Ansicht nach wirklich richtig oder gut oder sogar angenehm ist. Sie schwanken und zögern, sich festzulegen.
- Sie haben Angst. Die kleinste Kritik aus der falschen Quelle besiegt Ihre persönlichen Gefühle.
- Ihnen fehlt es an Integrität. Statt offen zu sagen, was Sie denken, überlegen Sie hin und her und passen Ihre Worte an das an, was der andere Ihrer Meinung nach hören will.

Jeder Mensch muss dem Sturm ins Auge sehen

Es gibt ein weiteres gemeinsames Merkmal: Jeder Mensch muss einem Sturm ins Auge sehen.

Bei diesem Teil der Geschichte ist Jesus sehr deutlich. Seine Beschreibung des Sturms, dem die beiden Männer ausgesetzt sind, ist Wort für Wort identisch: »Als dann die Regenflut kam, die Flüsse über die Ufer traten, der Sturm tobte und an dem Haus rüttelte, fiel es in sich zusammen, und alles lag in Trümmern« (Mt 7,27).

Jesus möchte es ganz klar machen: In dieser Geschichte geht es nicht darum, wie man den Stürmen am besten entgehen kann. Sie können kein Haus an einem Ort bauen, an dem es keine Stürme gibt. Wir würden uns am liebsten einen Ort suchen, an dem das Böse nie an die Tür klopft.

Unsere Freunde Richard und Elisabeth würden diesen Satz sofort unterschreiben. Er ist Rechtsanwalt und sie Psychologin; beide attraktiv, wohlhabend und Gott und einander wirklich hingegeben. Sie hatten geheiratet, nachdem sie beruflich schon gut etabliert waren. Schließlich vervollkommnete noch ein Sohn ihr glückliches, wenn auch sehr beschäftigtes Leben.

Eines Tages stürzte Richard beim Reiten vom Pferd. Die Ärzte in der Notaufnahme röntgten ihn, gaben ihm etwas gegen die Schmerzen, sagten ihm, er sollte sich ein paar Tage ins Bett legen und schickten ihn nach Hause. Sonntagabend war der Schmerz so unerträglich, dass Richard wieder in die Klinik ging. Dieses Mal warf ein Spezialist einen Blick auf die Röntgenaufnahme und wurde blass. Er wies Richard an, sich nicht zu bewegen, nicht zu nicken oder mehr als nötig zu atmen. Es stellte sich heraus, dass Richard dieselbe Rückenwirbelverletzung hatte wie der Schauspieler Christopher Reeve und dass eine falsche Bewegung oder ein Niesen zu einer dauerhaften Lähmung führen konnte. Was wie das perfekte Leben aussah, wurde plötzlich unterbrochen. Sie standen plötzlich der Möglichkeit gegenüber, dass Richard den Rest seines Lebens im Rollstuhl verbringen musste, oder, was genauso möglich war, dass er die Operation nicht überleben würde.

Aber die Operation gelang. Eine Begnadigung. Alles wurde wieder gut. Er kam nach Hause, und die beiden wurden zu erleichterten und dankbaren Menschen. Sie waren so erleichtert, dass sie nicht daran dachten, das Ergebnis einer anderen Operation überprüfen zu lassen. Kurz vor seinem Reitunfall hatte sich Richard einer Sterilisation unterzogen. Aber in der ganzen Aufregung über die nachfolgenden Ereignisse hatten sie vergessen überprüfen zu lassen, ob die Operation den gewünschten Effekt hatte.

Sie hatte ihn nicht. Sie stellten fest, dass sie ein weiteres Kind bekamen. Diese Neuigkeit war nicht unbedingt willkommen, weil sie mitten in das Leben von zwei sehr beschäftigten Mittvierzigern platzte. Aber sie arrangierten sich damit.

Dann bekamen sie weitere schlechte Neuigkeiten. Das Kind entwickelte sich nicht normal. Es hatte das Down-Syndrom. Dieses Mal gab es keine Begnadigung. Keine Operation würde alles wieder so herstellen, wie es vorher gewesen war.

Einige wohlmeinende Freunde setzten dem Schmerz noch die Spitze auf: »Gott muss euch besonders lieben, wenn er euch so ein Geschenk gibt.« »Alle schauen auf euch und wollen sehen, wie ihr reagiert. Ich bin sicher, ihr werdet es richtig machen.«

Das ist kein Geschenk, das ist ein Sturm. Vielleicht kommen ein paar Geschenke in seinem Kielwasser nach, aber es ist und bleibt ein Sturm. Wenn Sie Elisabeth und Richard fragen könnten, würden sie Ihnen sagen, dass dieses Kind unaussprechlich kostbar für sie ist, dass es ihr Leben bereichert hat. Aber sie würden Ihnen auch sagen, dass sie all das ohne zu zögern eintauschen würden, wenn ihr Kind dafür heil und gesund sein könnte.

Als Kind hatte ich die Vorstellung, dass alles Schlimme, was mir passierte, irgendwie in Ordnung gebracht werden konnte. Wenn ich etwas verloren hatte, konnte man es wieder finden oder ersetzen. Wenn ich irgendwo versagt hatte, konnten meine Eltern das wieder geradebiegen. Aber seitdem habe auch ich ein paar Stürme erlebt. Ich habe gelernt, dass ich mich mit dieser Vorstellung, unversehrt durchs Leben kommen zu können, gewaltig geirrt hatte. Wenn ich heute meine Familie und meine Kinder betrachte, frage ich mich, was im Leben derer, die in meinem kleinen Lebenshaus wohnen, noch alles passieren wird. Und ich bin froh, dass ich es nicht weiß. Es reicht zu wissen, dass es Stürme geben wird.

Jesus drückte es folgendermaßen aus: »Quält euch also nicht mit Gedanken an morgen; der morgige Tag wird für sich selber sorgen. Es genügt, daß jeder Tag seine eigene Last hat« (Mt 6,34). Heute Sturm, morgen Sturm. So lautet die Wettervorhersage.

Der Sturmtest

Im Sturm zeigt sich die Standfestigkeit eines Hauses. Ein Fundament ist nichts Aufsehenerregendes. Niemand besucht Sie und sagt: »Sie haben wirklich ein tolles Fundament in Ihrem Haus!« Man weiß nicht einmal darüber Bescheid. Bis der Sturm kommt.

Der Sturm, auf den Jesus sich bezieht, ist das Jüngste Gericht. Eines Tages wird Gott unser Leben genau prüfen. Jeder einzelne Balken, jedes Wort und jede Tat wird der schonungslosen Untersuchung unterzogen werden. Eines Tages wird sich zeigen, wie unsere Häuser wirklich aussehen.

Jede Entscheidung, die ich treffe, geht in die Konstruktion meines Hauses, meines Lebens ein. Ich kann also die Lehren Jesu nicht übertreten und immer noch erwarten, dass alles trotzdem gut läuft. Das zu tun würde bedeuten, den Lauf des Universums in Frage stellen zu wollen.

Vielleicht betrüge ich bei einer Prüfung in der Schule, um eine gute Note, Beifall und ein Abschlusszeugnis zu bekommen. Aber eben weil ich weiß, dass ich dabei nicht ehrlich war, habe ich der Note, dem Beifall und dem Zeugnis alle Bedeutung und Erfüllung geraubt, die sie für mich hätten haben können. Ich kann nicht darin leben; sie können nicht Teil meines Hauses werden.

Vielleicht manipuliere ich andere Menschen, meine Arbeitskollegen, meine Freunde oder sogar meine Familie, um von ihnen zu bekommen, was ich will. Ich weiß, wie man Menschen dazu bringt, sich anzupassen. Aber genau in dem Maß, in dem ich diese Mittel einsetze, muss ich auf die Vertrautheit verzichten, nach der ich mich eigentlich sehne. Ich kann nicht in diesen Beziehungen leben; sie können nicht Teil meines Hauses werden.

Diese Dinge werden zur Wahrheit über mich. Wenn ich das heute nicht erkenne, wird der Tag kommen, an dem mir die Wahrheit sehr viel Schmerz bereiten wird. Jeder von uns wird dem Sturm ausgesetzt.
Auf jeden Schüler kommen Prüfungen zu. Ein liebevoller Lehrer versucht nicht, dem Schüler diese Prüfungen zu ersparen, sondern bereitet ihn gut darauf vor. Der Tag der Prüfung bringt nur ans Licht, was schon Realität war. Egal wie schmerzhaft es ist, sich der Realität stellen zu müssen – es ist immer noch besser, als die Augen vor ihr zu verschließen.

Der Dreh- und Angelpunkt: Das Fundament

Nun kommen wir zur Variablen in der Geschichte Jesu. Jeder baut ein Haus, der weise Mann und der Dumme. Und jeder muss dem Sturm ins Auge sehen; der Wolf klopft an jede Tür.

Die Frage ist, worauf Sie Ihr Leben bauen? Auf Fels oder auf Sand? Mit welchem Material? Aus Ziegeln oder aus Stroh? Wie sieht Ihr Fundament aus? Auf was setzen Sie letzten Endes Ihr Vertrauen?

Jesus sagte, dass die Entscheidung, ein Haus auf Sand zu bauen, dumm ist. Damit setzen Sie Ihr Vertrauen auf etwas, was Sie in den Stürmen des Lebens nicht tragen kann. Sie erwarten letztlich Erfüllung von allem Möglichen, nur nicht von Gott.

Der Mann, der sein Haus auf Sand baut, sichert sich seinen eigenen Untergang. Die Frage, die sich aufdrängt, ist, wie er in diesen Schlamassel geraten konnte. Schließlich wollte er nicht absichtlich etwas Schlimmes tun. Jesus nennt ihn nicht gottlos. Jesus nennt ihn – mit chirurgischer Präzision –einen Dummkopf.

Wenn Kinder etwas Dummes machen, stellen Eltern auf der vergeblichen Suche nach Sinn und Vernunft immer dieselbe Frage. Ein Wort, fünf Buchstaben: »Warum?« »Warum hast du mit wasserfesten Stiften die Wände angemalt? Warum hast du das Fahrrad strategisch so günstig hinter das Auto gestellt, dass es beim Rückwärtsfahren zerdrückt wurde? Warum musstet ihr ausprobieren, wer die längste Spaghetti in die Nase deines Bruders stecken kann?«

Und Kinder geben darauf immer dieselbe Antwort: »Ich weiß nicht.« (Diese Frage ist offensichtlich Teil der letzten vorgeburtlichen Lektion: »Ihr werdet ständig ›warum?‹ gefragt werden. Haltet euch dann einfach an die Standardantwort.«)

Natürlich wissen sie es nicht. Wenn sie auf der Grundlage von Vernunft und Logik handeln würden, dann hätten sie es gar nicht erst getan. »Ich weiß nicht. Es ist einfach passiert. Es schien mir eine gute Idee zu sein.«

Wenn wir den Mann in der Geschichte Jesu fragen würden: »Dummer Mann, warum hast du dein Haus auf Sand gebaut?«, was würde er wohl sagen?

»Ich weiß es nicht. Es ist einfach passiert. Es schien mir eine gute Idee zu sein.«

> Niemand legt es darauf an, auf Sand zu bauen. Kein Architekt sagt: »Hier ist ein schön sandiger Fleck. Ein richtiger Sturm würde ein Haus an diesem Fleck völlig wegfegen. Lasst uns hier bauen.« Niemand setzt sich hin und plant eine mittelmäßige Existenz. Kein Paar verspricht sich die Ehe mit dem Ziel, sich eines Tages scheiden zu lassen. Niemand hegt absichtlich einen Groll in der Hoffnung, eines Tages ein bitterer und unzufriedener Mensch zu werden. Niemand setzt Kinder mit der

Absicht in die Welt, später so beschäftigt zu sein, dass die Kinder ihn nicht kennen. Niemand setzt sich hin und plant bewusst, dass sein Leben zur Hölle fährt. Es passiert einfach so.

Cornelius Plantinga schreibt (in: »Not the Way It's Supposed to Be«, Eerdmans, 1995, S. 121): »Sünde ist sowohl falsch als auch dumm. Wo immer Torheiten die Hauptrolle spielen, steht Sünde im Mittelpunkt. Sünde ist das eindrucksvollste Beispiel der Welt für Dummheit ... Sünde ist das falsche Rezept für Gesundheit; Sünde ist der falsche Treibstoff für den Tank; Sünde ist der falsche Weg nach Hause. In anderen Worten: Sünde ist letztlich sinnlos.«

Garrisson Keillor schreibt über David Ingqvist, einen lutherischen Pastor, der an der schieren Dummheit menschlichen Verhaltens verzweifelt (in: »Lake Wobegon«, Goldmann 1995): »David schaute von Zeit zu Zeit auf Abby, und es beunruhigte ihn, wie oft sie Menschen an Pastoren verwies. ›Rede mit deinem Pastor darüber‹, sagte sie zu einem 14-jährigen Mädchen, das in einen 51-jährigen verheirateten Automechaniker verliebt war, der gerade wegen Vergewaltigung im Gefängnis saß. Warum ging Abby davon aus, dass ein Pastor mit so etwas umgehen konnte? Der arme alte Kerl sitzt in seinem Arbeitszimmer, blättert in der Offenbarung, und da springt die Tür auf und ein Teenager stürzt herein und bricht in Tränen aus, weil sie unsterblich in einen verheirateten Verbrecher verliebt ist, der dreimal so alt ist wie sie selbst. Was wird der gute Pastor wohl machen? Versuchen, sie für zwei Wochen Werken und Basteln in einem Ferienlager zu interessieren?

Der arme Mann. Noch einen Augenblick vorher war ihm alles ziemlich klar, aber nun, als sie ihm ihre Liebe zu Vince erklärt hat, ihre Überzeugung von seiner Unschuld, die Tatsache, dass seine Frau ihn nie geliebt hat, zumindest nicht richtig, nicht so wie sie, Trish, ihn lieben würde, und die Tatsache, dass zwischen ihnen trotz seines Alters und trotz der Tatsache, dass sie sich nie persönlich getroffen, sondern nur Briefe geschrieben hatten, etwas Heiliges und Kostbares geschehen würde, da kann der Pastor nur denken: ›Du bist verrückt! Mach dich nicht lächerlich!‹ Paulus schreibt, dass man sich nicht zum Gespött machen soll. ›Darum achtet genau auf eure Lebensweise! Lebt nicht wie Unwissende, sondern wie Menschen, die wissen, worauf es ankommt. Nutzt die Zeit; denn wir leben in einer bösen Welt.‹ Wie kann man das aber auf Trish und ihre Briefliebe anwenden ...? Als Paulus diesen wunderbaren Satz schrieb, saß er vermutlich irgendwo im Obergeschoss eines Hauses in Athen; es war spät am Abend, alles war ruhig und die Dummen schliefen alle schon.«

Weil Jesus uns liebt, kam er als Lehrer. Er kam, um uns dummen Bauleuten ein sicheres Fundament und sorglosen Schafen einen sicheren Ort zum Wohnen anzubieten. Er kam, uns zu lehren, wie wir leben sollten. Und er sagte, dass es die größte Chance wäre, die wir jemals haben würden, unser Leben auf das zu bauen, was er uns über Gott und die Welt beigebracht hatte.

Für armselige Baumeister wie uns ist jedes Wort der Lehren Jesu ein Geschenk. Und ich kann es Stein für Stein in Empfang nehmen:

- Ich konfrontiere jemanden, der mich verletzt hat, direkt, auch wenn ich lieber hinter seinem Rücken über ihn herziehen würde. Ich lerne die Freude über eine wiederhergestellte Beziehung kennen – oder zumindest die Freude über ein reines Gewissen, und ich merke, dass Jesus tatsächlich Recht hatte.
- Ich gebe Geld weiter, das ich sonst habgierig horten würde. Ich lerne die Freude eines großzügigen Herzens kennen – oder zumindest eines Herzens, das etwas weniger knauserig ist, und ich merke, dass Jesus tatsächlich Recht hatte.
- Ich erzähle eine Geschichte einfach und der Wahrheit entsprechend weiter, auch wenn ich sie ausschmücken wollte, um mich selbst als Helden darzustellen. Ich lerne die Freude darüber kenne, die Wahrheit gesagt zu haben, und ich merke, dass Jesus tatsächlich Recht hatte.

Ich baue mein Haus mit Weisheit, indem ich einen Baustein nach dem anderen bekomme.

Wie sieht Ihr Haus aus?

Eines der merkwürdigsten Häuser der USA ist bekannt als das Winchester House in der Bay Area. Es wurde von Mrs. Winchester gebaut. Der Reichtum ihres Mannes kam von den Gewehren, mit denen man diesen Namen assoziiert. Mrs. Winchester verlor ihren Mann und ihr einziges Kind, und aus Trauer, Schuld oder irgendwelchen Gründen, die im Lauf der Zeit verloren gegangen waren, ließ sie sich auf okkulte Praktiken ein. Sie fing ein riesiges Bauvorhaben an, offensichtlich geleitet von der Überzeugung, dass sie nicht sterben würde, so lange sie an ihrem Haus weiter baute.

Das Haus hat eine außergewöhnliche Konstruktion. Der Bau beschäftigte 16 Bauunternehmer 38 Jahre lang rund um die Uhr. Mittlerweile wurde es teilweise durch einen Brand zerstört, aber davor hatte es 2.000 Türen und 160.000 Fenster – mehr Fenster als das Empire State Building. Die Eingangstüren verschlangen die damals enorme Summe von 3.000 Dollar. Sie wurden nur ein einziges Mal verwendet – als sie eingebaut wurden. Das Haus hat unzählige Ecken und Winkel, geheime Durchgänge und verborgene Korridore und andere Seltsamkeiten: Treppen, die zur Decke führen, aber nicht weiter, Türen, die sich in Ziegelmauern öffnen. Das alles sollte dazu dienen, den Tod zu verwirren.

Mrs. Winchester baute immer noch an ihrem Haus, als der Tod kam, und der Tod hat einen erstklassigen Orientierungssinn. Als Mrs. Winchester gestorben war, brauchte es acht Lkws und sechseinhalb Wochen ununterbrochener Arbeit, um die ganzen Baumaterialien und den überflüssigen Plunder aus dem Haus abzutransportieren.

Es ist ein erstaunliches Haus. Aber es wurde auf Sand gebaut.

Nun, was soll es für Sie sein? Stroh oder Ziegel? Stein oder Sand?

Vergessen Sie nicht, dass derselbe Jesus, der gekommen ist, um Ihr Erlöser zu sein, auch Ihr Lehrer sein will. Er ist der weiseste Mensch, der je auf dieser Erde gelebt hat. Er teilte seine Weisheit mit uns. Er teilte sie selbst um den Preis eines Schmerzes mit uns, den wir uns nicht vorstellen können. Niemand, der sein Haus jemals auf dem richtig verstandenen Wort Jesu gebaut hat, wurde je enttäuscht.

Vergessen Sie nicht, dass der Tag kommen wird, an dem Gott Ihr Haus, Ihr Leben, unter die Lupe nehmen wird.

Und das Haus, das auf Fels gebaut ist, bleibt stehen.

6.

Das gute Gefühl, geliebt zu werden

Wir sind über alle Maßen geliebt – das ist die gute Nachricht des Evangeliums ... Als Menschen zusammenzukommen, die glauben, dass dieses Evangelium wirklich wahr sein könnte, sollte so sein, als ob Menschen zusammenkommen, die gerade beim Pferderennen gewonnen haben.
(Frederick Buechner)

Ein Gleichnis zum Thema Zufriedenheit

Ein kleines Mädchen wurde einmal von seinen Eltern mit zum Heiligtum des Goldenen Ms mitgenommen. Dort erblickte es das einmalige Angebot, eine Kombination aus Nahrungsmitteln und einem kleinen Spielzeug zu kaufen, das jemand mit Talent für Marketing »Happy Meal« genannt hatte (vorher hieß es noch »Juniortüte«).

»Darf ich das bitte haben?«, bat das Mädchen seine Eltern. »Ich muss es haben. Ich glaube nicht, dass ich ohne es weiterleben kann.«

»Nein«, antworteten seine Eltern. »Das Spielzeug ist ein billiges kleines Ding, das nur einen Vorwand darstellt, um das ganze Paket teurer zu verkaufen, als es wirklich wert ist. Wir haben dafür kein Geld. Wir werden es nicht kaufen.«

»Aber ihr versteht mich nicht«, klagte das Mädchen, das wusste, dass sie mit diesem Happy Meal nicht nur Pommes, Chicken McNuggets und einen Dinosaurierstempel kaufen würden. Nein, sie würden auch das Glück erwerben. Das Mädchen war davon überzeugt, dass es tief in seiner Seele einen kleinen

McVakuum hatte: »Unsere Herzen sind rastlos, bis sie Ruhe in einem Happy Meal finden.«

Also erklärte das Mädchen seinen Eltern: »Ich möchte dieses Happy Meal mehr als alles andere haben. Und wenn ich es bekomme, werde ich euch nie wieder um etwas bitten – nie wieder. Keine Ansprüche mehr. Wenn ihr mir das Happy Meal kauft, bin ich für den Rest meines Lebens zufrieden.«

Das klang für die Eltern nach einem ganz guten Angebot, also kauften sie das Happy Meal.

Und es funktionierte.

Das Mädchen wuchs zu einer zufriedenen, dankbaren, fröhlichen jungen Frau heran. Sie lebte voller Gelassenheit und Würde. Ihr Leben war in vielerlei Hinsicht hart: Der Mann, den sie heiratete, erwies sich als fieser Kerl und ließ sie mit drei kleinen Kindern und ohne Geld sitzen. Auch die Kinder waren eine Enttäuschung. Sie brachen die Schule ab, verbrauchten die mageren Mittel der Mutter und machten sich schließlich spurlos aus dem Staub. Als alte Frau lebte sie von der Sozialhilfe.

Aber sie beschwerte sich nie. Sie hatte ihr Happy Meal gehabt. Sie dachte oft an das Happy Meal und die damit verbundene Freude zurück. Und wie sie vorausgesagt hatte, hatte es ihr anhaltende Zufriedenheit gebracht. Sie war für den Rest ihres Lebens dankbar ...

Läuft es so wirklich im richtigen Leben? Man sollte meinen, dass Kinder nach einer Weile kapieren würden, dass ein Happy Meal kein dauerhaftes Glück bringt und sie deshalb nicht immer wieder darauf hereinfallen sollten. Aber so etwas passiert nie. Wenn die erste Begeisterung vorbei ist, brauchen sie einen neuen Kick, ein neues Happy Meal. Sie kaufen es immer wieder, und es funktioniert nie. Der Einzige, dem das Happy Meal wirklich Glück bringt, ist McDonald's. Haben Sie sich schon mal gefragt, warum die dümmliche Galionsfigur dieser Firma, der Clown »Ronald McDonald«, permanent so breit grinst? Milliarden verkaufte Happy Meals!

Natürlich sind nur Kinder so naiv. Nur ein Kind könnte dumm genug sein zu glauben, dass eine Veränderung der Umstände dauerhafte Zufriedenheit bringt.

Oder vielleicht doch nicht? Vielleicht werden Sie zwar älter, aber nicht unbedingt schlauer; Ihr Happy Meal wird nur teurer.

Wir werden den ganzen Tag über mit Botschaften bombardiert, die uns von zwei Dingen überzeugen wollen: Dass wir unzufrieden sind (oder sein sollten) und dass die Zufriedenheit nur einen Schritt entfernt liegt. »Verwende mich, kauf mich, iss mich, zieh mich an, probier mich, fahr mich, lass mich an deine Haare.« Alleine die Produkte, die Sie kaufen können, um mit Ihrem Haar zufrieden zu sein, sind umwerfend in ihrer Vielfalt: Sie können Ihr Haar waschen, pflegen, festigen, färben, wellen, stärken, entfernen, wenn es wächst, wo es nicht wachsen soll, und mit einem anderen Produkt beträufeln, wenn es nicht wächst, wo es wachsen soll.

Wir sind gesünder, sauberer, reicher und besser informiert als je zuvor. Wir leben länger, essen besser, ziehen uns wärmer an, arbeiten weniger und spielen mehr als je zuvor in der Geschichte des Menschen. Aber sind wir glücklicher? Oder sind wir nur sauberere, gesündere und besser frisierte Unzufriedene? Die verzweifelte Jagd nach unserem Happy Meal entpuppt sich immer mehr als vergebliches Bemühen.

Der Frust des Trivialen

Als vor vielen Jahren das Spiel »Trivial Pursuit« auf den Markt kam, verbrachten meine Frau und ich einen frustrierenden Abend damit, mit einem anderen Ehepaar zusammen dieses Spiel zu spielen. Nur in sehr großen Abständen war es jemandem möglich, die richtige Antwort zu treffen. Keinem machte das Spiel Spaß, aber wir schafften es nicht, es einfach zu beenden.

Lerntheoretiker sagen, dass man die Verhaltensmuster am schwersten durchbrechen kann, die durch einen periodisch auftretenden Ablauf verstärkt werden. Das erklärt vielleicht, warum es uns so schwer fiel, mit dem Trivial Pursuit aufzuhören. Die Frage, die uns am meisten verwirrte, stellte die Frau des befreundeten Ehepaares: »Welche Farbe hat die Halskette der Mona Lisa?« Zufälligerweise hatte meine Frau erst kurz vorher das Gemälde gesehen und erinnerte sich, dass die Mona Lisa überhaupt keine Kette trug!

Nichts ist so frustrierend wie Trivial Pursuit – es sei denn, der ganze Tag gestaltet sich so wie dieses Spiel. Niemand hält sich gerne mit trivialen Dingen auf – Schlange stehen, im Stau stecken, sinnlose Aufgaben erfüllen. Viktor Frankl war ein berühmter Psychiater und Überlebender des Holocaust. Er schrieb in einem seiner hervorragenden Bücher, dass es zu den erniedrigendsten und zermürbendsten Aspekten des Lebens im Konzentrationslager gehörte, wenn die Häftlinge gezwungen wurden, offensichtlich sinnlose Aufgaben zu erledigen, etwa Dreckhaufen von einem Platz zu einem anderen zu kehren. Man kann jedes »Wie« überleben, solange das »Warum« geklärt ist, schreibt Frankl.

Aber es ist für Menschen möglich, sich nicht nur einen Tag lang, sondern Woche um Woche und Jahr um Jahr mit Aufgaben zu beschäftigen, nur um letztlich zu dem Schluss zu kommen, dass sie sinnlos sind. »Völlig sinnlos ist alles«, schreibt der Autor des Buches Prediger (Kohelet) in der Bibel, »völlig sinnlos. Was auch geschieht, es hat alles keinen Sinn. Der Mensch müht und plagt sich sein Leben lang, und was hat er davon? ... Du bemühst dich, alles, was geschieht, in Worte zu fassen, aber es gelingt dir nicht. Denn mit dem Hören und Sehen kommst du nie an ein Ende« (Koh 1,2.8). Er geht die ganze Liste durch: Das Streben nach absoluter Freude, das Erreichen absoluten Erfolges, der Erwerb absoluten Reichtums – nichts davon kann absolute Zufriedenheit bringen. Das Glücksgefühl lässt schnell wieder nach. Die größten Bemühungen und Erfolge enden schließlich im Trivialen.

Der Ethiker Richard Mouw wurde von einigen Freunden, die im kirchlichen Dienst standen, gebeten, mit ihnen zusammen ein

Konzert der Rolling Stones zu besuchen, weil sie, wie sie sagten, einige theologische Überlegungen zur Popkultur anstellen wollten. So kam es, dass eine Gruppe von Klerikern mittleren Alters ein Konzert im Rahmen der »Voodoo Lounge«-Tournee besuchte. Sie riefen ihre Kinder per Handy an und ließen sie die Vorgruppe, die Red Hot Chilli Peppers, hören, damit die Kinder glaubten, dass ihre Väter tatsächlich auf dem Konzert waren.

Einer der Pastoren fragte Mouw: »Hier sind jetzt 85.000 Menschen versammelt; mehr als an diesem Wochenende in allen Kirchen und Synagogen Pasadenas sein werden. Was würdest du diesen Menschen sagen, wenn du die Gelegenheit dazu hättest?«

Mouw hatte nicht die leiseste Ahnung – bis Mick Jagger das bekannteste Lied der Stones anstimmte: »Satisfaction«. Fünfundachtzigtausend Menschen stimmten ein: »I can't get no satisfaction. But I try ... (Ich kann keine Befriedigung finden, doch ich versuche es immer weiter ...)«

Mick Jagger und 85.000 Fans waren zu demselben Schluss gekommen wie der Autor des Buches Kohelet: Tolles Essen, toller Sex, grenzenloser Ruhm, endloser Reichtum, enorme Macht – wir mögen clever genug sein, das alles zu erreichen, aber davon bekommen wir noch lange keine Zufriedenheit. Die Jagd nach diesen Dingen stellt sich letztlich als trivial heraus. Es kommt immer wieder ein Hunger an die Oberfläche, den sie nicht stillen können.

Aber warum sind wir so frustriert, so unzufrieden? Die zumindest teilweise erstaunliche Antwort lautet, dass unser Frust von Gott selbst kommt. Paulus schrieb an die Gemeinde in Rom: »Denn alles Geschaffene ist der Sinnlosigkeit ausgeliefert, versklavt an die Vergänglichkeit, und das nicht durch eigene Schuld, sondern weil Gott es so verfügt hat. Er gab aber seinen Geschöpfen die Hoffnung, daß auch sie eines Tages von der Versklavung an die Vergänglichkeit befreit werden und teilhaben an der unvergänglichen Herrlichkeit, die Gott seinen Kindern schenkt« (Röm 8,20-21).

Hier haben wir ein Bild von Gott, der die Schöpfung »der Sinnlosigkeit ausliefert«. Gott wusste, dass wir versuchen würden, uns unsere eigenen Götter zu schaffen und unser Leben der sinnlosen Jagd nach Spaß, Wohlstand, Macht oder Ansehen zu widmen. Deshalb sagte er, dass eine Folge des Sündenfalls sein würde, dass keines dieser Dinge unserer Seele Zufriedenheit bringen würde. Mit unserem Streben nach diesen Dingen wird immer ein gewisses Maß der Unzufriedenheit und Enttäuschung verbunden sein.

Aber Gott gab den Menschen auch Hoffnung, schreibt Paulus. Gottes Hoffnung ist, dass wir irgendwann begreifen und damit aufhören, grenzenlose Befriedigung von begrenzten Dingen zu erwarten. Er hofft, dass dieser Frust den verlorenen Sohn dazu bringt, den Schweinetrog aufzugeben und zum Vater zurückzukehren. Er hofft, dass wir eines Tages realisieren, dass wir keine Zufriedenheit erlangen können, so lange wir nicht zu ihm nach Hause kommen. In diesem Sinn ist Frust fast so etwas wie ein Geschenk. Frust ist eine Form der Liebe Gottes für Menschen, die sonst ihr Leben mit sinnlosem Streben nach Trivialem vergeuden würden.

Wir sollen vor allem nach dem Reich Gottes und seiner Gerechtigkeit streben, sagt Jesus in der Bergpredigt, dann würde uns alles andere dazugegeben. Alles andere ist vergebliches Mühen.

Der Neutestamentler Walter Wink schrieb, dass eine der effektivsten Lehrtechniken Jesu der »bewusst herbeigeführte Frust« war. Er stellte seinen Jüngern mit Vorliebe Fragen, die sie nicht beantworten konnten, er gab ihnen Aufgaben, die sie nicht ausführen konnten, er lehrte sie Dinge, die sie nicht verstanden. Ihm war bewusst, dass Frust uns aufnahmefähig und offen dafür macht, Hilfe von außen anzunehmen.

Gottes unzufriedenes Volk

Unzufriedenheit war seit dem Auszug aus Ägypten eines der großen Themen im Leben des Volkes Israel. Vierhundert Jahre lang hatten die Israeliten als Sklaven in Ägypten gelebt. Vierhundert Jahre lang hatten sie von nichts anderem als von der Freiheit geträumt; sie wussten, dass sie wirklich dankbar sein würden, wenn sie bloß frei wären.

Und dann kam es soweit: Gott griff auf wunderbare Weise ein. Die Gefangenschaft war vorbei; das Volk Israel bekam eine Identität und die Verheißung einer eigenen Heimat. Sie hatten alles, was sie gewollt hatten. Sie wussten, dass sie in der liebevollen Fürsorge Gottes lebten. Sie würden für immer dankbar sein ... oder?

»Dann kamen sie nach Mara, wo es Wasser gab. Aber sie konnten es nicht trinken, weil es bitter war. Deshalb hatte der Ort auch den Namen Mara (Bitterwasser) erhalten. Die Leute von Israel rotteten sich gegen Mose zusammen und murrten: ›Was sollen wir trinken?‹« (Ex 15,23-24).

»Murren« und »beschweren« sollten zwei der dominantesten Worte in der Geschichte des Auszugs werden. Die griechische Übersetzung lautet »gogguzo«, was wie unsere Worte »murren« oder »grummeln« ein so genanntes Onomatopoetikon ist – ein Wort, das seine Bedeutung im Klang ausdrückt.

Also griff Gott wieder einmal ein und gab ihnen auf wunderbare Weise reines, wohlschmeckendes Wasser zu trinken. Nun würden sie sicher dankbar sein ...

Ein paar Tage später »rottete sich die ganze Gemeinde Israel gegen Mose und Aaron zusammen. Sie murrten: ›Hätte der Herr uns doch getötet, als wir noch in Ägypten waren! Dort saßen wir vor vollen Fleischtöpfen und konnten uns an Brot satt essen. Aber ihr habt uns herausgeführt und in diese Wüste gebracht, damit die ganze Gemeinde verhungert‹« (Ex 16,2-3).

»Hätte der Herr uns doch getötet, als wir noch in Ägypten waren!« Diese Leute erhoben Klagen zu einer ganz neuen Kunstform. »Wir verlangen nicht viel – wenn wir nur schnell gestorben wären, als unser Magen noch voll war ... Wenn wir nur Brot hätten, dann wären wir für immer dankbar.«

Der Text erwähnt dreimal, dass der Herr die Beschwerden seines Volkes gegen ihn hörte. Wir würden erwarten, dass Gott an diesem Punkt vielleicht etwas unwirsch reagieren würde. Aber er ist äußerst geduldig mit seinen kleinen schäbigen Lumpenpuppen.

Und so griff Gott wieder ein. Er ließ Brot vom Himmel regnen. Man nannte es Manna, was weniger ein Name als eher eine Frage war: »Was ist das?«, lautet die freie Übersetzung.

Manna muss ein erstaunliches Produkt gewesen sein. Es schmeckte wie Waffeln mit Honig. Und es war ein sehr vielseitiges Nahrungsmittel. Die Israeliten sollten damit backen, kochen und sie sollten beiseite legen, was sie roh essen wollten. Es erinnert etwas an Bubba im Film »Forrest Gump«, als er beschreibt, was man alles mit Shrimps machen kann. »Gebackenes Manna, gekochtes oder gegrilltes Manna, Manna am Stock, Manna-Burger, Manna-Salat, Manna-Bananencremetorte ...«

Nun hatten sie Manna, und nun würden sie für immer dankbar sein, oder? Nicht ganz ...

Sie kamen an einen Ort namens Tabera, und wir erfahren: »Unter dem bunt zusammengewürfelten Haufen von Fremden, die sich dem Volk Israel beim Auszug aus Ägypten angeschlossen hatten, brach ein unwiderstehliches Gelüst nach Fleisch aus. Die Israeliten ließen sich davon anstecken und fingen wieder an zu jammern: ›Wenn uns doch nur jemand Fleisch verschaffen würde! Wie schön war es doch in Ägypten! Da konnten wir Fische essen und mußten nicht einmal dafür bezahlen. Wir hatten Gurken und Melonen, Lauch, Zwiebeln und Knoblauch. Aber hier gibt es tagaus, tagein nichts als Manna. Das bleibt einem ja allmählich im Hals stecken!‹« (Num 11,4-6).

Das Manna war kein Happy Meal mehr.

Eine der größte Gefahren von Undankbarkeit ist, das sie ansteckend ist. Mose konnte es nicht mehr aushalten. Also wandte er sich in Worten an Gott, mit denen sich jeder selbst ernannte Märtyrer identifizieren kann:

»Warum tust du mir, deinem Diener, dies alles an? Womit habe ich es verdient, daß du mir eine so undankbare Aufgabe übertragen hast? Dieses Volk liegt auf mir wie eine drückende

Last. Schließlich bin ich doch nicht seine Mutter, die es geboren hat! Wie kannst du von mir verlangen, daß ich es auf den Schoß nehme wie die Amme den Säugling und es auf meinen Armen in das Land trage, das du ihren Vätern zugesagt hast? Fleisch wollen sie; sie liegen mir in den Ohren mit ihrem Geschrei. Woher soll ich Fleisch nehmen für ein so großes Volk? Ich allein kann dieses ganze Volk nicht tragen, die Last ist mir zu schwer. Wenn du sie mir nicht erleichtern willst, dann hab wenigstens Erbarmen mit mir und töte mich, damit ich nicht länger diese Qual ausstehen muß« (Num 11,11-15).

Wenn sich eine ganze Gruppe in diese Beschwerde-Mentalität fallen lässt, kann sie einen Leiter zerstören. Wenn Leiter sich von dieser Dunkelheit ausfüllen lassen, kann das die ganze Gruppe das Leben kosten. Freude, Energie und Motivation sinken ins Bodenlose; jeder möchte am liebsten aufgeben.

Doch Gott hat immer noch Erbarmen mit seinen Jammerlappen. Er gibt ihnen genau das, was sie wollen: »Macht euch bereit für morgen und seht zu, daß ihr rein seid! Der Herr hat gehört, wie ihr vor ihm gejammert habt: Ihr sollt euer Fleisch bekommen, der Herr wird es euch geben« (Num 11,18).

Aber dieses Mal mischt sich eine Andeutung von Unwillen in das Erbarmen. Gott gibt ihnen genau das, was sie wollten: »Und das nicht nur einen Tag oder zwei, auch nicht fünf, zehn oder zwanzig Tage lang, nein, einen ganzen Monat lang, bis es euch zum Hals heraushängt und euch davon übel wird« (Num 11,19-20).

Die Israeliten merkten, dass es nie anhaltende Zufriedenheit für unser unzufriedenes Leben bringt, wenn wir alles bekommen, was wir wollen, und dass wir schließlich hassen werden, was wir zuvor unbedingt haben mussten.

Und so ging es vierzig Jahre lang. Egal, was Gott ihnen zukommen ließ – Befreiung aus der Sklaverei, seine Führung, Fürsorge und Lebensrichtlinien, Nahrung und Wasser, wunderbare Verheißungen, Hoffnung und Zukunft – es war nie genug. Das Volk murrte.

Es ist erstaunlich, wie destruktiv Undankbarkeit in den Augen der Autoren der Bibel ist. Paulus schreibt an die Gemeinde in

Korinth über vier Bereiche, in denen die Menschen zur Zeit Moses sehr aktiv waren: Götzendienst, Unmoral, bewusste Missachtung der Anordnungen Gottes; und der vierte Bereich, der Höhepunkt, der Klimax, war: »Murrt auch nicht wie ein Teil von ihnen, die Mose und Aaron Vorwürfe machten; der Todesengel vernichtete sie« (1 Kor 10,10).

Undankbarkeit ist eine unserer armseligsten Eigenschaften. Der Kunstkritiker Robert Hughes verfasste vor einigen Jahren eine scharfe Kritik an der amerikanischen Gesellschaft (»Nachrichten aus dem Jammertal«, Kindler 1994). Er nannte sie eine »Beschwerdegesellschaft«. Seine These lautete, dass die Menschen heute den Anspruch haben, dass alle ihre Wünsche erfüllt werden. Wir betrachten das als Teil unseres Geburtsrechtes. Wir sehen uns in der Rolle des Opfers, wenn unsere Ansprüche nicht erfüllt werden. Dadurch werden unser Verstand und unser Herz nachhaltig negativ geprägt.

Woran können wir erkennen, dass sich Unzufriedenheit in unserem Leben breit gemacht hat? Nehmen Sie sich die Zeit für eine Bestandsaufnahme.

- Meine Arbeit langweilt mich oder befriedigt mich nicht. Ich erwarte von ihr mehr, als mit meinem Gehalt meine Rechnungen bezahlen zu können. Sie soll mir ein Gefühl der Identität oder Bedeutung geben, aber das ist unter dem Gewicht meiner Erwartungen begraben worden.
- Ich bin enttäuscht von meinen Beziehungen. Meine Freunde oder mein Ehepartner oder meine Kinder erfüllen meine emotionalen und intimen Bedürfnisse nicht. Ich merke, wie ich immer ärgerlicher auf sie werde.
- Statt den Augenblick zu genießen, merke ich, wie ich mich immer mehr damit beschäftige, darüber nachzudenken, ob ich wirklich glücklich bin oder nicht.
- Ich versuche, vor meiner Enttäuschung zu fliehen. Ich suche Trost oder Zerstreuung durch Fernsehen, Einkaufen, Alkoholkonsum oder anderes Suchtverhalten.
- Mein Denken verliert an Großzügigkeit. Meine erste Reaktion auf Ereignisse fällt meistens zynisch, wenn nicht sogar feindselig aus.

- Ich bin zunehmend auf Menschen wütend oder neidisch, deren Lebensumstände erfreulicher als meine eigenen zu sein scheinen.

Das beherrschende Gefühl eines modernen westlichen Menschen, der alle Vorteile von Wohlstand, Bildung und Kultur genießt, ist das Gefühl der Enttäuschung. Das Herz des Menschen spürt diese Enttäuschung seit der Vertreibung aus dem Paradies. Aber Gott liebt uns sogar mit unseren armseligen, unstillbaren Wünschen. Tatsächlich lässt sich echte Zufriedenheit nur in einem authentischen Leben finden, das in Gottes Liebe gegründet ist. »Du hast uns für dich geschaffen; und unser Herz ist ruhelos, bis es seine Ruhe in dir findet«, sagte Augustinus.

Eine Möglichkeit besteht darin, es so zu machen wie die Israeliten und lebenslänglich zu murren. Achten Sie auf Dinge, die Ihnen nicht passen, und entwickeln Sie Ihre eigene Beschwerdekultur.

Eine andere Möglichkeit wäre, nach kleinen »Glücks-Kicks« Ausschau zu halten, die uns davon abhalten, unseren tiefer sitzenden Frust wahrzunehmen. Der Psychologe Neil Clark Warren schreibt (in: »Liebe dein Leben und werde zufrieden«, Schulte & Gerth 1999): »Dieses fieberhafte Streben nach Instant-Glück ist darauf angelegt, uns von der Leere in uns abzulenken, den Schmerz unseres Versagens in Beziehungen und das nagende Gefühl der Sinnlosigkeit zu betäuben. Diese Form der Abhängigkeit braucht täglich, manchmal auch stündlich, einen neuen Kick ...«

Aber Gott gibt die Hoffnung nicht auf. Er hofft, dass wir nach ausreichend bewusst herbeigeführtem Frust schließlich den Schweinetrog aufgeben und nach Hause kommen.

Der Prophet Jesaja formulierte es folgendermaßen: »Her, wer Durst hat! Hier gibt es Wasser! Auch wer kein Geld hat, kann kommen! Kauft euch zu essen! Es kostet nichts! Kommt, Leute, kauft Wein und Milch! Zahlen braucht ihr nicht! Warum gebt ihr euer Geld aus für Brot, das nichts taugt, und euren sauer verdienten Lohn für Nahrung, die nicht satt macht? Hört doch auf mich, dann habt ihr es gut und könnt euch an den erlesensten Speisen satt essen!« (Jes 55,1-2).

Eine alte Übersetzung drückt es noch unverblümter aus: »Labt euch am fetten Fleisch« – an den reichhaltigsten, geschmacklich besten Fleischportionen. Kein fettarmer, natriumarmer, mit Sojabohnen angereicherter Fleischersatz für Jesaja. Die Bibel ist entschieden »pro Fett« eingestellt.

Jesaja will hier natürlich zum Ausdruck bringen, dass Gott allein die wahre Nahrung für unsere Seelen ist. In seiner Liebe und Fürsorge zu leben ist für den Menschen die einzige Hoffnung auf Erfüllung. »Ich bin das Brot des Lebens«, sagt er. »Wer zu mir kommt, wird nie mehr Hunger haben.« Und so beobachtet Gott traurig, wie Menschen sich mit ihrer Jagd nach Erfolg, Ansehen oder materiellen Dingen, die unsere Seele nicht befriedigen, selbst kaputt machen. »Warum gebt ihr euer Geld aus für Brot, das nichts taugt?«, fragt er.

Dieser Abschnitt enthält nicht nur Gottes Verheißung, dass er uns Zufriedenheit schenken möchte; er zeigt auch, dass Menschen, denen diese Zufriedenheit fehlt, unvermeidlich versuchen, sich davon abzulenken, indem sie zeitlich begrenzte Glücks-Kicks suchen, wo immer sie sie finden können, auch wenn es ihre Seele nicht befriedigen kann. »Warum gebt ihr euer Geld aus für Brot, das nichts taugt?« Ungesundes Essen für die Seele. Vergebliches Bemühen. Unbefriedigende Happy Meals.

Warum reiben Sie sich in Ihrem Beruf auf und erwarten von Beförderungen und Erfolgen, was sie Ihnen nicht geben können?

Warum verbringen Sie Ihre Nachtstunden damit, von einem Fernsehprogramm zum anderen zu zappen, auf der Suche nach einer Sendung, die Sie fesselt, statt sich dafür zu entscheiden, selbst zu leben?

Warum verschulden Sie sich, um etwas kaufen zu können, was man ohnehin mit Geld nicht kaufen kann?

Natürlich sind Erfolg, Besitz und Unterhaltung an sich noch nichts Schlechtes, sondern können sehr schöne Geschenke sein, die wir auch genießen sollen. Aber sie geben sehr schlechte Götter ab. Sie reichen nicht aus, um ein Leben darauf aufzubauen. Sie können die menschliche Seele nicht ernähren. Sie sind kein Brot.

Vor ein paar Jahren saß ich im Flugzeug neben einem Mann, der ein Workaholic war. Seine Sucht nach seiner Arbeit und seine ständige Abwesenheit hatten bei seiner Frau eine Einkaufssucht ausgelöst. Regelmäßig zog sie zu wahren Einkaufsorgien los und gab Unsummen aus. Einmal bekam er sogar einen Anruf von einem Geschäft, das sie häufig aufsuchte; sie war eine Woche lang nicht mehr dort gewesen und die Angestellten fragten sich, ob mit ihr etwas nicht in Ordnung war. Sie sahen seine Frau häufiger als er selbst! Das Paar lebte momentan in Scheidung und er hatte nebenbei eine Affäre mit einer anderen Frau. Die Zeit, die wir im Flugzeug nebeneinander saßen, hörte ich mir eine einzige Litanei an Beschwerden an. Sein Leben war schrecklich, seine Frau eine verantwortungslose Schlampe, die es nicht besser verdient hatte ...

Menschen fragen sich manchmal: »Wenn Gott will, dass ich dankbar bin, warum gibt er mir dann nicht einfach alles, was ich will?«

Weise Eltern wissen, dass der sicherste Weg, ein undankbares Kind großzuziehen, darin besteht, ihm alles zu geben, was es will.

Letztes Jahr an Halloween läutete es bei meinem Freund an der Tür. Als er öffnete, stand eine ausgewachsene Frau vor ihm und bat um eine freundliche Gabe. »Ich mache das für meine Tochter«, entschuldigte sie sich. Es war etwas kühl draußen, also hatte sie beschlossen, ihre Tochter lieber um den Block zu fahren, weil das einfacher war, als sie dazu zu bringen, eine Jacke anzuziehen. Und ihre Tochter fühlte sich im warmen Auto so wohl, dass sie darin einschlief. Statt die Tochter aufzuwecken, ging nun ihre Mutter von Tür zu Tür und sammelte Bonbons ein, was eigentlich die Aufgabe ihres Kindes war. Es fehlte nur noch, dass die Mutter die ganzen Bonbons selbst aß, um ihrer Tochter die Bauchschmerzen zu ersparen!

Seltsamerweise sind die Menschen, denen von Kindheit an jeder Wunsch erfüllt wurde, am wenigsten in der Lage, dankbar zu sein. Um dankbar zu werden, muss ich lernen, mit Enttäuschungen und verzögerter Wunscherfüllung umzugehen und Durchhaltevermögen zu entwickeln. Deshalb sind geistliche Übungen wie Fasten und Beschränkung auf das Wesentliche so effektive Mittel zur persönlichen Veränderung. Die Erfahrung von Enttäuschung, Warten und Frust ist unabdingbar für die Ausbildung eines dankbaren Herzens.

Das wahre Brot: Geliebt werden

Vor einiger Zeit verbrachte ich einen Tag allein in einem Naturschutzgebiet. Ich spürte die Erschöpfung, von der der Autor des Buches Kohelet schreibt (Koh 12,12). Und ich realisierte, wie sehr ich für bestimmte Leistungen gelebt hatte und wie sehr es mich belastete, wenn sie sich nicht umsetzen ließen. Ich war völlig in meinem eigenen vergeblichen Streben gefangen.

Aber ich befand mich in einer Umgebung, die es einem schwer macht, längere Zeit unzufrieden zu bleiben. Kastanien, Eichen, Ahorn und Platanen standen in herbstlichen Farben in der strahlenden Oktobersonne. Und dann geschah etwas. Ich wurde allmählich frei. Irgendwie wurde mir das Gefühl geschenkt, dass Gott mich liebt. Ich begann wieder zu spüren, welches Geschenk es war zu leben, auf dieser Erde, an diesem Ort, in diesem Augenblick. Das Gefühl war so stark, dass ich einfach anfing zu rennen, aus der Intensität meiner Empfindungen heraus.

Richard Foster schrieb einmal von einem Vater, der mit seinem zweijährigen Sohn durch ein großes Einkaufszentrum ging (in: »Prayer«, Harper Collins, 1992, S. 3-4). Das Kind war quängelig; es jammerte, zappelte und beschwerte sich. Der Vater bemühte sich, ruhig zu bleiben.

Normalerweise haben Geschichten wie diese kein Happyend. In einer anderen Geschichte geht ein Vater mit einem zweijährigen Sohn durch einen Supermarkt und wiederholt mit beruhigender Stimme immer wieder: »Alles in Ordnung, Danny. Du schaffst es, Danny. Wir sind schon durch, Danny.«

Jemand fragte ihn: »Hat Ihr Sohn Danny heute einen schlechten Tag?«

»Mein Sohn heißt Nathan«, sagte der Mann. »Ich heiße Danny.«

Aber der Vater, von dem Richard Foster schreibt, verfolgte eine andere Strategie. Er packte seinen zweijährigen Nörgler, drückte ihn fest an seine Brust und sang ihm aus dem Stegreif ein Liebeslied vor. Der Text reimte sich überhaupt nicht. Er sang völlig falsch, aber so gut er konnte. Er legte sein Herz in dieses Lied: »Ich liebe dich. Ich bin so froh, dass du mein Sohn bist. Du bringst mich zum Lachen.«

Der Vater ging leise singend von einem Geschäft zum nächsten, der Text reimte sich nicht und er sang ziemlich falsch. Sein Sohn entspannte sich und ließ sich von diesem eigenartigen, aber irgendwie schönen Lied gefangen nehmen.

Als sie schließlich fertig waren, zum Auto gingen und der Vater seinen Sohn im Kindersitz anschnallte, streckte der Kleine die Arme aus und hob den Kopf: »Sing es noch einmal, Papa.«

Als ich an diesem Tag im Wald mit Gottes Schöpfung allein war, sang Gott dieses Lied für mich. Es war egal, wer ich war und was ich getan hatte; das Wissen, dass ich lebte und von Gott geliebt wurde, reichte aus, um mir – zumindest für ein paar Augenblicke – Dankbarkeit und Zufriedenheit zu schenken.

Das wunderbare Gefühl verschwand nicht völlig, nachdem ich den Wald verlassen hatte. Ein paar Tage später saß ich in einer Besprechung und merkte, dass ich eigentlich gar nichts sagen musste. Oft *wollte* ich etwas sagen, nicht unbedingt, weil ich wirklich etwas beizutragen hatte, sondern einfach weil ich die Leute wissen lassen wollte, dass ich eine Idee hatte oder etwas gelesen hatte, oder weil ich ihnen zeigen wollte, wie schlau ich bin oder dass ich mich in einer Diskussion durchsetzen konnte.

Aber als ich dieses Mal in der Besprechung saß, trug ich in mir die Zeit, die ich allein mit Gott im Wald verbracht hatte. Gott liebte mich.

Dieses Bewusstsein, das Gott mir schenkte, ist schwer zu beschreiben: Ich spürte in diesem Augenblick so etwas wie die »unbeschreibliche Leichtigkeit des Seins« in meiner Seele. Ich hätte etwas sagen *können* – wenn es etwas gegeben hätte, was es wert gewesen wäre. Aber ich *musste* es nicht. Ich musste nicht versuchen zu zeigen, dass ich etwas draufhatte. Ich musste keinen Eindruck schinden. Ich hatte bessere Nahrung als die, die man essen konnte. Ich war zufrieden.

Ich kostete zumindest ein wenig von dem, was der Psalmist meinte, als er schrieb: »Der Herr ist mein Hirte; darum leide ich keine Not« (Ps 23,1). Ich wurde zu saftigen Weiden und stillen Wassern geführt. Ich saß einfach da; während ein Teil von mir den Gesprächen zuhörte, sagte ein anderer Teil von mir: »Sing es noch mal, Papa. Sag mir noch mal, dass du mich liebst, Gott.«

Dankbarkeit einüben

> Wenn es in der Bibel heißt, dass wir dankbar sein sollen, dann ist das weniger eine Verpflichtung als vielmehr eine Gelegenheit. Wenn unser Hauptmotiv für Dankbarkeit das Gefühl ist, dazu verpflichtet zu sein, kann unser Herz daran ersticken.

Eltern haben eine bestimmte Frage, die sie ihren Kindern immer wieder stellen. Jede Generation von Eltern stellt diese Frage, wenn jemand ihrem Kind ein Geschenk macht oder ihm einen Gefallen erweist: »Wie sagt man?«

»Wie sagt man zu diesem netten Mann?«, »Wie sagt man zu Tante Eva für ihren leckeren Bohneneintopf?«, fragten mich meine Eltern.

Was soll ein Kind nun darauf antworten?

Natürlich war die Antwort vorgeschrieben. Sie wären sehr überrascht gewesen, wenn ich gesagt hätte: »Tante Eva, was um Himmels Willen hast du dir dabei gedacht? Man sollte dir lebenslängliches Kochverbot erteilen!«

»Wie sagt man?«

Danke.

Die Frage mag einem das gewünschte Wort entlocken, aber es kommt dann doch meist nur mechanisch.

Meine Eltern wären auch über echte Gefühlsausbrüche sehr erstaunt gewesen. »Tante Eva, ich bin von ehrfürchtigem Staunen ergriffen. Ich bin nur ein Kind. Ohne einen Erwachsenen, der für mich sorgt, wie du es getan hast, würde ich sterben. Du hast mir dieses Essen aus freien Stücken angeboten, als ein Akt der Liebe und des Dienstes für mich. Tante Eva, du bist ein guter Mensch; ich segne dich im Namen der Kinder dieser Welt.«

Nein, im Allgemeinen beschränkte ich mich auf die geforderte Minimalantwort: »Danke.«

Auch Kinder spüren noch längst keine Dankbarkeit, wenn sie lernen, Dankbarkeit nur als Akt der Höflichkeit auszudrücken. Selbst wenn ich es im Herzen nicht spüre, muss ich jemandem danken, einfach weil es sich so gehört – ich bin es ihm schuldig.

Wir hoffen, dass unsere Kinder diese Worte nicht einfach nur wie ein Papagei nachplappern. Wir hoffen, dass sie eines Tages zu dankbaren Menschen werden, weil die Fähigkeit, Dankbarkeit zu erleben und von ganzem Herzen auszudrücken, eines der grundlegendsten Zeichen von prallem Leben und geistlicher Gesundheit ist.

»Ich möchte leben, Herr, um dich zu preisen«, sagt der Psalmist zu Gott (Ps 119,175). Echte Dankbarkeit zu spüren bedeutet mehr und mehr zu sehen, dass alles ein Geschenk ist und dass das Leben selbst die größte Gabe von allen ist.

G. K. Chesterton sagte einmal: »Hier endet ein Tag, an dem ich Augen, Ohren, Hände und die großartige Welt um mich herum hatte, und morgen beginnt ein weiterer Tag. Warum darf ich zwei Tage haben?« (Quelle unbekannt).

Das Leben ist gut. Das Leben ist ein Geschenk.

Vor fast acht Jahren waren Nancy und ich im Kreisssaal zur Geburt unseres ersten Sohnes (unser drittes Kind). Sie bekam das Baby, ich coachte sie. (Das war die Rollenverteilung, die sich bei den beiden ersten Malen bewährt hatte.) Alles schien nach Plan abzulaufen. Nancy erklärte in ziemlich berechenbaren Abständen, dass der Schmerz unerträglich war und dass sie mir eines Tages heimzahlen würde, was ich ihr da angetan hatte – aber da das bei den letzten Geburten auch so gewesen war, dachte ich, dass alles in Ordnung sei.

Plötzlich wurden die Augen des Arztes sehr ernst. Er gab einige Instruktionen, griff nach irgendwelchen Instrumenten, und plötzlich wurde die Situation ziemlich hektisch. Die Nabelschnur hatte sich um den Hals des Babys gewickelt, sein Kopf war schon blau angelaufen; es hätte stranguliert werden können, wenn mit der Situation nicht richtig umgegangen worden wäre.

Der Arzt kämpfte und Nancy krümmte sich vor Schmerzen. Er konnte das Baby weit genug herausziehen, damit er die Nabelschnur durchtrennen konnte. Nun spritzte überall Blut herum, das Baby und Nancy weinten, aber der Arzt lächelte: »Alles in Ordnung.«

Das mochte so sein, aber in diesem Augenblick wurde mir schlecht. »Ich muss mich setzen.« Ich ließ mich in einen Stuhl fallen, und der Arzt wies mich an, meinen Kopf zwischen die Beine zu hängen.

Nancy fragte: »Sind Sie sicher, dass alles in Ordnung ist?«

»Ja«, sagte der Arzt. »Ihr Sohn und Ihr Mann werden etwa zur selben Zeit wieder eine gesunde Gesichtsfarbe bekommen.«

Und in diesem Augenblick wusste ich, dass ich ein Geschenk bekommen hatte, dass die ganze Welt ein Geschenk ist und dass das Leben das kostbarste Geschenk von allen ist. Es ist kein Anrecht. Ich kann es nicht für selbstverständlich nehmen. Es kann in einer Sekunde ausgelöscht sein. Das Leben ist ein Geschenk. Und es ist gut. Es ist gut zu leben. Ich war so dankbar wie noch nie zuvor in meinem Leben.

Zufriedenheit zu lernen heißt auch, sich die richtige Perspektive schenken zu lassen. Vieles in meinem Leben hängt von der Perspektive ab, von der aus ich es betrachte. Ein Freund erzählte mir von einem Brief, den eine Studentin an ihre Eltern schrieb:

Liebe Mama, lieber Papa,
ich habe euch so viel zu erzählen. Wegen des Feuers, das in Folge der Studentenunruhen in meinem Wohnheim ausgebrochen war, erlitt ich einen zeitweiligen Lungenschaden und musste ins Krankenhaus. Dort verliebte ich mich in einen Pfleger. Wir sind inzwischen zusammengezogen. Ich brach das Studium ab, als ich merkte, dass ich schwanger war, und er wurde wegen Trunkenheit entlassen. Deshalb werden wir nach Alaska ziehen, wo wir vielleicht nach der Geburt des Babys heiraten werden.
Eure euch liebende Tochter
P. S.: Nichts davon ist wirklich passiert, aber ich habe meine Chemieprüfung verhauen und wollte, dass ihr das in der richtigen Perspektive seht.

Dankbarkeit für das, was ich habe

Ich möchte Ihnen demonstrieren, worauf die Überzeugung wirklich hinausläuft, dass eine Veränderung meiner Umstände – sagen wir, ein neues Auto – mich dankbar machen würde. Ich liste hier einige der wirklich wunderbaren Dinge auf, die ich bereits habe:

- Ich bin nach dem Bild Gottes geschaffen. Ich habe einen Körper, bei dem die allermeisten Sachen funktionieren. Ich habe Augen, die sehen, Ohren, die hören, und Füße, die laufen. Viele Menschen haben das nicht. Doch ich habe das alles jeden Tag.
- Gott liebt mich. Er nennt mich sein Kind. Weil Jesus auf dieser Erde lebte und lehrte, am Kreuz starb und auferstand, ist mir in alle Ewigkeit eine Zukunft mit Gott sicher.
- Ich wurde in Gottes größten Traum aufgenommen: die neue Welt. Ich bin Teil der Gemeinschaft seiner Kinder. Ich gehöre dazu und bin geliebt und angenommen.

- Ich bin begabt und dazu geschaffen, einen einzigartigen Beitrag zum Reich Gottes zu leisten, der Ewigkeitswert hat. Ich habe eine Berufung. Selbst wenn ich alles vermassele, verspricht mir Gott doch, auch trotz meiner Fehler durch mich zu wirken.

Wenn ich diese inspirierende Liste vor mir habe, komme ich zu dem Schluss, dass alle diese Punkte kombiniert – das Geschenk meines Lebens, ein Körper, der funktioniert, die »Adoption« durch Gott, die Garantie der Liebe Gottes, meine Mitgliedschaft in seiner Familie, die Leitung und Hilfe des Heiligen Geistes in meinem Leben – nicht ausreichen, um anhaltende Dankbarkeit hervorzurufen. Ja, wenn ich all das hätte – und dazu ein wirklich cooles Auto, *dann* wäre ich für immer und ewig dankbar ...

Lernen, sich an unvollkommenen Geschenken zu freuen

Waren Sie schon einmal in einem dieser Outlet-Läden, in denen Produkte »mit kleinen Fehlern« zu Schleuderpreisen angeboten werden? Manchmal sind diese kleinen Schönheitsfehler leicht zu erkennen, in anderen Fällen sind sie kaum wahrnehmbar. Das gilt auch für unser Leben, und zwar nicht nur für die Produkte, die wir kaufen, sondern auch für die Geschenke, die wir bekommen.

Wenn Sie verheiratet sind, haben Sie sicher nach kurzer Zeit gemerkt, dass Ihr Ehepartner ein »Mängelexemplar« ist. Und zweifellos hat Ihr Ehepartner in Bezug auf Sie dieselbe Beobachtung gemacht.

Bei neugeborenen Babys sagen wir oft begeistert: »Es ist vollkommen!« Nun, Sie und ich wissen, dass es nicht sehr lange dauert, bis man merkt, dass der Besitz von zehn Fingern und Zehen allein noch keine Garantie für Vollkommenheit ist. Ihre Kinder würden sich vermutlich dafür verbürgen, dass es auch nicht allzu viele perfekte Eltern auf dieser Welt gibt.

Und wer von uns hat noch nie ein Weihnachts- oder Geburtstagsgeschenk bekommen, das er später umgetauscht hat, weil es die falsche Farbe oder Größe hatte?

Und was ist mit unserem Körper? Wir denken unser Leben lang: »Wenn mein Körper anders wäre, wenn er perfekt wäre, wenn ich den Körper eines anderen Menschen hätte, dann wäre ich dankbar.« Ihr Körper ist vielleicht nicht perfekt, aber doch in vielerlei Hinsicht ganz praktisch.

Ich muss lernen, für die Geschenke »mit kleinen Fehlern«, die das Leben zu bieten hat, dankbar zu werden. Wenn ich meine Dankbarkeit in der Hoffnung zurückhalte, irgendwann doch noch den perfekten Ehepartner, die perfekten Kinder, den perfekten Körper oder das perfekte Geburtstagsgeschenk zu bekommen, werde ich nie dankbar sein. Gott selbst freut sich über unvollkommene Geschenke – über Sie und mich. Selbst wenn unsere Herzen schäbig und verschlissen sind, selbst wenn wir sie ihm nur zögernd und aus gemischten Motiven geben, nimmt er unsere Gaben mit unaussprechlicher Freude an. Der ganze Himmel freut sich darüber, wenn ein einziger Sünder umkehrt.

Doch Gott ist sich auch bewusst, was es heißt, solche unvollkommenen Geschenke anzunehmen – Geschenke, die eigentlich vollkommen gedacht waren, aber mit dem Etikett »Mängelexemplar« versehen und ausrangiert wurden. Seine Schöpfung wurde missbraucht, seine Worte verdreht, seine Absichten zunichte gemacht. Jesus kannte den Frust, den es mit sich brachte, wenn er seine Worte an Menschen richtete, die sich weigerten, sie aufzunehmen. Er kannte den Frust, den die Sehnsucht mit sich bringt, verstockten Menschen das Geschenk der Vergebung anzubieten; Menschen, die nicht glauben wollen, Heilung zu schenken; Menschen, die sich als Einzelkämpfer versuchen, Gemeinschaft zu schenken und sie zusammenzubringen wie eine Mutterhenne ihre widerspenstigen Küken. Jesus wusste, wie frustrierend es war, eine Feier zu veranstalten, zu der die Gäste nicht kommen, Wein auszuschenken, den sie nicht trinken wollen, Brot auszuteilen, das sie nicht essen wollen.

Und am Ende erlebte er die Höllenqual am Kreuz. Was, wie er wusste, das absolute Geschenk Gottes war, machte die Welt zum absoluten Versuch, den Willen und das Wirken Gottes zu vereiteln.

Aber alle Frustration Jesu war eingebettet in Hoffnung. Denn das Kreuz, das die Absichten Gottes durchkreuzen sollte, wurde schließlich zum endgültigen Ausdruck und zur Garantie der Liebe Gottes.

Das Wunder der Liebe Gottes für uns armselige Menschen besteht darin, dass er sich in einem ganzen Universum, das seinem Willen gehorcht, in einem schönen und geordneten Kosmos, ausgerechnet um einen kleinen, kranken Planeten in einer abgelegenen Ecke einer mickrigen Galaxie interessiert. Es wäre für ihn leichter, diesen Planeten einfach auszulöschen. Ein Planet voller Rebellen scheint zu unbedeutend zu sein, um die Zeit und Leidenschaft zu rechtfertigen, die Gott in ihn investiert. Es scheint vergebliche Liebesmüh zu sein.

Das Wunder der Liebe Gottes besteht darin, dass er Mensch wurde, als Handwerker arbeitete, hungrig, müde und schwach war, lehrte und sogar um Sie und mich weinte. Und am Ende war das Bemühen Gottes um diese Welt nicht mehr umsonst. Seit Gott Mensch wurde. Seit dem Kreuz.

7.

Auf Umwegen

Wer seinem Geist nicht erlaubt, sich von Trockenheit und Hilflosigkeit niederschmettern und aufregen, sondern sich von Gott durch das unwegsame Land leiten lässt und nach keiner anderen Unterstützung oder Leitung als der des Glaubens und Vertrauens in Gott allein verlangt, der wird in das verheißene Land kommen.
(Thomas Merton)

Wenn Sie sich auf eine Reise begeben und kleine Kinder dabei haben, werden sie unausweichlich mit einer Frage konfrontiert. Die Kinder werden diese Frage stellen. Sie werden diese Frage sehr bald und sehr oft stellen, und zwar mit unglaublich hartnäckiger Leidenschaft. Sie werden diese Frage stellen, auch wenn Sie ihnen unmissverständlich zu verstehen gegeben haben, dass Sie diese Frage niemals wieder hören wollen. Sie werden die Frage stellen, als ob sie gesetzlich dazu verpflichtet wären. Die Frage wird Sie aufregen – etwa so wie Fingernägel, die auf einer Tafel kratzen –, und das soll sie auch.

»Sind wir bald da-ha?«

Je länger die Fahrt dauert, desto häufiger wird diese Frage im Allgemeinen gestellt. Es ist nur eine Frage der Zeit, bis sich jemand auf der Rückbank beschwert, dass er körperlich oder psychisch misshandelt wird. Grenzen werden markiert und dann wird das Hoheitsgebiet von irgendjemandem verletzt. Und dann dauert es nicht mehr lange, bis die Frage im Chor ertönt: »Sind wir bald da? Sind wir bald da?«

Stellen Sie sich vor, Sie begeben sich auf eine Reise und sagen: »Wir sind noch nicht da. Wir werden auch heute nicht mehr ankommen. Wir werden morgen nicht ankommen. Unser ganzes Leben wird eine Reise sein. Wir sind zu dem einzigen Ziel auf der Welt unterwegs, zu dem sich die Reise lohnt, und wir haben die Garantie, dass wir dort ankommen werden – aber jetzt noch nicht.«

Der Gott der Umwege

Das Volk Gottes machte sich auf die Reise. Die Reise führte aus der Sklaverei in die Freiheit, aus der Armut in den Überfluss, in das verheißene Land, an einen Ort, an dem Milch und Honig fließen.

Es klang nach einer sehr einfachen Reise. Als Gott Mose die Reiseroute vorstellte, hatte sie nur zwei Etappen: »Ich will es aus Ägypten führen und in ein fruchtbares und großes Land bringen, ein Land, das von Milch und Honig überfließt« (Ex 3,8), sagte Gott. Aus dem einen Land heraus und in ein anderes Land hinein.

Die Israeliten stellten sich wohl auf keine allzu lange Reise ein. Wenn sie Ägypten erst einmal verlassen hatten, mussten sie nur noch die Sinai-Halbinsel überqueren. Es war keine sehr lange Strecke, weniger als 300 Kilometer. Das war eine Sache von wenigen Wochen.

Aber Gott hatte noch eine Alternativroute im Kopf: »Als der Pharao das Volk endlich ziehen ließ, führte Gott sie nicht am Mittelmeer entlang und durch das Land der Philister, obwohl das der kürzeste Weg gewesen wäre. Gott dachte: ›Wenn das Volk dort auf Widerstand stößt und kämpfen muss, ändert es seine Meinung und kehrt wieder nach Ägypten zurück.‹ Darum ließ er das Volk einen Umweg machen und führte es durch die Wüste den Weg zum Schilfmeer« (Ex 13,17-18).

Gerade weil Gott seine Kinder liebt, weigert er sich, die Abkürzung zu nehmen, die sie wohl vorgezogen hätten. Wegen ihrem Mangel an Glauben und ihrer Angst führt er sie einen Umweg. Später sollte der Weg natürlich auch wegen ihrer Rebellion und Sünde noch mehr zum Umweg werden.

»Sind wir bald da?«

»Noch nicht. Eines Tages vielleicht, aber jetzt noch nicht. Hab Geduld.«

Stellen Sie sich das vor: Das ganze Volk versammelt sich und der Tag, auf den es vierhundert endlose Jahre lang gewartet hatte, dämmert heran. Das Volk macht sich auf den Weg ins verheißene Land. Keiner der Israeliten ist jemals dort gewesen, aber sie machen sich keine Sorgen um die Richtung. Eine Wolken- beziehungsweise Feuersäule geht ihnen voran. Das Feuer, das für Mose im Dornbusch brannte, brennt nun für sie alle. Sie werden von Gott geführt.

Die Wolkensäule bewegt sich, die Reise beginnt. Aber dann bemerken die Israeliten, dass die Wolke in die falsche Richtung zieht! Das verheißene Land liegt im Nordosten, die Wolke aber wandert nach Süden. Die Wolke ist in Bezug auf die Richtung angefochten.

»Sind wir bald da?«, fragen sich die Israeliten.

Was soll Mose ihnen sagen? Seine Anweisungen waren nicht sehr präzise. Das war das einzige Mal in der Geschichte der Menschheit, dass eine Frau ihren Ehemann fragte: »Weißt du, wohin du gehst? Ist das der richtige Weg?«, und der Ehemann antwortete: »Das weiß nur Gott.« Und da sprach er buchstäblich die Wahrheit!

Werden die Israeliten Gott auch folgen, wenn sie ihn nicht verstehen? Werden sie ihm folgen, wenn es keinen Sinn zu machen scheint? Werden sie Gott auch in der Warteschleife die Treue halten?

> Gott führt seine Kinder oft auf Umwegen. Er macht keine überstürzten Bewegungen. Er hat es nie eilig. Das ist eine seiner irritierendsten Eigenschaften.

Richard Mouw schreibt, dass wir heutzutage theologische Korrektur unter der allgemeinen Überschrift »Dein Gott ist zu schnell« brauchen (in: »Uncommon Decency«, Eerdmans, 1995). Natürlich kann Gott auch sehr schnell handeln. Er kann

Gebet auf dramatische Weise beantworten, im Handumdrehen sozusagen. Aber grundsätzlich ist er bemerkenswert geduldig, auch, was das Ende dieser Welt angeht. Bei den Mennoniten gibt es eine Redewendung: »Wir leben in der Zeit der Geduld Gottes.« Gott zögert das Ende der Geschichte aus Liebe noch heraus, damit ihn so viele Menschen wie möglich entdecken und erlöst werden können.

Die Wüste lebt!

Für Israel sollte es nicht nur ein kleiner Bogen werden. Sie verbrachten vierzig Jahre auf diesem Umweg. Vierzig Jahre in der Wüste.

Die Zahl Vierzig hat in der Bibel eine besondere Bedeutung. Alttestamentler erklären uns, dass Vierzig als runde Zahl verwendet wurde, um einen ziemlich langen Zeitraum zu bezeichnen. Vierzig Jahre entsprachen etwa einer Generation. Isaak und Esau heirateten mit vierzig. David und Salomo regierten jeweils vierzig Jahre. Die Sintflut dauerte vierzig Tage, Mose verbrachte vierzig Tage auf dem Berg Sinai und zwischen der Auferstehung und Himmelfahrt Jesu liegen ebenfalls vierzig Tage.

Aber die Zahl Vierzig ist besonders eng mit der Wüste verbunden. Als Mose einen Ägypter umgebracht hatte und vor dem Pharao geflohen war, lebte er vierzig Jahre in der Wüste Midian. Als Elia aus Angst vor Isebel davonlief, verbrachte er vierzig Tage und vierzig Nächte in der Wildnis. Und Jesus selbst begann seinen Dienst mit vierzig Tagen Fasten und Gebet in der Wüste.

Im Leben der Menschen, die Gott wirklich suchen, geschieht dies immer und immer wieder. Jeder verbringt einen Teil seiner Reise in der Wüste. Das Leben beginnt mit Vierzig. Die Wüste ist ein Ort, an den man nicht freiwillig geht. Dort ist nichts von Milch und Honig zu sehen. Die Wüste ist trocken und unfruchtbar. Das Leben dort ist öde und trostlos.

Wenn Sie Gott ernst nehmen, werden auch Sie einige von seinen Umwegen kennen lernen. Sie werden Zeiten erleben, in denen Ihr Herz wehtut, weil Sie verletzt wurden oder einen Verlust erlebt haben. Zeiten, in denen Sie so erschöpft sind, dass Sie nicht einmal der Schlaf erfrischt. Zeiten, in denen Sie sich nach etwas Gutem sehen, in denen Ihre Motive rein zu sein scheinen, in denen Gott Ihr Gebet so leicht beantworten könnte – aber es nicht tut. Zeiten, in denen das Leben die Mühe nicht mehr wert zu sein scheint.

Die Wüstenerfahrung wird oft von irgendeinem Ereignis ausgelöst. Eine Beziehung zerbricht. Ein Kind rebelliert, verlässt das Elternhaus und kommt nicht zurück. Sie erleiden eine finanzielle Katastrophe. Sie hegen jahrelang einen Traum und freuen sich auf den Tag, an dem er endlich Realität wird, aber eines Tages begreifen Sie plötzlich, dass es nie geschehen wird. Der Traum stirbt, und ein Stück von Ihnen stirbt mit.

Aber manchmal scheint die Dürrezeit auch ohne erkennbaren Grund zu kommen. In diesen Zeiten fällt selbst der Glaube schwer. Sie beten, Sie schütten Gott Ihr Herz aus, aber Sie hören keine Antwort. Sie spüren seine Nähe nicht. Die Bibel bietet Ihnen keinen Trost. Sie sind wie ausgetrocknet und fragen sich, warum, aber Sie bekommen keine Antwort. Ihr Geist, Ihre Seele fühlt sich an wie ein in der Sonne ausgebleichtes Gerippe. Sie sind nicht einfach in der Wüste. Die Wüste ist in Ihnen.

In der Wüste können wir nichts tun, außer uns an den Verheißungen Gottes festzuhalten. Gott hat Sie nicht vergessen. Er hat Sie nicht aufgegeben. Er führt nur manchmal seine Kinder auf Umwegen. Er hat es nicht eilig.

Gott wirkt auch auf den Warteschleifen in der Wüste, wenn wir ihn nicht sehen und nicht verstehen können. Gottes Weg ist selten der schnellste Weg. Er geht fast nie den leichtesten Weg. Aber immer den besten.

Die Wüste im Leben des Christen

Johannes vom Kreuz schrieb, dass eine Wüstenerfahrung, »die dunkle Nacht der Seele«, wie er sie nennt, oft zu den ersten Erfahrungen eines Christen kurz nach der Bekehrung gehört. Für ihn gehört diese Erfahrung notwendigerweise zum Wachstum im Glauben.

Wenn Sie Christ werden, gibt Gott Ihnen quasi als »Begrüßungsgeschenk« eine reine geistliche Sehnsucht mit auf den Weg. Sie haben ein enormes Verlangen danach, mehr über Gott zu erfahren. Sie spüren in sich den Drang zum Gebet. Sie haben einen Hunger danach, in der Bibel zu lesen. Gottesdienste sind für Sie lebendig. Ihr Herz fließt über – Sie finden kaum Worte, um Ihre Gedanken und Gefühle auszudrücken. Sie stellen fest, dass Sie überhaupt nicht sündigen wollen. Dinge, die Sie vorher in Versuchung gebracht haben, scheinen ihre Macht über Sie vollkommen verloren zu haben. Ihr Herz ist aufgeschlossen für Gott und andere Menschen. Sie stellen fest, dass Sie anderen Menschen wahllos Gutes tun.

Wenn Sie Glück haben, machen Sie so fünfzig oder sechzig Jahre lang weiter und sterben dann zufrieden und lebenssatt. Es kann sein, dass Ihr ganzes Leben aus stetigem geistlichen Wachstum besteht. Aber bei den meisten Menschen sieht es anders aus. Bei fast jedem verändert sich die Lebenskurve unterwegs mehrmals. Was einmal leicht, einfach und angenehm war, wird auf einmal mühsam und zehrt an den Kräften. Sie merken, dass Sie keine Lust mehr zum Beten haben. Sie beten nicht mehr so häufig, und wenn, dann fühlen Sie nicht mehr die alte Begeisterung. Es fällt Ihnen schwer, die Gegenwart Gottes wahrzunehmen. Die Bibel erscheint Ihnen langweilig. Sie werden durch Zweifel und Unklarheiten beunruhigt. Versuchungen, die sie schon überwunden zu haben glaubten, werden auf einmal schier unwiderstehlich. Andere Menschen um Sie herum werden im Gottesdienst bewegt – vielleicht zu Tränen –, aber bei Ihnen tut sich schlichtweg nichts.

Haben Sie solche Zeiten schon erlebt?

Sie erleben eine geistliche Dürreperiode. Das kann unter Umständen eine Folge bewusster und andauernder Sünde sein.

Wenn es so ist, dann müssen Sie diese Sünde bekennen und umkehren. Aber oft scheinen solche Zeiten aus heiterem Himmel zu kommen. Sie *wollen* sich nicht so fühlen. Sie fragen sich: »Warum lässt Gott so etwas zu? Warum kann es nicht immer so einfach sein, wie es am Anfang war? Warum dieser Umweg?«

Lassen Sie sich nicht den Schneid abkaufen! Hier geschieht etwas sehr Wichtiges, das zum Erwachsenwerden dazugehört. Vielleicht hilft Ihnen ein Beispiel: Mein erstes Fahrrad war ein rotes Rennrad. Ich wollte mehr als alles andere in der Welt lernen, dieses Fahrrad zu fahren. Eines Tages montierte mein Vater die Stützräder ab. Ich war noch nicht sicher genug, um allein fahren zu können, also hielt mein Vater das Fahrrad hinten fest und rannte neben mir her. Ich fühlte mich schon wie ein richtiger Profi, aber in Wahrheit stützte er mich natürlich ab. Ich konnte immer noch nicht richtig fahren.

Eines Tages machte mein Vater etwas Sonderbares. Er ließ mich los.

»Das war ein mieser Trick«, dachte ich, als ich hinfiel. Und zwar hart.

Er ließ mich immer wieder los und ich fiel immer wieder hin. Es war eine Weile lang so schlimm, dass meine Mutter die Vorhänge zuzog, weil sie es nicht ertragen konnte zuzusehen. Offensichtlich hatte entweder das Fahrrad Schlagseite oder ich.

»Papa, warum hältst du mich nicht weiter fest?«

»Weil du sonst nie Fahrrad fahren lernst«, sagte er. »Du wirst nie alleine fahren können. Oder willst du, dass ich immer noch neben dir her renne und dein Rad halte, wenn du fünfundzwanzig bist?«

»Ja«, sagte ich. Es schien mir wesentlich besser zu sein als das, was ich im Moment erlebte. Aber im Nachhinein sehe ich, wie weise mein Vater war.

Er hatte mich nicht aufgegeben. Es war eine mühsame Angelegenheit, Rad fahren zu lernen, aber es gab keinen anderen Weg.

Wenn Sie zum ersten Mal alleine fahren, haben Sie das Gefühl, es nie zu lernen. Sie fallen ständig hin. Tatsache aber ist, dass Sie an jedem Fehlversuch ein wenig wachsen. Sie merken es bloß nicht.

C. S. Lewis schrieb, dass Gott es uns leicht macht, wenn er uns in den ersten Tagen unseres geistlichen Lebens von Versuchungen befreit und uns eine starke Freude am Beten und Bibelstudium gibt. Und wir sind dann versucht zu denken: »Ich habe es geschafft! Ich bin bereits ein geistlicher Riese!« Lewis schreibt weiter (in: »Dienstanweisung an einen Unterteufel«, Freiburg, Herder, 1983, S. 39): »Er aber lässt diesen Zustand nie zu lange währen. Früher oder später entzieht er ihnen, wenn auch nicht in Wirklichkeit, so doch wenigstens für ihre bewusste Erfahrung, alle jene Stützen und Reizmittel. Er lässt das Geschöpf auf seinen eigenen Füßen stehen, damit es aus eigenem Willen die nun aller Reize entblößten Pflichten erfülle. Während solcher Perioden der Mühe, und nicht in der Begeisterung, wächst es zu einem Geschöpf heran, wie er es haben will. Darum erfreuen ihn die Gebete, die ihm aus dem Zustand geistiger Dürre heraus dargebracht werden, am meisten.«

Vielleicht befinden Sie sich an einem Ort, an dem Sie die Hand Gottes nicht spüren. Vielleicht leben Sie schon seit einiger Zeit in diesem Zustand. Sie sind versucht, einfach aufzugeben. Aber in Wirklichkeit haben Sie eine Chance, ohne Stütze Fahrrad fahren zu lernen.

Die Wüste als Ort der Stärkung

Warum schickt Gott die Israeliten auf diese Berg- und Talfahrt? Der Grund war, so berichtet die Bibel, dass Gott wusste, dass die Israeliten ihre Meinung ändern und wieder nach Ägypten zurückkehren würden, wenn sie auf dem direkten Weg auf Widerstand stoßen würden (Ex 13,17).

Die direkte Route, sozusagen die Sinai-Autobahn, hätte die Israeliten durch feindliches Gebiet geführt. Gott war natürlich absolut in der Lage, sie vor diesen feindlichen Stämmen zu retten, aber das konnten die Israeliten noch nicht glauben. Sie hatten zu viel Angst.

Jemand sagte einmal: »Es dauerte eine Nacht, Israel aus Ägypten herauszubringen. Aber es dauerte vierzig Jahre, um Ägypten aus Israel herauszubringen.« Vierhundert Jahre lang waren die Israeliten Sklaven gewesen, und in ihrem Denken waren sie es immer noch. Gott musste also einige Zeit einkalkulieren, um den Mut und den Glauben seines Volkes aufzubauen.

Es ist leicht, an das Land zu glauben, in dem Milch und Honig fließen, wenn alles glatt läuft. Wenn Gebete beantwortet werden, sich Probleme von selbst lösen, die Zähne der Kinder gesund sind und Ihr Chef Sie mag, dann ist Glauben nicht schwer. Aber die Wüste hat etwas an sich, was den Glauben stärkt. Gott ist es nicht so wichtig, wo sein Volk hingeht. Ihm ist es wichtiger, wie sein Volk sein wird, wenn es dort ankommt.

Josef bekommt die Verheißung, einmal ein großer Leiter zu werden. Das nächste, was passiert, ist, dass er in die Sklaverei verkauft wird, unschuldig in Verruf gerät und für ein paar Jahre in einem ägyptischen Gefängnis landet. Er stirbt, ohne jemals im verheißenen Land gewesen zu sein. Mose nimmt später Josefs Gebeine mit, als Israel aus Ägypten auszieht. Josef kannte sich mit Umwegen aus.

David wurde zum König Israels gesalbt. Kurze Zeit später lebt er als heimatloser Flüchtling in Höhlen, um den Mordanschlägen eines feindlich gesinnten Königs zu entgehen. Auch David kannte Umwege.

Daniel war begabt, weise und treu. Er endete im Exil in einem fernen Land und wurde in eine Höhle voller Löwen geworfen. Gott führte Daniel noch immer, aber er führte ihn einen Umweg.

Wenn Sie in der Wüste dankbar sein können, dann wachsen Sie. Wenn Sie einen Umweg gehen, aber sagen: »Ich will nicht mehr zurück nach Ägypten gehen. Ich will auf Gott vertrauen«, dann passiert Gewaltiges in Ihrer Seele.

Vielleicht sehnen Sie sich nach einer Beziehung; Sie suchen einen Partner fürs Leben, der wirklich zu Ihnen passt. Sie haben lange auf den Richtigen oder die Richtige gewartet und sind nun versucht zu denken: »Vielleicht sollte ich mich langsam auf die zweite Wahl einstellen.«

Werden Sie Jesus in so einer Situation vertrauen? Völlig? Werden Sie sich auf die folgenden Punkte verpflichten? »Ich will mich nicht auf eine Beziehung zu einem Menschen einlassen, der meinen Glauben und meine Werte nicht teilt. Ich will mich nicht auf eine sexuelle Beziehung zu einem Menschen einlassen, mit dem ich nicht verheiratet bin – auch nicht, wenn ich dazu gedrängt werde. Wenn ich die Beziehung beenden muss, werde ich das tun. Jetzt. Ich bleibe auf dem Umweg, den Gott mich führt. Und wenn der Umweg vierzig Jahre dauert, dann will ich vierzig Jahre lang aushalten. Und wenn er den Rest meines Lebens dauert, dann will ich den Rest meines Lebens auf diesem Weg bleiben.«

Die Wüste als Ort der Ausdauer

Es wäre schön, wenn die Wüste eine einmalige Erfahrung bleiben würde, etwa wie eine Impfung oder das Ziehen der Weisheitszähne. Aber die Wüste ist ein Ort, an den wir immer wieder zurückkehren. Die Wüste kommt, wenn wir einsam oder müde sind und in Versuchung stehen.

Vielleicht ziehen Sie eine Beziehung in Betracht, von der Sie wissen, dass Sie Ihnen nicht gut tun und Gott keine Ehre machen würde, aber Sie sind einsam oder haben Angst oder einfach keine Lust mehr, noch länger auszuhalten.

Vielleicht gibt es in Ihrem Leben einen Menschen, der für Sie schwierig ist: ein Elternteil, ein Kind, ein Arbeitskollege. Sie wissen nicht, wie Sie diese Beziehung weiter gestalten sollen. Sie sind am Ende Ihrer Möglichkeiten.

Vielleicht kämpfen Sie immer wieder mit derselben Sünde. Sie bemühen sich zu wachsen, erleiden aber immer neue Niederlagen. Sie haben die Sünde bekannt, Sie sind fest entschlossen, aber es scheint nicht zu funktionieren. Sie sind insgeheim kurz davor, sich damit abzufinden, dass Sie diese Sünde nie überwinden werden.

Die Wüste ist der Ort der Versuchung. In der Wüste war Jesus der Versuchung ausgesetzt, sich vom Willen seines Vaters abzuwenden und eine Abkürzung zu nehmen, um über alle Reiche der Welt zu herrschen. Aber er wählte den beschwerlichen Umweg über das Kreuz. In der Wüste wird Ihre Ausdauer auf die Probe gestellt. In der Wüste kann nur der Geduldige vorwärts gehen. Werden Sie der Wolkensäule auch heute folgen? Werden Sie ihr auch dann folgen, wenn Ihnen der Weg nicht mehr durch Unterstützung von außen leicht gemacht wird?

Vielleicht ist Ihre Ehe zur Wüstenerfahrung geworden. Die Hoffnungen und Träume, die Sie hatten, haben sich nicht erfüllt. Werden Sie Gott in Ihrer Ehe geduldig gehorchen? Werden Sie Ihren Ehepartner jeden Tag aufs Neue lieben? Werden Sie ihn lieben, auch wenn die Romantik, die purzelbäumeschlagenden Hormone oder die gegenseitige Kompromissbereitschaft verschwunden sind?

Kennen Sie diesen netten Witz schon? Ein älteres Ehepaar liegt im Bett. Sie ist unzufrieden über den Abstand zwischen ihnen. Also erinnert sie ihn: »Als wir noch jung waren, hast du im Bett immer meine Hand gehalten.«

Er zögert, aber nach ein paar Augenblicken schiebt sich eine runzlige Hand über die Bettdecke und nimmt ihre Hand.

Aber sie ist noch nicht zufrieden. »Als wir jung waren, hast du dich immer an mich gekuschelt.«

Diesmal zögert er länger. Aber schließlich dreht er sich mühsam und mit ein paar Seufzern um und drückt sich so gut er kann an sie.

Sie ist immer noch nicht zufrieden. »Als wir jung waren, hast du immer an meinem Ohr geknabbert.«

Lautes Seufzen. Er schlägt die Bettdecke zurück und wälzt sich aus dem Bett.

Sie fühlt sich dadurch irgendwie verletzt. »Wo gehst du hin?«

»Mein Gebiss holen.«

Es ist eine Sache, an einem Ohr zu knabbern, wenn man jung und verliebt ist, die Luft vom Duft eines verführerischen Parfüms erfüllt ist und man noch Zähne hat.

Aber es ist etwas ganz anderes, an einem Ohr zu knabbern, wenn das Ohr ein Hörgerät ziert, die Luft mit dem Duft nach Mottenkugeln erfüllt ist und man erst sein Gebiss holen muss.

Die Wüste ist der Ort, an dem man lernt zu gehorchen, wenn Gehorsam nicht mehr so einfach ist. Deshalb kann die Wüste der Ort sein, an dem man in besonderem Maß gestärkt wird.

Die Wüste als Ort der Liebe Gottes

So sonderbar es klingen mag, ist die Wüste ein Ort, an dem man auf besondere Weise die Liebe Gottes erleben kann.

Wenn Sie sich auf einem geistlichen Höhenflug befinden – voller Begeisterung beten, von Versuchungen verschont bleiben, in Ihrem Dienst erfolgreich sind und ganz fest wissen, dass Gott Sie liebt, dann ist das eine tolle Sache.

In der Wüste aber kann Gottes Liebe Sie in Ihrem Herzen noch viel tiefer treffen. In der Wüste kommen Sie zu Gott und haben nicht viel (oder überhaupt nicht) gebetet. Sie werden von Versuchungen gebeutelt, von Zweifeln erschüttert und haben das Gefühl, eher ein Hindernis als ein Instrument für das zu sein, was Gott mit Ihnen in dieser Welt vorhat. Doch trotzdem hören Sie die Worte: »Ich liebe dich immer noch. Ich könnte dich nicht mehr lieben als im Moment. Ich möchte dich immer noch mein Kind nennen dürfen. Hast du das noch nicht gelernt? Du bist das Objekt meiner unsterblichen Zuneigung. Du bist mein geliebtes Kind.«

Geliebt zu werden, wenn man sich liebenswert fühlt, ist gut. Aber geliebt zu werden, wenn man sich kein bisschen liebenswert fühlt, ist wie ein Lebenselixier für einen Sterbenden. Das ist Gnade.

Die Wüste ist der Ort, an dem ich lernen kann, für die Liebe Gottes zu leben.

Vor einiger Zeit waren wir in einem Restaurant essen, in dem so ein Automat stand, bei dem man für etwas Geld mit einer Art Kran nach Spielzeug angeln konnte. Unser Tochter liebte diesen Automaten zuerst. Sie warf alles Kleingeld ein, das sie hatte, aber schaffte es nie, etwas zu erangeln. Als sie ihr ganzes Geld ausgegeben hatte, fand sie den Automaten überhaupt nicht mehr gut.

Wüstenzeiten sind die Zeiten, in denen ich auf die Beförderung, das Haus, den Erfolg, den guten Ruf oder auch die Gesundheit verzichten muss. Dann kann ich herausfinden, ob ich Gott liebe, weil er Gott ist, oder einfach nur, weil er mir Milch und Honig gibt. Wie reagiere ich, wenn ich ständig Gebete in den Münzschlitz stecke, aber nichts dafür herauskommt?

Die Wüste sollte ein Ort sein, an dem Gott bei seinem Volk sein konnte, damit die Israeliten ihn kennen und ihm vertrauen lernen würden. Brevard Chills schreibt (in: »The Book of Exodus: A Critical, Theological Commentary«, John Knox, 1974): »Gott wollte, dass sie in der Wüste lernten, ihn zu lieben, und dass sie später immer wieder auf diese Zeit ihres Lebens zurückschauen würden, in der sie mit Gott allein waren.«

Natürlich war die Wüste nicht das verheißene Land. Das Leben dort war nicht einfach. Die vierzig Jahre in der Wüste waren ein Ausdruck des Gerichtes, die Folge von Sünde. Aber selbst das Gericht Gottes ist gezeichnet von Liebe. Und Gottes Wunsch für Israel ist, dass sein Volk die Wüste nicht als Ort des Schmerzes, sondern als Ort der Liebe erlebt.

In der Wüste konnte man keine großen Städte bauen, keine großen Schlachten gewinnen. Es gab nur Gott und seine schäbigen Lumpenpuppen. Er gab ihnen jeden Morgen etwas zu essen, führte sie jeden Tag und schützte sie jede Nacht. Gott wollte ihnen in der Wüste Leben schenken, das sie nicht aus eigener Leistung erhielten. Es war ein Leben aus Liebe.

Frederick Buechner schreibt, wie die Wüste zum Ort der Liebe Gottes werden kann (in: »A Room Called Remember«, Harper & Row, 1984): »Wenn das Schlimmste passiert, oder zumindest fast passiert, folgt so etwas wie Frieden. Ich hatte Trauer und Schrecken überlebt, fast gegen alle Hoffnung, und da, in dieser Wüste, erhaschte ich zum ersten Mal in meinem Leben eine Ahnung davon, was es bedeuten musste, Gott wirklich zu lieben. Es war nur eine Ahnung, aber sie war für mich wie frisches Wasser in der Wüste ... Ich liebte ihn, weil sonst nichts mehr da war. Ich liebte ihn, weil er sich in all seiner Macht so klein gemacht zu haben schien, wie ich es in meiner Hilflosigkeit war. Ich liebte ihn nicht, obwohl darin nichts für mich zu finden war, sondern eher, weil darin nichts für mich zu finden war. Zum ersten Mal in meinem Leben, dort in dieser Wüste, entdeckte ich, wie es sein musste, Gott wirklich zu lieben, einfach nur, weil er Gott war; ihn zu lieben, egal wie die Umstände sind.«

Hoffnung auf dem Umweg

Sandys Leben verlief rundum angenehm. Sie wuchs in einer heilen, christlichen Familie auf; ihr Großvater war der Pastor der Gemeinde, die sie von klein auf besuchte. Sie ging auf ein christliches College, arbeitete danach als Kinderkrankenschwester und heiratete einen netten Mann, der ebenfalls Christ war.

Vier Jahre später war sie im zweiten Monat mit ihrem ersten Kind schwanger. Da erklärte ihr Mann ihr, dass er sich in eine Falle gelockt fühlte und sich nicht sicher sei, ob er schon bereit war, Vater zu werden. Zwei Monate später wurde Sandy krank, und während sie bei ihrer Schwester war, verließ er sie.

Sandy wusste es damals nicht, aber damit begann ihr persönlicher Umweg. Sie betete weiterhin für ihren Ehemann und war sich sicher, dass er eines Tages wie der verlorene Sohn zu ihr zurückkehren würde. Aber dann fand sie heraus, dass ihr Mann ihr untreu gewesen war. Und nicht nur das, sondern er hatte sich auch mit einer gefährlichen Geschlechtskrankheit angesteckt.

Als das Kind geboren wurde, wurde schnell klar, dass sich die Krankheit auch auf das Kind übertragen hatte. Bei der Geburt war das Kind still, blau und schlaff, statt rosig zu sein und zu schreien. Die kleine Rachel hatte lediglich ein Stammhirn, das die grundlegendsten Körperfunktionen aufrechterhielt. Die Ärzte sagten, dass sie nur ein paar Tage oder höchstens Wochen leben würde. Aber aus den Wochen wurden Monate, und aus den Monaten wurden Jahre. Sandys Leben bestand nur darin, zwölf Stunden am Tag Schichtdienst zu arbeiten, während ihre Schwester oder eine Freundin sich um das Baby kümmerten, und dann den Rest des Tages ihr Kind selbst zu versorgen.

Dieser Umweg war mit keinem der Träume gepflastert, die Eltern normalerweise für ihre Kinder haben. Sandy würde nie ein Video von Rachels erstem Schultag drehen; es würde keine Schulzeugnisse geben, keine selbstgebastelten Valentinskarten, kein gemeinsames Kuchenbacken, keine Führerscheinprüfung, keine Hochzeit. Sandy erlebte nie, wie ihre Tochter den ersten Schritt ging, hörte sie nie lachen oder auch nur das Wort »Mama« sagen. Sandy konnte nicht einmal sagen, ob Rachel überhaupt wusste, wer ihre Mutter war. Nur wenn Rachel gebadet wurde, reagierte sie in irgendeiner Weise. Sandy rubbelte ihren Rücken, und Rachel gab manchmal einen tiefen Laut von sich, als ob sie zufrieden wäre.

Eines Tages entschloss sich Sandy, Urlaub zu machen, den ersten Urlaub in drei Jahren. Es war das erste Mal, dass sie seit Rachels Geburt nicht bei ihr war. Als Sandy vom Hotel aus zu Hause anrief, hielt ihre Schwester den Hörer an Rachels Ohr und erzählte Sandy dann, dass Rachel beim Klang ihrer Stimme einen Laut von sich gegeben hatte. Das war der einzige Hinweis, den Sandy je darauf bekam, dass ihre Tochter sie eventuell erkannte.

Als sie nach dem Urlaub am Flughafen ankam, empfing ihr

Schwager Sandy mit den Worten, die sie irgendwie erwartet hatte: Rachel war gestorben.

Rachels Vater kam nicht zur Beerdigung, fragte nie nach seiner Tochter, sagte nie: »Es tut mir Leid.« Erst sechs Jahre später konnte Sandy die Tagebucheinträge lesen, die sie geschrieben hatte, als Rachel lebte. Meistens fragte sie nach dem Warum. »Damals hatte ich keine Antwort auf diese Frage«, sagte Sandy, »und ich habe auch heute noch keine.«

Umwege sind dunkel.

Aber wenn Sie Sandy fragen, ob es ihr lieber gewesen wäre, dass Rachel nie auf die Welt gekommen wäre, würde sie sagen, dass dieser Gedanke für sie unvorstellbar sei. Sie spricht von dem Gefühl der Verbundenheit, wenn sie ihr Kind in den Armen hielt, das tiefer war, als sie mit Worten ausdrücken konnte. Sie spricht davon, was es bedeutet, über alle Grenzen und Unvollkommenheiten hinweg zu lieben, direkt in die Seele hinein. Sie bedauert nicht, Rachel zur Welt gebracht und sie überschwänglich geliebt zu haben. Sie spricht von bewusster Vergebung. Sie musste einem Ehemann vergeben, der sie nie um Vergebung gebeten hatte und sie sicher nicht verdiente. Sie musste ihm vergeben, weil ihre einzige Alternative ein Leben im Gefängnis der Bitterkeit war.

Sie musste auch sich selbst vergeben, für die Bitterkeit, die Dunkelheit und die Entscheidungen, die sie gerne rückgängig machen würde. Und sie musste irgendwie auch Gott vergeben, dafür, dass er ihre Gebete nicht erhört und Rachel nicht vor all dem bewahrt hatte.

Auch wenn auf diesen Umwegen Fragen auftauchen, die keine Antwort finden, wenn es Unklarheiten gibt, die sich nicht auflösen, muss man sich doch entscheiden: Gibt es Hoffnung auf diesem Umweg? Führt er in eine Sackgasse oder letztlich nach allen Biegungen und Schleifen doch nach Hause?

Eine Katastrophe kann zur Geschichte werden

In Norman McLeans Buch »Junge Männer im Feuer« (Krüger 1994) findet sich ein wunderschöner Abschnitt. Es ist die poetische Verarbeitung seines vierzig Jahre dauernden, schmerzhaften Versuches, den Sinn im Tod von einer ganzen Schwadron junger Männer einer Luftfeuerlöschbrigade bei einem Waldbrand in Montana im Jahr 1948 zu finden. Gleichzeitig denkt er auch über Leben und Sterben nach, ausgelöst durch den Tod seiner Frau.

MacLean schreibt über die Todesfälle in Montana: »Wir hoffen, dass diese Katastrophe nicht dort endet, wo sie begann; sie kann weitergehen und zur Geschichte werden ... [Wir hoffen,] wenn wir nur etwas Neugier, Übung und Leidenschaft mitbringen und uns bemühen, nicht zu lügen oder gefühlsselig zu sein ... dann kann etwas, was als Katastrophe ohne immanente Geschichte begann, zu etwas werden, das man die Geschichte einer Tragödie nennen kann; aber die Tragödie wäre nur ein Teil dieser Geschichte, so wie sie ein Teil des Lebens ist.«

Katastrophen sind nicht nur brutal, sie sind auch ziellos brutal. An einer Katastrophe ist nichts Persönliches. Eine Katastrophe ist etwas Zufälliges. Sie ist das Mahlen der Zähne einer gefühllosen kosmischen Maschine. Sie hat keinen Sinn, keine Bedeutung und bringt nur Schmerz mit sich. Wenn die menschliche Existenz nur eine Katastrophe ist – eine Art Russisches Roulette, das eines Tages endet, wenn der letzte Lebensfunke ausgelöscht ist –, dann haben wir keine Hoffnung. In der Katastrophe hat der Todesschrei das letzte Wort.

Aber eine Geschichte hat eine Bedeutung. Wo es eine Geschichte gibt, gibt es auch einen Geschichtenerzähler. Geschichten können Tragödien beinhalten, aber Tragödien sind etwas Persönliches; sie haben Sinn und Bedeutung. Deshalb trägt eine Tragödie in sich auch immer die Möglichkeit der

Erlösung. Wo sich eine Tragödie ereignet, gibt es Hoffnung.

Die Autoren der Bibel kannten sich mit Katastrophen aus. Der Mensch ist seit dem Paradies mit Katastrophen vertraut. Aber Gott ist entschlossen, den Menschen nicht in einer Katastrophe enden zu lassen, sondern aus der Katastrophe eine Geschichte mit Happy end zu machen. Die Hoffnung des Christen basiert auf der Erklärung Gottes, dass er selbst unsere Tragödien tragen wird. Gott selbst nahm den Umweg.

McLean schreibt: »Der deutlichste Ausdruck dieses Schreis fand sich bei einem jungen Mann, der vom Himmel kam und in den Himmel zurückkehrte, der wusste, dass er auf der Erde allein war und abseits von allen Menschen stand, und der, als er starb, auf einem Hügel starb: ›Um die neunte Stunde rief er mit lauter Stimme: Eli, Eli, lama sabachtani? (Mein Gott, mein Gott, warum hast du mich verlassen?)‹«

Die Hoffnung des Christen besagt, dass Gott selbst die Via Dolorosa – den schmerzlichen Umweg – ging. Deshalb ist das Kreuz nicht einfach eine Katastrophe; das Kreuz lässt aus der Katastrophe wie den Phönix aus der Asche eine Geschichte erstehen. Und eines Tages wird er auch Ihre Geschichte und meine Geschichte schreiben, wenn wir es zulassen.

In Gottes Geschichtsschreibung ist der Schrei des Untergangs ein reales Wort, aber er hat nicht das letzte Wort. Gottes Sicht der Dinge besagt, dass das, was Sandy erlebt hat, nicht nur eine Katastrophe war. Es war nicht nur ein dummer genetischer Unfall, eine Panne, die Rachel zu einem kurzen und sinnlosen Intermezzo im großen Kosmos verdammte. Die Hoffnung des Christen ist, dass das, was Sandy und Rachel widerfahren ist, ein Teil einer Geschichte ist, einer tragischen Geschichte zwar, aber dass die Tragödie nicht alles ist. Eine fehlerhafte DNA ist nicht das letzte Wort. Eines Tages werden Sandy und Rachel in einer anderen Welt an einem Tisch sitzen. Dann werden die Worte des Staunens, der Liebe und Dankbarkeit, die Rachel nie aussprechen konnte, nur so aus ihr heraussprudeln. Und die Gliedmaßen, die in dieser Welt so nutzlos waren, werden neue Maßstäbe für Anmut und Schönheit setzen. Der Verstand, der hier um seine Brillanz betrogen wurde, wird dort vor Kreativität und Intelligenz überfließen. Die christliche Hoffnung sagt, dass der Eine, der alles verändern kann, mit uns noch nicht fertig ist und dass eines Tages eine Lumpenpuppe, die in dieser Welt nur wenig beachtet wurde, in einer Herrlichkeit erstrahlen wird, die wir uns nicht vorstellen oder begreifen können.

Die christliche Hoffnung sagt, dass wir uns auf unserem Weg von der Katastrophe über die Tragödie zu einer herrlichen Geschichte befinden. Wir sind unterwegs. Unser Weg ist vielleicht mühsam, vielleicht ein Umweg, aber das Ziel ist wunderbar!

»Sind wir bald da?«

»Noch nicht. Eines Tages, aber jetzt noch nicht. Hab Geduld.«

8.

Liebe und Gnade

Wir haben von Gott nichts als Liebe und Gunst empfangen, da Christus uns seine Gerechtigkeit und alles, was er hat, zugesichert und gegeben hat; er hat seinen ganzen Reichtum über uns ausgeschüttet, was kein Mensch je ermessen und kein Engel je verstehen kann, denn Gott glüht vor Liebe wie ein Schmelzofen, der von der Erde zu den Himmeln reicht.
(Martin Luther)

In der folgenden Geschichte geht es um eine Lumpenpuppe namens Agnes, die einem Gnadenspender namens Tony Campolo über den Weg lief. Tony machte Urlaub in Hawaii, war innerlich aber noch auf Ostküstenzeit eingestellt und kam deswegen um drei Uhr morgens in ein Lokal. Die einzigen anderen Gäste waren ein paar Prostituierte, die für diesen Tag mit der Arbeit fertig waren. Eine von ihnen (Agnes) erwähnte, dass sie am nächsten Tag Geburtstag hätte und noch nie in ihrem Leben eine richtige Geburtstagsparty erlebt habe.

Als sie gegangen waren, erfuhr Tony von Harry, dem Mann hinter der Theke, dass die Damen vom horizontalen Gewerbe jeden Abend in dieses Lokal kamen. Tony fragte ihn, ob er am nächsten Abend wiederkommen und eine Party schmeißen dürfe. Harry war einverstanden, unter der Bedingung, dass seine Frau für das Essen zuständig sein würde und er die Geburtstagstorte backen durfte. Im Folgenden lesen Sie eine ziemlich verkürzte Version der Geschichte.

»Um 2.30 Uhr am nächsten Morgen war ich wieder in dem Lokal. Ich hatte etwas Dekorationsmaterial aus Krepp-Papier gekauft und ein großes Schild mit der Aufschrift ›Herzlichen Glückwunsch zum Geburtstag, Agnes!‹ gebastelt.

Die Frau, die sich um das Essen kümmerte, musste aller Welt von der Party erzählt haben, denn um 3.15 Uhr befanden sich sämtliche Prostituierten von Honolulu in diesem Lokal. Überall nur Nutten – und ich!

Um 3.30 Uhr öffnete sich die Tür, und Agnes kam mit ihrer Freundin herein. Ich hatte alle gut vorbereitet, und als sie hereinkam, sangen wir alle ›Happy Birthday!‹

Ich habe noch nie einen so verblüfften Menschen gesehen. Sie riss den Mund auf und ihre Knie gaben nach. Als wir mit dem Geburtstagsständchen fertig waren, waren ihre Augen feucht. Und als der Kuchen hereingetragen wurde, fing sie hemmungslos an zu weinen.

Harry nuschelte barsch: ›Blas die Kerzen aus, Agnes. Los, mach schon! Wenn du sie nicht ausbläst, mach ich es.‹

Das Anschneiden des Kuchens dauerte noch länger. Agnes konnte sich einfach nicht so schnell von ihm trennen. ›Harry, ist es okay, wenn ich den Kuchen noch ein bisschen behalte? Wenn wir ihn nicht gleich essen?‹

›Natürlich. Wenn du ihn behalten willst, dann behalte ihn. Du kannst ihn mit nach Hause nehmen, wenn du willst.‹

›Wirklich?‹ Dann schaute sie mich an: ›Ich wohne nur ein Stück die Straße runter. Ich bringe nur den Kuchen heim, ja? Dann komme ich wieder.‹

Sie trug den Kuchen hinaus, als ob er der Heilige Gral wäre. Wir standen bewegungslos da, über dem ganzen Lokal lag ein betäubtes Schweigen. Weil ich nicht wusste, was ich sonst machen sollte, brach ich das Schweigen schließlich mit der Frage: ›Habt ihr was dagegen, wenn wir beten?‹

Wenn ich heute auf diese Situation zurückschaue, ist es mehr als sonderbar, wenn ein Soziologe um 3.30 Uhr am Morgen eine Gebetsversammlung von Prostituierten in einem Lokal in Honolulu leitet. Aber damals hatte ich das Gefühl, genau das Richtige zu tun. Ich betete für Agnes. Ich bat Gott darum, dass sich ihr Leben verändern würde. Dass Gott gut zu ihr sein würde.

Als ich fertig war, lehnte sich Harry über den Tresen und sagte mit einem leichten Anflug von Ärger in der Stimme: ›He,

Sie haben nie gesagt, dass Sie Prediger sind. Zu was für einer Art Kirche gehören Sie denn?‹

Die richtigen Worte flogen mir nur so zu und ich antwortete: ›Ich gehöre zu einer Kirche, die um 3.30 Uhr morgens Geburtstagspartys für Nutten schmeißt.‹

Harry wartete einen Augenblick, dann sagte er fast höhnisch: ›Nein, das stimmt nicht. Solche Kirchen gibt es nicht. Wenn es so eine Gemeinde geben würde, würde ich sofort beitreten.‹

Würden wir das nicht alle? Würden wir nicht alle gerne zu einer Kirche gehören, die um 3.30 Uhr morgens Geburtstagspartys für Prostituierte feiert?

Jesus kam, um so eine Kirche zu schaffen. Ich weiß nicht, woher wir diese andere Sorte Kirchen haben, die so sittsam und züchtig ist – und so langweilig! Aber jeder, der das Neue Testament liest, weiß, dass Jesus sehr gerne die Ausgestoßenen, Missbrauchten und Unterdrückten mit Gnade überschüttete. Die Sünder liebten ihn, weil er mit ihnen feierte. Die von der Gesellschaft Ausgestoßenen fanden in ihm jemanden, mit dem sie essen und trinken konnten« (aus: Tony Campolo: »The Kingdom of God Is a Party«, Word, 1990, S. 6-9).

So sollte Kirche aussehen. Ein paar Lumpenpuppen, die Liebe empfangen haben, auch wenn sie wissen, dass sie diese Liebe nicht verdienen, und die diese Liebe dann an andere weitergeben, weil sie sich weigern, sich von ihrer Armseligkeit davon abhalten zu lassen. Denn Liebe ist Gottes Erkennungszeichen. Und Gnade macht die Liebe stark.

Philip Yancey (in: »Gnade ist nicht nur ein Wort«, Brockhaus 1999) geht auf eine Frage ein, die ihm der Schriftsteller Gordon MacDonald in einer Unterhaltung einmal gestellt hatte: »Was hat die Kirche anzubieten, das die Welt nirgendwo sonst bekommen kann?«

Schließlich muss man kein Christ sein, um Häuser für Obdachlose zu bauen, die Armen mit Lebensmitteln zu versorgen oder karitativen Einrichtungen zu spenden. Man muss kein Christ sein, um sich für politische Veränderungen einzusetzen oder eine soziale Gesetzgebung zu befürworten. Es gibt andere Ideologien und Lehrer, die gute ethische Lebenshilfe zu bieten haben.

Was hat die Kirche anzubieten, das die Welt nirgendwo sonst bekommen kann?

Gnade.

Wo kann man in dieser Welt sonst noch Gnade finden?

Wir leben nicht unbedingt in einer Welt voller Gnade. In dieser Welt bekommt man nur, wofür man bezahlt hat. Man sät, was man erntet. Kein kostenloses Mittagessen. Auge um Auge. Quid pro quo.

Wann waren Sie zum letzten Mal auf der Autobahn unterwegs und haben Gnade erlebt? Wie oft kurbelt jemand das Fenster herunter und sagt: »Gnade sei mit Ihnen. Ich vergebe Ihnen, dass Sie mich geschnitten haben. Sie wollen meine Fahrspur haben? Bitte! Ich gebe Ihnen noch den Seitenstreifen dazu!«? Wann haben Sie zum letzten Mal erlebt, dass der Schiedsrichter im Fußballstadion einen Foulelfmeter gegen die Lokalmannschaft gepfiffen und ein ganzes Fußballstadion voller Leute die Meinung vertreten hat: »Jetzt ist nicht der richtige Moment, um jemanden zu verurteilen. Wir müssen diesem Mann jetzt mehr als je Gnade erweisen. Vergebt dem Schiedsrichter!«

Das ist nicht sehr wahrscheinlich. Selbst »Macht den Schiedsrichter zum Krüppel!« wäre in unserer Welt noch ein Schritt in Richtung Barmherzigkeit.

In Gnade zu leben und sich immer wieder an Gnade zu erinnern hält die Liebe am Leben. Aber den Kontakt zur Gnade zu verlieren und zu vergessen, dass ich geliebt bin, weil Gott ein gnädiger Gott ist, ist tödlich für die Liebe.

Sheldon Van Auken schrieb (in: »A Severe Mercy«, Harper & Row, 1977, S. 85): »Das beste Argument für den christlichen Glauben sind Christen: ihre Freude, ihre Gewissheit, ihre Ganzheitlichkeit.« Ahnen Sie, was das beste Argument gegen den christlichen Glauben ist?

»Wenn Christen düster, freudlos, selbstgerecht, selbstgefällig, engstirnig und repressiv sind, stirbt der christliche Glaube tausend Tode.«

Ich halte die folgenden Sätze von Dallas Willard für die weisesten Worte, die in unserer Zeit über die Gefahr eines geistlichen Lebens ohne Gnade geschrieben wurden (in: »The Spirit of the Disciplines«, Harper Collins, 1989, S. 80-81):

»Wie viele Menschen fühlen sich radikal und permanent von Christen abgestoßen, die gefühllos, steif, unnahbar, langweilig, leblos, zwanghaft und unzufrieden sind? Doch findet man solche Christen überall; ihnen fehlt die ganzheitliche Lebendigkeit, die aus einem ausgewogenen Leben innerhalb der aus Liebe aufgestellten Regeln Gottes entspringt. Falsch verstandene oder gelebte Spiritualität ist eine der Hauptquellen für menschliches Elend und Rebellion gegen Gott.«

Richtig verstandene Spiritualität bedeutet Leben. Sie besteht im demütigen Empfangen von Gnade und dem zuversichtlichen Ergreifen der Liebe.

Falsch verstandene Spiritualität ist tatsächlich eine der Hauptquellen für menschliches Elend und Rebellion gegen Gott. Denken Sie nur an die Inquisition! Falsch verstandene Spiritualität führt zu einer sehr gefährlichen Haltung. Falsch verstandene Spiritualität bringt Menschen dazu, ihre mangelnde Liebe fälschlicherweise als Überlegenheit zu verstehen. Solche Menschen halten ihre schäbigen Lumpen für Rechtschaffenheit. Ich möchte mit Ihnen über einige »pseudo-geistliche« Lumpenpuppen nachdenken, über Menschen, deren Schäbigkeit unter einem Deckmantel falsch verstandener Spiritualität verborgen ist.

»Geistliche« Lumpenpuppen

Er war ein zorniger Mann – zornig gegenüber seinen Kindern, seinen Arbeitskollegen, gegenüber den Menschen, mit denen er sein Leben lang gemeinsam zum Gottesdienst gegangen war. Er stritt sich mit Vorliebe über dogmatische Fragen, über die Aufschrift des Schildes vor der Kirche und über das Gemeindemotto.

Predigten hörte er nicht, um Gott zu begegnen oder sich von ihm berühren zu lassen, sondern um zu sehen, an welchen Punkten er dem Prediger Fehler nachweisen konnte.

Die Menschen außerhalb der Gemeinde ertrugen ihn nicht, weil er einfach unausstehlich war. Aber innerhalb der Gemeinde betrachtete man seine Unausstehlichkeit als »Eifer für die Wahrheit«. Man hielt ihn für einen geistlichen Riesen, aber er konnte nicht lieben.

Sie war die gefürchtetste Person in der Gemeinde. Sie war perfekt darin, anderen Schuldgefühle einzureden und sie zu manipulieren. Sie leitete einen Bibelkreis für Frauen, aber es war klar, dass die Frauen in diesem Kreis nur willkommen waren, wenn sie taten, was sie sagte. Sie mischte sich in das Leben vieler Menschen ein, aber sie liebte sie nicht. Um es genauer zu sagen: Sie mochte sie nicht einmal.

Jeder wusste, dass sie zu Hause die Hosen anhatte, obwohl sie einem System treu war, das besagte, dass der Mann der Herr im Haus war. Deshalb war zu Hause auch ihr Mann der Chef – jedenfalls sagte sie das. Doch der Himmel mochte ihm beistehen, wenn er nicht so der Herr im Haus war, wie sie ihn haben wollte. Dann stampfte sie ihn in Grund und Boden. Sie galt als geistliche Riesin, aber sie konnte nicht lieben.

Er ist ein christlicher Leiter und Autor, der sich als Verteidiger der Wahrheit sieht. Er geht mit Vorliebe auf andere Christen los, die mit seinen Ansichten nicht übereinstimmen. Er kritisiert nicht nur ihren Standpunkt, sondern karikiert ihre Position, verdreht ihre Aussagen und macht ihre Motive schlecht. Er nimmt immer das Schlechteste von anderen an. Er nimmt auch das Schlechteste von allen Politikern an, deren Ansichten er nicht teilt. Er wiederholt Gerüchte und gibt sie weiter, auch wenn er nicht sicher weiß, dass sie der Wahrheit entsprechen. Er verleumdet die Wahrheit im Namen der Wahrheit. Man hält ihn für einen geistlichen Riesen, aber er kann nicht lieben.

Sie lebte, um sich zu beschweren. Sie beklagte sich über ihre heranwachsenden Kinder, die sie nicht richtig behandelten, über ihre Nachbarn, über Geldmangel und über das Leben im Allgemeinen.

Als in ihrer Gemeinde einige Veränderungen anstanden, widersetzte sie sich ihnen, weniger, weil ihr die Veränderungen nicht gefielen, sondern vielmehr weil Veränderungen bedeuteten, dass sie nicht mehr alles unter Kontrolle hatte. Die Veränderungen sahen vor, die Gemeinde für Menschen zu öffnen, die der Kirche fern standen. Sie aber wollte keine Menschen in der Gemeinde haben, die nicht so aussahen, so dachten, sich so kleideten oder so wählten wie sie.

Vor nicht allzu langer Zeit gab es in dieser Gemeinde eine Spaltung. Sie wurde begleitet von hässlichem und bösartigem Verhalten, und der Leib Christi teilte sich in zwei Parteien auf. Die Veränderungen, die ihr Kontrollbedürfnis bedroht hatten, hatten die Gemeinde verlassen, zusammen mit den kirchenfernen Menschen. Alles war so kirchlich, steif und unzugänglich für die Menschen außerhalb der Gemeinde, wie es zuvor gewesen war.

Ihr Kommentar zu einer Freundin lautete: »Ist das nicht schön? Wir haben unsere Gemeinde wieder!«

Sie galt als geistliche Riesin, aber sie konnte nicht lieben.

Das Problem ist nicht, dass es solche Menschen gibt. Jeder von uns hat seine eigenen verschlissenen Stellen. Gott weiß, dass ich Stellen habe, die weitaus schäbiger sind. Das Problem ist auch nicht, dass es solche Menschen in unseren Gemeinden gibt. Die Kirche ist ein Ort für verschlissene Menschen.

Das Problem ist, dass solche Menschen in unseren Gemeinden nicht als schwächere Brüder und Schwestern gelten, die Hilfe brauchen. Sie würden sich ungeheuer verletzt fühlen, wenn man so über sie denken oder reden würde. Es ist problematisch, dass man zu ihnen als geistlichen Vorbildern aufschaut. Andere Menschen denken, sie müssten so werden wie sie. Andere werden eingeschüchtert durch ihre vermeintliche geistliche Überlegenheit. Sie lassen sich entmutigen und kommen unter Umständen zu dem Schluss, dass sie vielleicht gar nicht geistlich sein wollen, weil sie nicht so werden wollen wie diese Menschen. Diese schäbige Form des christlichen Glaubens, dem die Gnade fehlt, verletzt Menschen und kann unendlichen Schaden anrichten.

Richtig verstandene Spiritualität zeigt sich in einem Leben voller Staunen, Ehrfurcht, Freude, Einfachheit, Anbetung, Dankbarkeit, Dienst, Demut, Mut und Wahrheit. Das zentrale Merkmal richtig verstandener Spiritualität ist die Liebe.

»Liebe den Herrn, deinen Gott, von ganzem Herzen, mit ganzem Willen und mit aller deiner Kraft und deinem ganzen Verstand! Und: Liebe deinen Mitmenschen wie dich selbst!« (Lk 10,27).

»Wenn ich prophetische Eingebungen habe und alle himmlischen Geheimnisse weiß und alle Erkenntnis besitze, wenn ich einen so starken Glauben habe, daß ich Berge versetzen kann, aber ich habe keine Liebe – dann bin ich nichts« (1 Kor 13,2).

»Wer nicht liebt, kennt Gott nicht; denn Gott ist Liebe« (1 Joh 4,8).

Als Jesus erklärte, wie Spiritualität richtig zu verstehen sei, verließen die Menschen, die ihn verstanden hatten, alles. Sie gaben ihren Besitz auf, opferten ihre Karriere, gaben alte Verhaltensmuster und Sünden auf, nahmen Verfolgung und Leiden auf sich, und zwar mit Freuden. Sie lachten, jubelten und tanzten, weil sie geliebt wurden, obwohl sie so waren, wie sie waren. Sie waren davon überzeugt, dass sie hier die Perle von unschätzbarem Wert, den Hauptgewinn im Lotto und das

Beste überhaupt gefunden hatten. Jesus war das Beste überhaupt.

Falsch verstandene Spiritualität produziert Menschen, die selbstgefällig, selbstgerecht und nicht in der Lage sind, andere zu lieben oder Gefühle zu empfinden. Sie produziert kalte Herzen, plastikartige Masken, traurige Gesichter, einen unauthentischen Lebensstil und ausgetrocknete Seelen.

Vor nicht allzu langer Zeit wollte in unserer Ehe einer von uns beiden, dass wir gemeinsam einen Tanzkurs besuchten. Der andere war einverstanden, weil er ein liebenswürdiger Mensch ist und weil man auf diese Weise Bonuspunkte kassieren kann; gewissermaßen so etwas wie eheliche Vielflieger-Meilen, die man später einlösen kann.

Unsere Lehrerin war eine klassisch ausgebildete Tänzerin aus Osteuropa. Sie war schlicht und einfach nicht in der Lage, einen unbeholfenen Schritt oder eine eckige Geste zu machen. Jede ihrer Bewegungen war reinste Poesie.

Ich sog jedes ihrer Wort in mich auf. Ich bemühte mich, ihren Anweisungen Folge zu leisten. Ich zählte den Takt wie ein menschliches Metronom. Ich wusste, was ich zu tun hatte. Und ich bemühte mich redlich.

Aber ich zählte laut im Takt mit und starrte auf meine Füße, und meine Zunge hing heraus wie bei Michael Jordan, wenn er auf den Korb zuhechtet. Ich fühlte mich steif und unbeholfen. Mir war meine Armseligkeit sehr bewusst.

Die Lehrerin sagte mir, dass mir etwas fehlte. In einem Wort ausgedrückt: Mir fehlte eine gewisse Anmut. (Tatsächlich sagte sie, dass mir »Balance, Koordination und die Fähigkeit fehlte, koordinierte Bewegungen auszuführen, ohne dabei das Wohlbefinden der anderen Personen in diesem Raum zu beeinträchtigen.« Aber im Großen und Ganzen kommt das auf dasselbe heraus.) Sie hatte wenig Gnade für mich übrig.

Die Welt hat genug von Christen, die verkünden, dass sie den richtigen Glauben haben und sich den richtigen Werten verschrieben haben, aber bei denen man keinerlei Gnade findet.

Ohne Gnade ist das Leben ein mühsames und schwieriges Geschäft.

Ohne Gnade verletzt man andere.

Victor Hugos »Les Miserables« ist die Geschichte des Triumphes Gottes über die Armseligkeit des Menschen. Der geflohene Sträfling Jean Valjean, der zu zwanzig Jahren Haft verurteilt worden war, weil er einen Laib Brot gestohlen hatte, findet Zuflucht bei einem Bischof. Aber die Versuchung ist zu groß: Er macht sich mit einem Teil des bischöflichen Silbers in der Dunkelheit davon. Als er von einem Polizisten aufgehalten wird, versucht er sich mit einer Lüge aus dem Schlamassel zu retten: Das Silber sei ein Geschenk des Bischofs, sagt er. Der Polizist bringt ihn zurück zum Bischof und Jean Valjean wartet auf die Worte, die ihn bis zu seinem Tod ins Gefängnis bringen werden. Aber er ist nicht auf das vorbereitet, was er hören soll:

»Du hast dich geirrt«, sagt der Bischof zu Valjean. »Natürlich ist das Silber mein Geschenk an dich. Du hast den wertvolleren Teil vergessen. Du hast vergessen, die silbernen Kerzenleuchter mitzunehmen.«

Jean Valjean wartete auf das Urteil, das er zu Recht verdient hätte. Stattdessen trifft ihn die Gnade völlig unvorbereitet. Im einen Augenblick steht ihm das Gefängnis bevor, im nächsten Freiheit und Überfluss. Bevor Valjean geht, sagt der Bischof zu ihm: »Vergiss diesen Augenblick nie. Deine Seele und dein Leben sind zurückgekauft. Du gehörst nicht dir selbst. Von nun an gehörst du Gott.«

Und weil Jean Valjean Gnade erlebt hatte, wird sein Leben zum Akt der Liebe. Er hält das Versprechen, das er einer sterbenden Prostituierten gegeben hat, und nimmt ihre Tochter Cosette zu sich. Und später bringt er sich in Gefahr, als er den Mann rettet, den Cosette liebt, obwohl das für ihn bedeutet, sie aufgeben zu müssen.

Der Gegenpol zu Jean Valjean ist ein Mann, der sich dem Gesetz verschrieben hat, der »falsch verstandenen Spiritualität«: der Polizist Jauvert. Jauvert ist von seiner eigenen Gerechtigkeit überzeugt. Auge um Auge, Zahn um Zahn. Er ist ein Meister in Moralität und Selbstgerechtigkeit. Er verbringt sein ganzes Leben mit der Jagd nach Valjean.

Jauvert glaubt an viele gute Dinge. Er hat sich der Wahrheit verschrieben. Er möchte Verbrechen ausrotten. Er sehnt sich nach einer Gesellschaft ohne Diebstahl, Betrug oder Korruption.

Er nimmt persönliche Opfer auf sich, um dieses Ziel zu verwirklichen. Er hält sich ganz ehrlich und aufrichtig für einen Agenten des Guten.

Aber in seiner Welt gibt es keinen Raum für Gnade. Und weil er blind für sein eigenes Bedürfnis nach Gnade ist, verkümmert seine Fähigkeit, andere zu lieben, und stirbt schließlich völlig ab. Er kann anderen keine Barmherzigkeit erweisen. Seine Existenz gerät in die Krise, als Jean Valjean sein eigenes Leben riskiert, um das Leben Jauverts, seines erbarmungslosen Verfolgers, zu retten. Aber Jauvert kann sich nicht überwinden, diese Gnade anzunehmen. Er nimmt sich lieber das Leben, statt die Wahrheit zuzugeben: Er ist genauso armselig wie die Verbrecher, die er sein Leben lang verfolgt hat, um sie ihrer verdienten Strafe zuzuführen.

Am Ende ist es Valjean, der Sträfling, der wirkliche Liebe leben kann. Er erkennt: Einen anderen Menschen zu lieben bedeutet, das Angesicht Gottes zu sehen.

Gnade ist das Einzige, was nur die Kirche anbieten kann, was man nirgendwo sonst auf der Welt bekommt. Aus diesem Grund ist das Neue Testament so voll davon.

Eines Tages begegnete die Gnade einer Lumpenpuppe namens Saulus. Saulus hatte die gefährlichste Art der Schäbigkeit, die besonders religiöse Menschen befällt: Er wusste nicht, dass er verschlissen war. Er dachte, Gott liebte ihn, weil er es verdiente, geliebt zu werden: »Ich wurde beschnitten, als ich eine Woche alt war. Ich bin von Geburt ein Israelit aus dem Stamm Benjamin, ein Hebräer von reinster Abstammung. Was die Stellung zum Gesetz angeht, so gehörte ich zur strengen Richtung der Pharisäer. Mein Eifer ging so weit, daß ich die christliche Gemeinde verfolgte. Gemessen an dem, was das Gesetz vorschreibt, stand ich vor Gott ohne Tadel da« (Phil 3,5-6). Saulus dachte allen Ernstes, dass Gott mit ihm einen ziemlich guten Fang gemacht habe. Wie Jauvert widmete er sein Leben der Verfolgung und Bestrafung derjenigen, die nicht dieselbe Hingabe an das Gesetz zeigten wie er.

Er war fest von dem überzeugt, was er glaubte. Er hielt leidenschaftlich an seinen Werten fest.

Aber etwas fehlte.

Bis Saulus der Gnade begegnete. Oder vielmehr, bis die Gnade dem Saulus begegnete. Da realisierte Saulus, dass all seine Bemühungen – die an sich nicht schlecht waren – in seinem Herzen Stolz und Selbstgerechtigkeit hatten entstehen lassen. Sie hatten ihn von der Liebe zu Gott und zu anderen Menschen entfernt. Und dann realisierte er, dass seine ganze Gerechtigkeit nur ein Haufen Lumpen war.

Er unterzog sich einer radikalen Selbstprüfung. Alle seine früheren Errungenschaften betrachtete er nun als »skubala«, ein Wort, das schwer zu übersetzen ist. Man findet in Übersetzungen »Unrat« oder »Kehricht« oder sogar »Kot«, aber das ist alles noch viel zu höflich. Diese Begriffe treffen nicht ganz den Kern dessen, was Saulus fühlte. Es wäre ein guter Begriff für Autoaufkleber: »Skubala happens.« Alles, was Saulus davon abhielt, in der Gnade zu leben – egal wie gut es an sich sein mochte – war »skubala.«

Aus Gnade geliebt

Aus Saulus wurde ein völlig anderer Mensch – und folgerichtig erhielt er auch einen neuen Namen: Aus Saulus wurde Paulus. Er wird auch »Apostel der Gnade« genannt, weil er gar nicht mehr aufhören konnte, über Gnade zu schreiben. In einem kurzen Abschnitt im Brief an die Kolosser (Kol 2,11-15) verwendet er eine ganze Reihe von Metaphern, um das Wunder der Gnade Gottes begreiflich zu machen.

> Er hatte eines der wichtigsten Dinge verstanden, an die ich mich immer wieder erinnern muss: Ich muss mir nicht nur vergegenwärtigen, dass ich aus

Gnade gerettet wurde, sondern dass ich heute aus Gnade geliebt werde. Gott erlöste mich nicht aus reiner Gnade, nur um sich von da an nach meiner geistlichen Leistung vom Vortag zu richten. Gottes Liebe ist immer Liebe aus Gnade – »trotzdem« und nicht »wegen«.

Paulus schreibt in diesem Brief von Beschneidung und Taufe, den Initiationsriten, durch die wir in eine neue Gemeinschaft aufgenommen werden. Jeder von uns weiß, wie schmerzhaft es ist, außerhalb zu stehen, nicht in eine Mannschaft aufgenommen zu werden, von jemandem verschmäht zu werden, den wir lieben, von jemandem vergessen zu werden, den wir für unseren Freund hielten, oder von jemandem in unserer Familie, vielleicht sogar von unserem Ehepartner, auf Distanz gehalten zu werden.

Gott selbst sagt, dass Sie von ihm höchstpersönlich auserwählt sind. Sie sind gewollt. Gott sehnt sich danach, Sie in seine Familie aufzunehmen. Heute. Das ist das Wunder der Gnade.

Durch Gnade, schreibt Paulus, leben wir. Sie waren tot für Gott: Sie hatten Ehrfurcht, aber niemanden, den Sie anbeten konnten; Schuld, aber niemanden, der sie Ihnen vergeben konnte. Sehnsucht nach einem Sinn für Ihr Leben, aber niemanden, dem Sie es widmen konnten; Furcht, aber keine Quelle der Hoffnung.

Nun sind Sie für Gott lebendig. Sie haben Kraft zum Ausharren, Leidenschaft zum Leben, einen Grund zur Hoffnung. Der Tod hat keine Macht mehr über Sie. Das ist das Wunder der Gnade.

Durch Gnade, schreibt Paulus, ist uns vergeben. Der »Schuldschein« wurde ans Kreuz genagelt und damit für ungültig erklärt. Haben Sie schon einmal einen Scheck (natürlich keinen von Ihnen) gesehen, der mit dem Vermerk »ungenügend gedeckt« zurückkam? (Meine Mutter erzählte mir einmal, dass sie in den ersten Monaten ihrer Ehe der Bank einen Scheck über den Differenzbetrag schickte, wenn sie einen Scheck mit dem Vermerk zurückbekam, dass ihr Konto überzogen war.)

Die Gnade Gottes gilt für jeden, der schon einmal wegen seiner Sünde verzweifelt ist. Damit wird der Berg unserer moralischen Verschuldung abgetragen. Wenn Sie jemals gespürt haben, dass zwischen der Realität und dem, wozu Sie berufen sind, eine riesige Lücke klafft, die Sie nie von sich aus schließen könnten – dann gibt es Gnade für Sie. Gott nahm unsere Sünde und Schuld und nagelte sie ans Kreuz. Er tilgte die Rechnung, löschte den Schuldschein. Jetzt sind Sie frei. Ohne Schuld. Rein. Sie können mit einem Herzen leben, das leicht wie eine Feder ist. Heute – egal, was Sie gestern gemacht haben. Das ist das Wunder der Gnade.

Durch Gnade, schreibt Paulus, hat Gott die »Mächte und Gewalten«, die die Entfaltung des Menschen bedrohen, durch die Kreuzigung und Auferstehung Christi »entwaffnet« und »vor aller Welt zur Schau gestellt«. Das ist ein Bild aus dem militärischen Bereich.

Wenn ein römischer Feldherr in einer Schlacht siegreich war, zog er anschließend im Triumphzug durch die Straßen Roms. Er entwaffnete die besiegten Feldherren und ließ sie am Ende des Triumphzuges mitlaufen – was für diese natürlich alles andere als schmeichelhaft war. Sie machten dem Kaiser Ehre ... ob sie wollten oder nicht.

Bei der Kreuzigung und Auferstehung Christi, schreibt Paulus, passierte etwas. Die Mächte, die sich seit dem Sündenfall gegen den Menschen gestellt hatten, wurden entwaffnet. Hier bleibt Paulus herrlich vage, also können wir alle mit einbeziehen: Tod, Schuld, geistliche Mächte, finanzielle Mächte, politische Mächte, Systeme und Strukturen. Ihnen allen wurde die Macht entzogen, dem Menschen tödlichen Schaden zuzufügen. »Kann uns noch irgendetwas von Christus und seiner Liebe trennen?«, fragt Paulus und schließt damit, dass nichts aus der Liste die Macht dazu hat (Röm 8,35-39).

Die Auferstehung Jesu war der Beginn eines Triumphzuges. Das Ende hat unseren Block noch nicht erreicht – aber es kommt! Aus diesem Grund, sagt Paulus, können wir in Freude leben. Wir können unerschütterliche Zuversicht haben; heute, morgen, übermorgen und jeden Tag bis in alle Ewigkeit. Wir können jedem Menschen Liebe zeigen, egal wie armselig und verschlissen er ist. Das ist das Wunder der Gnade.

Für Paulus ist die Kirche die Hüterin der Gnade.

Mit dem Wort »Gnade« fängt er sämtliche Briefe an. Normalerweise stand am Anfang griechischer Briefe das Wort »chairein« – eine Grußformel, ein fester Begriff, ein Klischee, etwa vergleichbar mit unserem »Lieber Soundso« am Briefanfang, bei dem es egal ist, wie »lieb« uns der Adressat wirklich ist.

Paulus bricht mit diesem Brauch und führt ein neues Wort für »Gnade« ein, das Wort »charis«, das der alten Grußformel ähnlich ist, aber eine völlig andere Bedeutung hat: »Möge euch Gnade widerfahren.«

Und am Ende seiner Briefe verwendet er dasselbe Wort: »Möge die Gnade unseres Herrn Jesus Christus mit eurem Geist sein«; »Möge die Gnade in eurer Mitte bleiben«.

Gnade ist seine Grußformel, Gnade ist sein Segenswunsch, und Gnade ist alles, was dazwischen liegt.

Gnade ließ Paulus auf dem Weg nach Damaskus zu Boden stürzen.

Gnade ließ ihn auf die Knie fallen und seine Sünde bekennen; Gnade nahm ihm seine Sünde weg.

Gnade war das Licht, das ihn blendete; Gnade war auch die Macht, die ihm die Erkenntnis wie Schuppen von den Augen fallen ließ.

Gnade gab Paulus seinen Stachel im Fleisch, der ihn davon abhielt, sich selbst durch seine Arroganz zu zerstören; Gnade machte die Schwäche des Paulus zur Wohnung der Stärke Gottes.

»Du brauchst nicht mehr als meine Gnade. Je schwächer du bist, desto stärker erweist sich an dir meine Kraft« (2 Kor 12,9), sagte Gott zu Paulus. Und so ist für Paulus Gnade das erste und das letzte Wort und jedes Wort, das dazwischen liegt. Paulus erholte sich nie von diesem Wunder der Gnade.

All das wirft eine ganz nüchterne Frage auf: Wenn Gnade das Einzige ist, was die Kirche anzubieten hat, wenn es kein größeres Wunder gibt als das Wunder der Gnade – warum vergessen wir das dann so leicht? Warum sind unsere Gemeinden voll mit Leuten, die zwar sagen, dass sie aus Gnade gerettet sind, aber selbst so ungnädig sind und leben? Warum scheinen wir mehr Jauberts als Valjeans hervorzubringen? Warum verbinden kirchendistanzierte Menschen mit dem Begriff »Christ« eine konservative Einstellung, eine verurteilende Haltung und eine verkrampfte Selbstgerechtigkeit, aber keine von Gnade geprägte Liebe?

Ich denke, dass dies zumindest teilweise mit Stolz zu tun hat. Stolz ist in der Bibel ein wichtiges Thema. Die Autoren der Bibel schreiben: »Gott widersetzt sich den Überheblichen, aber denen, die gering von sich denken, wendet er seine Liebe zu« (1Petr 5,5). Denn nur demütige Menschen sind überhaupt in der Lage, Gnade anzunehmen.

Wenn wir verzweifelt sind, wenn wir wissen, wie sehr wir Gnade nötig haben, dann sind wir auch offen dafür. Steuereinnehmer und verlorene Söhne fallen leicht auf die Knie.

Wenn wir uns selbst als jemanden betrachten, der etwas geleistet hat, wollen wir dafür auch Anerkennung von anderen haben. Wenn man erst einmal in einen Club aufgenommen worden ist, würde man die Aufnahmebestimmungen am liebsten verschärfen, damit nicht jeder Dahergelaufene beitreten kann. Ist daran etwas auszusetzen?

Vor nicht allzu langer Zeit fuhr der Manager einer Firma zu einer Tankstelle, um zu tanken. Als er vom Bezahlen zurückkam, sah er, dass seine Frau in ein intensives Gespräch mit dem Tankwart vertieft war. Es stellte sich heraus, dass sie ihn kannte. Sie war sogar in der Schulzeit kurz mit ihm zusammen gewesen, lange bevor sie ihren jetzigen Mann kennen gelernt hatte.

Der Manager setzte sich ins Auto und die beiden fuhren

schweigend weiter. Als er schließlich sprach, fühlte er sich richtig gut. »Ich wette, ich weiß, was du jetzt denkst. Ich wette, du denkst, dass du froh bist, mich geheiratet zu haben – mich, einen erfolgreichen Manager, und nicht ihn, einen Tankwart.«

»Nein. Ehrlich gesagt dachte ich gerade darüber nach, dass er, wenn ich ihn geheiratet hätte, nun ein erfolgreicher Manager wäre, und du Tankwart.«

Der Mann dachte natürlich nicht im Traum daran, dass ein Teil seines Erfolges auf seine Frau zurückzuführen war. Er wollte Anerkennung. Er wollte sich damit rühmen, ein Selfmade-man zu sein.

Wir wollen Gnade immer wieder auf die herkömmliche Weise haben: Wir wollen sie uns verdienen. Doch damit verwehren wir uns selbst den Zugang zu einer Tür, die längst weit offen steht.

Warnung: Gnadenmissbrauch

Eine andere Form von falsch verstandener Spiritualität könnte man »Gnadenmissbrauch« nennen. Die Neigung dazu ist so alt wie die Kirche selbst. Wie kann man in der Gnade leben, ohne sie zu missbrauchen? Von Anfang an bestand die Tendenz dazu, Gnade als Lizenz zum Sündigen zu verstehen.

Einer der Autoren der Bibel formulierte es folgendermaßen: »Denn gewisse Leute haben sich bei euch eingeschlichen, Menschen, die Gott nicht ernst nehmen. Sie deuten die Botschaft von der Gnade unseres Gottes als Freibrief für ein zügelloses Leben und verraten damit Jesus Christus, der allein unser Herr und Herrscher ist« (Jud 4).

Ein Teil dieser Tendenz, Gnade zu pervertieren, ist unsere eigene Sündhaftigkeit, ein Teil ist auch ein falsches Verständnis dessen, was Sünde ist und was nicht. Jesus illustrierte in der berühmten Geschichte vom verlorenen Sohn, was unter Gnade zu verstehen ist:

Als der Sohn weit weg von zu Hause war, wurde er von Geld, Freunden und einem ausschweifenden Lebensstil von der Entfernung zu seinem Vater abgelenkt.

Eines Tages wachte er auf, sein Geld war weg und seine so

genannten Freunde hatten ihn verlassen. Eine Hungersnot kam über das Land. Schon bald lebte er in unbeschreiblichen Zuständen und ernährte sich von Schweinefutter. Diese Kette von Ereignissen ließ ihn wieder zur Vernunft kommen.

Erkennen Sie diese Kette von Ereignissen als das, was sie wirklich war? Richtig – Gnade.

»Gnade ließ mein Herz sich fürchten, und Gnade erlöste mich von meiner Furcht«, heißt es in dem berühmten alten Kirchenlied »Amazing Grace« (»Erstaunliche Gnade«). Für uns ist Gnade nicht unbedingt etwas, was uns Angst einflößt, aber das Lied hat Recht.

Stellen Sie sich jemanden vor, der schamlos lügt, skrupellos betrügt, bedenkenlos seine Lust auslebt, seine Freunde verrät, um selbst vorwärts zu kommen – und das alles mit einer gewissen spöttischen Herausforderung. Eines Tages schaut er dann in den Spiegel und erkennt erste Anzeichen des Schreckens, zu dem er geworden ist. Ihm wird Angst bei dem Gedanken, zu welchen üblen Dingen er fähig ist.

Diese Angst, dieser Schmerz ist der Beginn der Erlösung: »Gnade ließ mein Herz sich fürchten.« Und dann: »Gnade erlöste mich von meiner Furcht.«

Achten Sie darauf, wie Jesus die Geschichte nicht erzählte. Er erzählte nicht, dass der Vater seinen Sohn zur Strecke brachte, während er noch weit weg war. Es heißt nicht, dass der Vater zum Sohn sagte: »Hier, bitte, nimm dieses Festgewand, zieh diesen Ring und den anderen Schmuck an, und nimm das Mastkalb für eine deiner Partys«, während dieser noch das Geld mit vollen Händen ausgab.

Nein. Das Wichtigste zuerst: Der Sohn musste nach Hause kommen wollen, nicht weil er sich die Gnade seines Vaters verdienen musste, sondern weil Gnade immer und ausschließlich darin besteht, jemandem dabei zu helfen, nach Hause zu kommen und in die Liebe des Vaters eingetaucht zu werden.

Wenn Sie also nicht nach Hause zum Vater kommen wollen, dann wollen Sie auch keine Gnade.

Als der Sohn noch wilde Partys feierte, brauchte er mehr als alles andere den Schmerz, der ihn nach Hause trieb – wenn er nach Hause kommen sollte. Deshalb war der Schmerz ein Geschenk der Gnade. Als der Sohn den Schmerz erlebte, brauchte er mehr als alles andere das Gefühl, zu Hause willkommen zu sein. Deshalb war auch das Fest, das sein Vater für ihn ausrichtete, ein Geschenk der Gnade.

Denn Gnade besteht immer und ausschließlich aus dem, was jemandem hilft, nach Hause zum Vater zu kommen.

Es gibt noch eine Variante der Geschichte, die Jesus nicht erzählte. Der große Prediger Fred Craddock erzählte die Geschichte vom verlorenen Sohn einmal so, wie man sie ohne Gnade erzählen müsste (zitiert bei Philip Yancey: »Gnade ist nicht nur ein Wort«, Brockhaus 1999).

Bei dieser Variante geht der Vater zum älteren Bruder, nicht zum verlorenen Sohn, und sagt: »Für all deine harte Arbeit, für die vielen Jahre, die du für mich auf dem Feld gearbeitet hast, will ich für dich das Mastkalb schlachten. Zieh das Festgewand an, probier den Ring – nimm, was du dir verdient hast.«

Und eine Frau stand hinten in der Kirche auf und sagte: »Genau so sollte man diese Geschichte erzählen.«

Aber Jesus erzählte die Geschichte nicht so. Der ältere Bruder macht seinem Ärger Luft; der Vater öffnet sein Herz. Wir sind gespannt auf das Ende der Geschichte – was wird der ältere Bruder tun? Wird er mitfeiern oder der Nächste sein, der von zu Hause weggeht?

Jesus geht nicht auf diesen Punkt ein. Er lässt das Ende der Geschichte absichtlich offen. Er ist von älteren Brüdern umgeben, die die Geschichte für sich selbst beenden müssen. Ältere Brüder brauchen genauso viel Gnade wie verlorene Söhne.

Denn Gnade besteht immer und ausschließlich aus dem, was jemandem hilft, nach Hause zum Vater zu kommen.

Deshalb schrieb Dietrich Bonhoeffer auch, dass zwischen Nachfolge und Gnade keine Spannung besteht, wenn man Gnade richtig versteht. Gnade, sagte er (in: »Nachfolge«, Chr. Kaiser Verlag, 1937, S. 61 ff.), ist einfach das großzügige Angebot der Nachfolge. Nachfolge ist einfach die Aneignung von Gnade. Eines ohne das andere ist nicht möglich. Aber dieser Zusammenhang wird oft falsch verstanden.

Ein Mann trug sich mit dem Gedanken, sich auf eine außereheliche Affäre einzulassen. Er sagte zu mir: »Ich werde es tun. Es mag falsch sein, aber Gott wird mir schon gnädig sein.«

Gnade ist genau das, was dieser Mann *nicht* will. Er *möchte* nicht zur Vernunft kommen und umkehren. Er möchte nur Schmerz vermeiden.

Gnade hat nichts mit Schmerzvermeidung zu tun, aber viele Menschen haben dieses verzerrte Bild von Gnade verinnerlicht. Sie leben Jahr um Jahr in chronischem Ungehorsam; sie lassen ihrem Ärger freien Lauf, ohne an die Folgen zu denken; sie gehen unkontrolliert sündige Beziehungen ein; sie weigern sich, als gute Verwalter ihrer Zeit und ihrer Finanzen zu leben und verwenden ihr Geld so, wie es ihnen gerade passt, ohne auf die Stimme des Heiligen Geistes zu hören – und all das im Namen der »Gnade«.

Wir leben so in der irrigen Annahme, dass Gnade bedeutet, Gott in der Zange zu haben und clever unseren Vorteil aus seiner Vergebungsbereitschaft zu ziehen. Diese Einstellung führt dazu, dass wir Gott, das Wesen der Sünde und das der Gnade auf tragische Weise missverstehen.

Wenn Sie dieses falsche Verständnis von Gnade haben, dann ist es an der Zeit, es aufzugeben. Und zwar jetzt gleich. Beschließen Sie zu tun, was getan werden muss, um nach Hause zum Vater zu kommen.

In der Gnade leben

Wie können Sie und ich uns immer wieder daran erinnern, dass die Liebe, die uns am Leben hält, auf Gnade basiert?

Wir müssen uns ganz dicht beim Kreuz halten. Wir müssen uns regelmäßig und aufrichtig prüfen, unsere Fehler bekennen und Gottes Vergebung annehmen.

Weise Autoren, die sich über das geistliche Leben äußern, raten oft dazu, über das Kreuz und den Tod Jesu nachzudenken. Es ist viel schwerer, hart zu anderen Menschen zu sein und ihnen nicht vergeben zu wollen, wenn man aus dem Augenwinkel das Kreuz sieht.

Wir sollten uns auch nahe an die Menschen halten, die zu den so genannten »Gnadenspendern« zählen. Wir brauchen Menschen, die uns annehmen, uns willkommen heißen und uns lieben, egal was passiert oder wie wir gerade sind. Ich brauche solche Gnadenspender. Und Sie auch.

Sie brauchen sie, weil es in Ihrem Leben auch andere Menschen gibt. Es gibt Menschen, die Sie verurteilen, kritisieren und Sie ständig an Ihren armseligen Zustand erinnern, und zwar in einer Weise, die Sie total herunterzieht.

Ich war einmal mit einer Gruppe von Freunden zusammen und erzählte ihnen, dass ich mich einsam fühlte. Ich erzählte es ziemlich emotional, weil es mich wirklich tief bewegte. Aber insgesamt war das Gespräch nur sehr kurz.

Später fragte mich ein Mann aus dieser Gruppe, ob ich mit ihm Essen gehen wollte. Wir suchten uns ein nettes Restaurant. »Ich wollte mit dir über deine Einsamkeit reden«, sagte er. »Es hat mich so traurig gemacht, als du das erzählt hast.« Und in seinen Augen standen Tränen.

Plötzlich war mir, als ob jemand anderes mit mir die Last trug, die ich so schwer auf meinen Schultern gefühlt hatte. Ich war so bewegt von seiner Anteilnahme, dass auch mir die Tränen kamen. Ich weinte, er weinte – schließlich kam der Kellner, um uns zu fragen, ob mit dem Essen etwas nicht in Ordnung sei.

Dieser Mann wurde für mich zum Gnadenspender: Er kann sich freuen, wenn ich mich freue, und er kann weinen, wenn ich weine.

Woran erkennt man solche Gnadenspender? Gnadenspender merken, was mit Ihnen los ist. Sie achten darauf, was in Ihrem Herzen und in Ihrem Leben vor sich geht. Gnadenspender sind Ihnen gegenüber aufrichtig – sowohl bei angenehmen als auch bei unbequemen Dingen. Gnadenspender erzählen Ihnen nicht nur das, was Sie hören wollen, sondern sie sagen Ihnen die Wahrheit in Liebe.

Gnadenspender hören einfach nicht auf, Sie zu lieben. Sie sehen, was unter der Oberfläche liegt; sie sehen die Dunkelheit und das Gute in Ihrem Herzen. Aber wenn sie die Dunkelheit sehen, ziehen sie sich nicht zurück. Sie fühlen sich nicht abgestoßen. Sie gehen vielmehr auf Sie zu. Sie mögen eine schäbige Lumpenpuppe sein, aber Sie sind Gottes Lumpenpuppe. Und Gnadenspender sorgen dafür, dass Sie das nie vergessen.

Und schließlich sollten Sie sich eng an den absoluten Gnadenspender halten. Johannes schreibt: »Und das Wort ist Fleisch geworden und hat unter uns gewohnt, und wir haben seine Herrlichkeit gesehen, die Herrlichkeit des einzigen Sohnes vom Vater, voll Gnade und Wahrheit« (Joh 1,14; Einheitsübersetzung).

Er war voller Wahrheit. Er wusste, was richtig und was falsch war. Er tat, was richtig war. Die Menschen um ihn herum erlebten jemanden, der wusste, was richtig war, der tat, was richtig war, und dessen Denken und Handeln von Gnade erfüllt waren.

Menschen, die ihr Leben einer falsch verstandenen Spiritualität widmeten, fühlten sich von ihm angegriffen. Sein Kommentar zu ihnen war: »Wir haben euch Hochzeitslieder gespielt, aber ihr habt nicht getanzt!« (Mt 11,17; Lk 7,32). Aber immer wieder geschieht es, dass jemand ihn doch noch richtig versteht – und der Tanz geht weiter.

Es war Gnade, die damals in Windeln gewickelt in einer Krippe lag. Es war Gnade, die unter uns lebte, Gnade, die die

Kranken heilte, die Blinden sehend machte und die Toten auferweckte. Es war Gnade, die mit schäbigen Steuereinnehmern Partys feierte; Gnade, die »Freund der Sünder« genannt wurde; Gnade, die nicht den ersten Stein warf. Es war Gnade, die ans Kreuz genagelt wurde, zusammen mit unserer Sünde und Schuld; Gnade, die das Grab nicht halten konnte; Gnade, die nun zur Rechten des Vaters sitzt; Gnade, die eines Tages für Sie und mich wiederkommen wird.

Und wenn wir dort 10.000 Jahre sein werden und jedes andere Wort verbraucht und überstrapaziert sein wird, dann werden wir immer noch voll Leidenschaft von der Gnade singen.

9.

Geliebt und auserwählt

Wer liebt, der fliegt, rennt und freut sich;
er ist frei und ungebunden. Er gibt alles für alle
und hat alles in allem, weil er in dem ruht,
der über allen Dingen steht und von dem alles
Gute kommt und zu dem alles Gute geht.
(Thomas von Kempis)

Geliebt zu sein bedeutet, auserwählt zu sein. Das Gefühl, auserwählt zu sein, ist eines der besten Geschenke, das die Liebe dem Geliebten macht. Es vermittelt mir, dass jemand mich als einzigartigen Menschen ansieht, dass sich jemand wünscht, mir näher zu kommen und auf meiner Seite zu stehen. Jemand ist davon überzeugt, dass ich einen ganz besonderen Beitrag zum Leben leisten kann.

Auf der anderen Seite gibt es keinen größeren Schmerz als das Gefühl, nicht auserwählt zu sein. Ein Zehnjähriger schrieb über sein Ausgegrenztsein bei Mannschaftsspielen: »Mein Leben lang wurde ich als Letzter ausgewählt. Das ist mein Problem ... Warum hängen sie mir nicht einfach ein Schild um: ›Wer als Letzter wählen muss, bekommt mich‹?«

Es gibt kein größeres Geschenk, als auserwählt zu sein, und keinen größeren Schmerz, als zurückgewiesen zu werden. Und wenn jemand, der immer nur Zurückweisung erfahren hat, plötzlich ausgewählt wird, verändert sich sein Leben. Der folgende Auszug stammt aus dem Buch »The Whisper Test« von Mary Ann Bird (zitiert in: Les Parrott: »Einfach nervig«, Schulte & Gerth 1997, Seite 294):

»Ich wuchs in dem Wissen auf, dass ich anders war, und ich hasste es. Ich wurde mit einer Hasenscharte geboren, und als ich in die Schule kam, machten meine Klassenkameraden mir klar, wie ich auf andere wirkte: ein kleines Mädchen mit einer missgestalteten Lippe und einer entstellten Sprache. Ich war überzeugt, dass niemand außer meiner Familie mich lieben konnte.

Im zweiten Schuljahr gab es jedoch eine Lehrerin, die wir alle liebten. Die kleine, rundliche und fröhliche Dame hieß Mrs. Leonard – eine sprühende Person.

Einmal im Jahr machten wir einen Hörtest, und schließlich war ich an der Reihe. Ich wusste aus vergangenen Jahren, dass die Lehrerin dabei an ihrem Pult saß und irgendetwas flüsterte, während wir an der Tür standen und uns ein Ohr zuhielten – Sätze wie: ›Der Himmel ist blau‹ oder ›Hast du neue Schuhe?‹, die wir dann wiederholen mussten.

Da stand ich dann und wartete auf die Worte, die ihr Gott in den Mund gelegt haben musste, jene sieben Worte, die mein Leben veränderten. Mrs. Leonard flüsterte: ›Ich wünschte, du wärst meine kleine Tochter.‹«

Liebe verleiht dem geliebten Menschen einen gewissen Status des Auserwähltseins. Liebe flüstert: »Ich wähle dich. Ich möchte auf deiner Seite stehen.« Und für armselige und verschlissene Lumpenpuppen, für Menschen mit verbogenem Geist, verkümmerten Herzen und schiefen Seelen bedeutet das Leben.

Auserwählt zu sein beinhaltet vier Faktoren, von denen drei positiv sind:

- *Wenn ich auserwählt bin, bin ich für jemanden einzigartig.* Gegenstände können einander gleichen; ein Ziegelstein sieht aus wie der andere, und Ziegelsteine sind ausgesprochen leicht zu ersetzen. Aber jeder Mensch sehnt sich danach, als etwas Besonderes wahrgenommen zu werden, nicht nur als ein weiteres Exemplar derselben Sorte.
- *Wenn ich auserwählt bin, gelte ich als jemand, der einen besonderen Beitrag beizusteuern hat.* Meine Einzigartigkeit ist etwas Positives. Ich habe eine Gabe, die einen Unterschied macht. Ich habe etwas, was anderen helfen kann. Auserwählte

Menschen sind wichtig. Man schreibt und liest ihre Biografien, weil ihre Geschichten wichtig sind.

- *Wenn ich auserwählt bin, bedeutet das, dass mich jemand haben möchte. Ich bin nicht isoliert, beziehungslos.* Ich bin erwünscht. Ich gehöre dazu.
  Wenn Gott uns auserwählt, dann gibt er uns all das Gute, was mit dem Auserwähltsein verbunden ist. In unserer gefallenen Welt hat der Begriff »auserwählt« aber noch eine weitere Bedeutung, die sich nicht im Herzen Gottes findet.
- *In unserer Welt auserwählt zu sein bedeutet fast immer, auf Kosten eines anderen Menschen auserwählt zu sein.* In unserer Welt auserwählt zu sein bedeutet, besser oder überlegen zu sein, Objekt von Eifersucht und Neid zu sein, bevorzugt zu werden. In unserer Welt wird das Gerangel um die besseren Plätze zum harten Wettkampf. Der Trostpreis für die Verlierer ist eine bösartige kleine Kreatur namens Neid. Lumpenpuppen sind hier nicht gefragt.

Unser Leben besteht aus einem ständigen Kampf: Werde ich ausgewählt oder zurückgewiesen? Wie schnell werde ich ausgewählt, wenn Mannschaften für ein Spiel aufgestellt werden? Wird sie ja sagen, wenn ich sie einlade? Werde ich für diese Schule, diesen Arbeitsplatz, diese Beförderung ausgewählt werden?

In dieser Welt steht der Wert des »Auserwähltseins« in direktem Zusammenhang mit der Anzahl der Personen, die man bei der Auswahl ausgestochen hat. Wenn eine junge Frau »Miss Amerika« wird, bedeutet das, dass gleichzeitig fünfzig andere Frauen zurückgewiesen wurden. Ganz zu schweigen von den Tausenden, die es gar nicht erst in die Endausscheidung geschafft haben. Ausgewählt zu werden geht immer auf Kosten anderer, die gleichzeitig abgelehnt werden.

Ich erinnere mich noch lebhaft an das Abschlussexamen meines Psychologiestudiums. Wer das Examen noch vor sich hatte, hoffte immer, dass die Anforderungen möglichst niedrig waren. Aber sobald das Examen bestanden war, kehrte sich dieser Wunsch völlig um. Nun fanden plötzlich alle, dass die Anforderungen möglichst hoch angesetzt werden sollten, um die Kandidaten auszusieben. Wenn ich erst einmal Mitglied in einem Club bin, soll der Club bitte so exklusiv wie möglich werden – oder warum bin ich sonst Mitglied geworden? Deshalb sagte Groucho Marx einmal, dass er nie einem Club beitreten würde, der ihn als Mitglied akzeptieren würde.

Welches Spiel will ich spielen?

Kennen Sie das Spiel »Luftballontreten«? In meiner Schulzeit war das ein beliebter Zeitvertreib auf Geburtstagspartys. Jedem Mitspieler wurde ein Luftballon ans Bein gebunden und das Ziel des Spiels bestand darin, die Luftballons der anderen zu zertreten und dabei auf seinen eigenen Ballon aufzupassen. Wer als Letzter einen intakten Ballon hatte, war Sieger.

Ballontreten ist ein Spiel, bei dem es Alles oder Nichts heißt. Wenn ich gewinne, verlierst du. Jeder Erfolg eines anderen mindert meine Chancen. Alle anderen sind Gegner, die ich erledigen und ausstechen muss.

Ballontreten ist ein darwinistischer Wettbewerb – nur der Stärkste wird überleben – und da auch Zehnjährige Darwinisten sind, stürzten sich die Kids vehement und voller Kampfgeist in das Spiel. Luftballons wurden rücksichtslos ins Visier genommen und zerstört. Ein paar der Kinder hielten sich schüchtern am Rand, aber auch ihre Ballons entgingen der Vernichtung nicht. Die Schlacht war nach wenigen Sekunden vorüber. Nur ein Ballon hatte noch Luft, und der Junge, dem er gehörte, war natürlich der verhassteste Mensch im ganzen Raum. Es ist schwer, beim Ballontreten wirklich zu »gewinnen«.

Einmal wurde nach einem solchen Match in unserer Schule eine zweite Schulklasse in den Raum geführt, die dasselbe Spiel spielen sollte. Der Unterschied war, dass es sich dieses Mal um eine Klasse von geistig behinderten Schülern handelte. Auch hier bekam jeder Schüler einen Ballon, die Schüler bekamen dieselben Anweisungen und das Spiel begann nach demselben Startsignal. Einer der Zuschauer sagte, dass er ein komisches Gefühl in der Magengegend bekam. Er wollte die Schüler am liebsten vor der nun zu erwartenden Schlägerei bewahren.

Aber dieses Mal verlief das Spiel völlig anders. Vielleicht waren die Instruktionen zu schnell gewesen, um von diesen Kindern richtig verstanden zu werden. Jedenfalls hatte sich in ihnen der Gedanke festgesetzt, dass alle Ballons zerplatzen sollten. Aber statt gegeneinander zu kämpfen, dachten diese Kinder, dass sie einander dabei helfen sollten, ihre Ballons zu zerstören. Also formierte sich so etwas wie eine Ballon-Vernichtungs-Kooperative. Ein Mädchen kniete sich hin, brachte den Ballon sorgfältig in Position, etwa wie ein Fußballspieler den Ball zum Freistoß hinlegt, und ein Junge trat den Ballon platt. Dann kniete er sich hin und hielt seinen Ballon fest, damit das Mädchen ihn zertreten konnte. Und auf diese Weise halfen sich alle Kinder gegenseitig beim großen Ballontreten. Und als der letzte Ballon zerplatzt war, brachen sie alle in Begeisterungsstürme aus.

Jeder hatte gewonnen.

Die Frage, die sich uns nun stellt: Wer hatte das Spiel richtig gespielt und wer falsch? Die Frage, die Sie beantworten müssen: Welches Spiel wollen Sie spielen?

Nach Gottes Vorstellung sollte Ihr Ausgewähltsein die Menschen um Sie herum bereichern statt herabsetzen. Israel wurde das auserwählte Volk Gottes genannt, aber nicht in dem Sinn, dass die Israeliten von ihm bevorzugt wurden oder eine bessere Startposition hatten als alle anderen. Gott machte von Anfang an deutlich, dass durch Abraham alle Menschen gesegnet werden sollten. Israel war auserwählt, nicht *an Stelle* der anderen Nationen der Erde, sondern vielmehr *zum Wohl* der anderen Nationen der Erde. Gottes Vorstellung war, dass sich alle Menschen angesprochen fühlen würden, wenn sie sehen würden, wie sein Traum von der Welt im Volk Israel Gestalt annahm.

Diese Erkenntnis erschütterte Petrus, als ihm bewusst wurde: »Wahrhaftig, jetzt begreife ich, daß Gott keine Unterschiede macht! Er liebt alle Menschen, ganz gleich, zu welchem Volk sie gehören, wenn sie ihn nur ernst nehmen und tun, was vor ihm recht ist« (Apg 10,34-35).

Aber unsere Welt spielt ein anderes Spiel. Der Historiker Christopher Lasch schrieb, dass wir in »der Kultur des miteinander wetteifernden Individualismus leben, der in seiner Dekadenz die Logik des Individualismus in das Extrem des Krieges jeder gegen jeden, das Streben nach Glück in die Sackgasse einer narzisstischen Überbeschäftigung mit sich selbst verdreht hat« (aus: »Das Zeitalter des Narzissmus«, Hoffmann & Campe 1995).

Mir wurde erst neulich wieder bewusst, wie oft ich selbst dieses Spiel spiele. Wenn ich Menschen sehe, sind meine spontanen Gedanken und Reaktionen meist eher verurteilend, vergleichend und wetteifernd und sie halten mich davon ab, diese Menschen zu lieben.

Ich sehe jemanden in einem teuren Auto und denke: »Der hat wohl zu viel Geld; der ist sicher total materialistisch eingestellt.« Wenn jemand ein Auto fährt, das teurer ist als meines, neige ich dazu zu denken, dass dieses teurere Auto einen materialistischen Lebensstil widerspiegelt.

Wenn dagegen jemand ein Auto fährt, das älter und in schlechterem Zustand ist als meines, denke ich höchstwahrscheinlich: »Der kann sich wohl kein anständiges Auto leisten; er steht im Leben nicht so gut da wie ich. Vermutlich ist er nicht so erfolgreich.« (Ein Komiker sagte einmal: »Jeder, der schneller fährt als man selbst, ist ein Idiot; jeder, der langsamer fährt als man selbst, ist ein Trottel.«)

Irgendjemand beschwert sich über irgendetwas und ich

denke: »Der ist vermutlich sehr bedürftig, ein Opfertyp. Ich halte mich da lieber raus. Warum kann er sich nicht wie ein reifer Mensch benehmen?«

Wenn ich jemandem begegne, der immer vergnügt ist, denke ich: »Dieser Kerl ist so verdächtig glücklich. Vermutlich lebt er in einer Scheinwelt.«

Ich merke, wie ich über andere denke: »Der hat etwas, was ich auch gerne hätte. Wenn ich nur seinen Verstand hätte (oder sein Aussehen, seinen Erfolg, seine Frau oder sein Geld) ...« Oder ich wünsche mir, er hätte es nicht. Wenn ich etwas nicht habe oder haben kann, dann wäre es mir lieber, wenn es auch kein anderer hat.

Peng!

Diese Gedanken bringen mich dazu, andere Menschen zu verurteilen, negativ über sie zu reden oder nicht nett zu ihnen zu sein. Sie bringen mich dazu, das falsche Spiel zu spielen.

Eine Studie zum Thema Neid

Zu Beginn des Dienstes Jesu kamen die Jünger von Johannes dem Täufer zu Johannes und sagten: »Rabbi, der Mann, der dich am anderen Jordanufer aufsuchte und auf den du als Zeuge hingewiesen hast, der tauft jetzt auch, und alle gehen zu ihm!« (Joh 3,26).

Die Jünger des Johannes machten sich Sorgen, weil Johannes' Aktien schlecht standen. Eine Zeit lang war er im Umkreis absolut angesagt gewesen, aber die letzten Umfrageergebnisse zeigten, dass sein Stern im Sinken war. Er war nicht mehr die Nummer Eins.

Sportpsychologen sprechen von der verbreiteten Praxis, sich im Glanz einer anderen Person zu sonnen. Das Selbstbewusstsein extremer Fans wächst, wenn »ihr« Team gewinnt. Wenn ihr Team aber verliert, werden sie depressiv. Wenn das Team zum chronischen Verlierer wird, gehen die Fans mit einer Papiertüte über dem Kopf zu den Spielen. Niemand möchte mit einem Verlierer in Verbindung gebracht werden.

Die Jünger des Johannes hatten sich vermutlich im geborgten

Glanz gesonnt. Wenn das Ansehen Johannes des Täufers sank, wessen Ansehen sank dann wohl mit? Genau.

Sie brauchten Johannes als hohes Tier. Wenn man selbst kein hohes Tier ist, ist es am besten, sich an eines anzuhängen. Wenn Sie das hohe Tier sind – oder mit dem hohen Tier Umgang haben –, dann haben Sie ein gewisses Ansehen. Sie sind wichtig. Die Position jedes anderen bestimmt sich dadurch, in welchem Verhältnis er zu diesem hohen Tier steht. Die Jünger des Johannes machten sich Sorgen, dass sie bald Papiertüten brauchten, wenn der gegenwärtige Trend anhalten sollte.

Aber Ansehen und Prominenz – die äußeren Zeichen des Erfolges – sind genau die Dinge, die Johannes loslassen wollte. Von Gott auserwählt zu sein bedeutet nicht, an Dingen festzuhalten; es bedeutet, Dinge loslassen zu lernen.

Loslassen

Loslassen lernen gehört zu den schwersten Dingen im Leben. Wenn Sie Vater oder Mutter sind, denken Sie vermutlich, dass der schwierigste Teil ist, Ihre Kinder zu versorgen. Aber das stimmt nicht. Der schwierigste Teil besteht darin, sie loszulassen.

Der erste Schultag naht. Sie wissen, dass Ihre Kinder herumkommandiert, in Versuchung geführt, manchmal versagen und Verletzungen einstecken werden müssen. Es wird Kinder geben, mit denen sie nicht klar kommen, dumme Lehrer, die sie nicht mögen, und Sie können nichts dagegen tun. Sie müssen sie loslassen. Wenn sie zum ersten Mal alleine in den Schulbus steigen, müssen Sie Ihre Kinder loslassen.

Es gibt einen Aufkleber mit dem Spruch: »Lass los und lass Gott machen.« »Lass los« bedeutet nicht, passiv zu sein. Loslassen bedeutet aktives Vertrauen.

Kennen Sie die alte Geschichte von dem Mann, der von einer Klippe fällt? Er denkt, er wird sterben, aber streckt eine Hand aus und kann sich auf wunderbare Weise an einem Ast festhalten.

»Hilfe! Ist jemand da oben?«

»Ja.«
»Wer sind Sie?«
»Ich bin Gott und ich will dich retten.«
»Oh, gut. Was muss ich tun?«
»Lass den Ast los.«
(Pause.)
»Ist sonst noch jemand da oben?«

Loslassen ist immer ein Akt des Vertrauens. Das ist auch bei Johannes und seinen Jüngern der Fall. Er war das hohe Tier und seine Jünger waren wichtig, weil sie mit ihm zusammen waren. Früher stellte sich die Frage, ob er genug Vertrauen hatte, um weiter Buße zu predigen, obwohl sich die religiösen Autoritäten gegen ihn stellten. Nun stellte sich die viel schwerere Frage: Hatte er genug Vertrauen, um das alles loszulassen?

Wenn Johannes in irgendetwas Experte war, dann im Loslassen. Von Anfang an hatte er gewusst, dass er von Gott für eine bestimmte Aufgabe auserwählt war. Dieses Auserwähltsein sollte ihn alles kosten. Um seinen Dienst erfüllen zu können, musste Johannes alle Hoffnungen und Ziele eines durchschnittlichen Menschen im ersten Jahrhundert begraben:

- Er musste ein normales Leben aufgeben. Wir lesen in der Bibel, dass er in der Wüste lebte, bis er öffentlich in Israel auftrat. Das war nicht das Marlboro-Abenteuerteam; zu Johannes Zeiten war die Wüste noch eine richtige Wüste.
- Er hatte nie einen normalen Beruf. Wenn er Anträge ausfüllen musste, konnte er unter Beruf immer nur »religiöser Fanatiker« eintragen.
- Er musste alle finanziellen Sicherheiten aufgeben. Seine Arbeit ließ ihm nicht viel Spielraum für Kassenbeiträge oder Rentenversicherung.
- Er musste auf normale Beziehungen verzichten; er war für die Gesellschaft ein Fremdkörper. Er lebte das Leben eines Einsiedlers; und Einsiedler sind nicht dafür bekannt, gute Partygäste zu sein.
- Gott verlangte von ihm, alle Ansprüche an ein komfortables Leben aufzugeben, und er war auch dazu bereit. Seine Kleidung entsprach nicht gerade dem neuesten Schrei. Er trug

Kleidung, die sich nicht einmal auf dem Flohmarkt hätte verkaufen lassen. Und seine Ernährung war mehr als eigenwillig; Heuschrecken und wilder Honig galten auch nach den Maßstäben des ersten Jahrhunderts nicht gerade als Leckerbissen. Natürlich gab es bei ihm auch kein Weinchen zum Diner. Er war Abstinenzler, lange bevor der Begriff geprägt wurde.

- Er kannte keine Vorsicht. Er forderte die religiösen Autoritäten seiner Tage ganz offen heraus, und sie hassten ihn dafür. Von Zeit zu Zeit bezeichnete er seine Gemeinde als Schlangengrube, und das ist nicht gerade das beste Mittel, um zum Landesbischof befördert zu werden.
  Schließlich konfrontierte er sogar den Landesherren wegen seines unmoralischen Lebenswandels und seiner Bestechlichkeit. Zu jener Zeit machte man so etwas nicht, wenn man an seinem Kopf hing.
- Er musste alle Hoffnungen auf ein normales Familienleben aufgeben. Er sollte sich nie verlieben, nie heiraten, nie Kinder haben. Niemand würde für ihn sorgen, wenn er alt werden würde. Er musste auch den Traum aufgeben, jemals alt zu werden. Johannes wurde von Gott schon vor seiner Geburt dazu auserwählt, Jesus den Weg zu bereiten. Aber sein Auserwähltsein bedeutete Opfer, Fremdheit, Konfrontation und Ausgrenzung.

Diese Art von Auserwähltsein veranlasste Reb Tevye in dem schon öfter erwähnten Musical »Fiddler on the Roof« dazu, zu Gott zu sagen: »Ich weiß, ich weiß – wir sind dein auserwähltes Volk. Aber könntest du dir ab und zu nicht mal jemand anderen auserwählen?«

Johannes war bereit, all das für seinen Dienst aufzugeben. Und nun verlangte Gott von ihm, noch etwas aufzugeben: *Seinen Dienst.*

Für seine Nachfolger sah es so aus, als ob er nun sein Auserwähltsein verlieren würde. Sie kamen zu Johannes, ganz offensichtlich, weil sie neidisch auf den Erfolg Jesu waren. Für sie war es unerträglich zu sehen, dass Jesus, den Johannes in den Dienst eingeführt hatte und dem er sozusagen Referenzen ausgestellt hatte, sich nun revanchierte, indem er Johannes ausstach.

Sie waren so aufgebracht, dass sie nicht ohne eine gewisse Übertreibung sagten: »Rabbi, der Mann, der dich am anderen Jordanufer aufsuchte und auf den du als Zeuge hingewiesen hast, der tauft jetzt auch, und alle gehen zu ihm!«

Es war schlimm genug, dass Jesus seinen eigenen unabhängigen »Taufdienst« startete, wo doch Johannes dafür eigentlich die exklusiven Vermarktungsrechte hatte. Aber nun gingen alle zu Jesus.

Das Wesen des Neides

Neid ist die giftige Galle derer, die sich nicht auserwählt fühlen. Harold Boris schreibt (in: »Envy«, Jason Aronson 1994, S. 15): »Neid ... bringt noch eine besondere Art von Elend mit sich. Wir fühlen uns in unserer Einsamkeit nicht nur unzulänglich und mangelhaft, sondern gerade *durch* unsere Einsamkeit fühlen wir uns minderwertig und sogar erniedrigt.«

Neid bedeutet, etwas haben zu wollen, was eine andere Person hat, und sich schlecht zu fühlen, weil man es nicht hat. Neid bedeutet, einem anderen Menschen die Güte Gottes nicht zu gönnen und davon auszugehen, dass Gott einem selbst gegenüber seine Güte nicht erweisen will. Neid ist Sehnsucht, gekoppelt mit Missgunst. Neid ist gemeinschaftshinderlich. Paulus schrieb: »Freut euch mit den Fröhlichen, und weint mit den Traurigen« (Röm 12,15). Neid bringt mich dazu, zu weinen, wenn sich andere freuen, und mich zu freuen, wenn andere weinen.

Neid ist gefährlich, weil er sich gegen andere Menschen richtet. Bei Sünden wie Lust und Habgier geht es einfach darum, meine Bedürfnisse zu befriedigen. Neid aber will nicht nur die eigenen Bedürfnisse befriedigen, sondern versucht auch den herabzusetzen, den ich beneide.

Samuel Rogers war ein britischer Dichter des neunzehnten Jahrhunderts, der sich bestens mit Neid auskannte. Bei einer Versammlung führender Männer der Gesellschaft wurde eines der abwesenden Mitglieder über alle Maßen gelobt: Ein junger Herzog, der gut aussah, begabt und wohlhabend war und eine viel versprechende Zukunft vor sich hatte. In einer kurzen Gesprächspause sagte Rogers: »Gott sei Dank hat er schlechte Zähne!« (Zitiert in Clifton Fadiman: »The Little Brown Book of Anecdotes«, Little Brown, 1985, S. 474).

Peng!

Neid lässt sich seinem Wesen nach nie befriedigen. Neid nachzugeben ist, wie wenn man versuchen würde, Durst mit Salzwasser zu stillen. Von allen Gefühlen ist Neid vielleicht das erniedrigendste, weil er so engstirnig ist. Frederick Buechner sagt (in: »Peculiar Tresures«, Harper & Row 1973, S. 20): »Neid ist der verzehrende Wunsch, dass alle anderen genauso erfolglos sein mögen wie man selbst.«

Wenn ich jemanden beneide, verliere ich die Menschlichkeit aus dem Blick. Als Kain Abel anschaut, sieht er Abel nicht mehr als seinen Bruder. Abel ist nur noch der Rivale, der Kains Stellung vor Gott bedroht. Abel ist der verhasste Liebling Gottes. Das Ballontreten wird hier zum äußersten Extrem ausgeweitet. Neid isoliert – jeder ist nur noch sich selbst der Nächste.

Neid ist die Umkehrung von Empathie. Ein empathischer Mensch versucht, sich in den anderen hineinzuversetzen. Neid bringt mich dazu, zu versuchen, den anderen zu absorbieren. Empathie bringt mich dazu, mich zum Wohl des anderen zu opfern. Neid dagegen lässt mich versuchen, den anderen zu meinem Vorteil zu opfern.

Johannes muss sich in Bezug auf seine Jünger gefragt haben: »Lieben sie mich wirklich? Oder benutzen sie mich nur?« Und natürlich, wie in allen menschlichen Beziehungen, war es von beidem etwas. Als sie die Botschaft dieses einsamen, feurigen Propheten hörten, der sie zu konsequenter Umkehr und ernsthafter Erneuerung aufrief, waren sie innerlich sicher bewegt und fühlten sich angesprochen.

Aber sie waren Menschen. Sie waren daran interessiert, dass Johannes zu einer wichtigen Persönlichkeit wurde, weil dann auch sie wichtig sein konnten. Und am Ende versuchten sie, ihn von seiner wahren Berufung abzubringen. Sie wollten, dass er zeigte, dass er größer war als der Messias.

Wie Jesus in der Wüste der Versuchung ausgesetzt war, so erlebte sie auch sein Freund Johannes. Hier wurde Johannes auf die Probe gestellt. Für Jesus bestand die Versuchung darin, Steine in Brot zu verwandeln, sich vom Tempel zu stürzen und Satan anzubeten. Etwas Spektakuläres zu tun. Später würde die Versuchung in Gestalt der Worte seines Freundes Petrus kommen: Nicht ans Kreuz gehen, Leid vermeiden, von einem Höhepunkt zum nächsten gehen.

Für Johannes sah die Versuchung so aus: »Mach etwas, um die Leute zurückzugewinnen. Ändere deine Botschaft dementsprechend. Ändere deine Marketingstrategie. Miss deinen Erfolg an der Anzahl der Menschen, die du getauft hast. Nur das Sichtbare zählt.«

In dieser Versuchung lag noch eine andere Botschaft, die etwas subtiler war: Jesus ist unser Konkurrent. Sein Dienst ist dein Rivale. Wenn er größer wird, heißt das, dass du kleiner wirst, und das ist nicht akzeptabel.

Seine Nachfolger liebten Johannes, zumindest wahrscheinlich, aber ihre Liebe war von der eher armseligen Art. Und es hätte ihn zerstört, wenn er auf sie gehört hätte.

Die Subtilität des Neides

Neid ist auch deshalb so schädlich, weil er sich auf alles ausdehnen kann. Ich kann einen anderen Menschen groteskerweise sogar um seine Geistlichkeit oder um seine Demut beneiden.

Harold Boris schreibt über drei Männer, die Gott die Ehre erweisen wollten (in: »Envy«, S. 155). Wie es sich für seinen Status ziemte, trat der Mann, der ganz in Gold gekleidet war, als Erster vor den Altar.

»Vergib mir, Herr«, betete er, »ich bin nichts.«

Der zweite Mann trat vor, ganz in Silber gekleidet. »O Herr, vergib mir, ich bin nichts.«

Der dritte Mann kam zum Altar, in Lumpen gekleidet, verlaust, schäbig. »O Herr«, betete er, »vergib mir, ich bin nichts.«

Daraufhin stupste der erste Mann den zweiten an. »Schau, wer sich da als Nichts bezeichnet.«

Peng!

Saul war der Kriegerkönig Israels und wir lesen von ihm, dass er alle anderen überragte. Mit der Zeit gewöhnt man sich daran, alle anderen zu überragen. Man sieht es nicht gerne, wenn jemand anderes seinen Kopf dahin hebt, wo nur der eigene Kopf sein sollte.

Aber genau das passierte. Ein junger Mann namens David, der nicht einmal groß genug war, um Sauls Rüstung zu tragen, besiegt die Nemesis namens Goliath. David war besser als Saul. Und ein neuer Song eroberte die Spitze der israelischen Charts: »Tausend Feinde hat Saul erschlagen, doch zehntausend waren's, die David erschlug!« (1 Sam 21,12)

Saul kümmerte sich nicht um den Text. Er sah in David nicht mehr einen Menschen, einen Hirtenjungen. David war nun der Feind.

»Dieses Lied gefiel Saul ganz und gar nicht, und er wurde sehr zornig. ›David schreiben sie zehntausend zu‹, dachte er, ›und mir nur tausend! Jetzt fehlt nur noch, daß er König wird!‹ Von da an blickte Saul mit Argwohn auf David« (1 Sam 18,8-9).

Wie Cornelius Platinga (in: »Not the Way It's Supposed to Be«, Eerdmans, 1995, S. 156 ff.) bemerkt, beobachtete Saul David. Er musterte ihn mit dem argwöhnischen Auge des Neides, das alle Menschlichkeit ausfiltert und nur die Bedrohung übrig lässt.

Neid ist in erster Linie eine Sünde des Auges. Er lässt das Stück Kuchen auf dem Teller meines Nachbarn größer und besser aussehen als meines. Ein Kind kann hundert Spielsachen haben, aber der Neid bringt es dazu, genau das Spielzeug, mit dem der Bruder oder die Schwester spielen will, als das reizvollste anzusehen. Deshalb schrieb Dante, dass der Neider in der Hölle mit zugenähten Augen durch die Ewigkeit gehen muss.

Das Thema Neid zieht sich wie ein roter Faden durch die Bibel: Von Kain und Abel zu Isaak und Ismael, über Jakob und Esau zu Joseph und seinen Brüdern, zu Miriam und Aaron, die über Mose schimpften. Rachel war die Auserwählte, Lea die

Lumpenpuppe mit den »glanzlosen« Augen. Ahab hatte ein Auge auf Nabots Weinberg geworfen. Hananias und Sapphira waren gierig auf Ansehen. Paulus schrieb den Philippern, dass es tatsächlich Leute gab, die aus Rivalität und Neid predigten.

Das ist für mich eine ernüchternde Kette von Ereignissen. Auch in mir steckt tief verwurzelter Neid. Das macht so wenig Sinn, wenn es ums Predigen geht. Wenn ich predige, fordere ich Menschen dazu heraus, dass sie umkehren, das Kreuz auf sich nehmen und ihr Ich sterben lassen sollen. Wie kann ich dann neidisch sein, weil andere Prediger die Menschen besser dazu auffordern können, ihr Ich sterben zu lassen, als ich? Aber dieser ernüchternde Gedanke allein bringt meinen Neid noch nicht dazu, sich in Luft aufzulösen.

Neid bringt uns dazu, uns um Dinge zu bemühen, die wir eigentlich nicht wirklich haben wollen. In dem Buch »Siblings Without Rivalry« (»Geschwister ohne Rivalität« von Adele Faber & Elaine Mazlish, W. W. Norton 1987, S. 88) berichtet eine Mutter von einem Sommertag, als sie die große Kühltruhe in der Garage von dem Eis befreite, das sich im Lauf von zwei Jahren angesetzt hatte.

»Die Kinder hatten Badeanzüge an ... Ich warf ein riesiges Stück Eis in die Richtung eines der Kinder und sagte: ›Hier hast du ein Eis.‹ Sofort schalteten sich die beiden anderen ein: ›Ich will auch Eis haben.‹

Ich packte zwei weitere große Eisstücke und warf sie den anderen beiden zu. Dann schrie das jüngste Kind: ›Die haben mehr als ich!‹

Ich sagte: ›Du willst mehr? Hier hast du mehr!‹ Dabei warf ich einen ganzen Eimer Eis vor seine Füße. Dann schrien die anderen beiden: ›Jetzt hat er mehr.‹ Ich schleuderte zwei weitere Eimerladungen in ihre Richtung. Und schon schrie der Erste: ›Jetzt haben sie mehr als ich.‹

Zu diesem Zeitpunkt standen alle Kinder schon bis zu den Knöcheln im Eis und wollten immer noch mehr haben. So schnell ich konnte, warf ich ihnen riesige Eisschollen vor die Füße. Selbst als sie vor Schmerz auf und ab hüpften, weil das Eis so kalt war, schrien sie immer noch nach mehr, in wilder Angst, dass einer mehr bekommen könnte als der andere.

Da wurde mir klar, wie vergeblich der Versuch war, alles gleich zu machen. Die Kinder konnten nie genug bekommen, und ich als Mutter konnte nie genug geben.«

Ich mag den Neid in mir nicht. Ich würde ihn gerne loswerden, wenn ich könnte. Aber ich kann nicht einfach aufhören, neidisch zu sein, indem ich mich einfach sehr darum bemühe. Neid kann nur geheilt werden, wenn ich es schaffe, als von Gott Auserwählter zu leben.

Eines der wichtigsten Worte, mit dem in der Bibel das Volk Gottes beschrieben wird, ist der Begriff »auserwählt«. »Ihr seid von Gott erwählt, der euch liebt und zu seinem heiligen Volk gemacht hat«, schreibt Paulus an die Kolosser (Kol 3,12).

In dieser Welt regieren die, die auserwählt sind. Wer nicht auserwählt ist, dient. Doch das entspricht nicht Gottes Vorstellungen. Bei Gottes Idee von der Welt geht mein Auserwähltsein niemals auf Kosten anderer. Gott erwählt oder liebt jedes seiner Kinder mit unbeschränkter Einzigartigkeit. Nach seinen Vorstellungen soll mein Auserwähltsein andere fördern und nicht erniedrigen. Wer in Gottes Augen auserwählt ist, ist immer dazu auserwählt zu dienen.

Harold Boris schreibt, dass Neid möglicherweise in der Angst verwurzelt ist, nicht auserwählt, nicht gewollt zu sein. Und Faber (Faber & Mazlish: »Siblings Without Rivalry«, S. 89) merkt an, dass die Liebe, nach der sich Kinder sehnen, bei Geschwistern nicht »gleich« verteilt werden kann, weil sich gleich immer so anfühlt wie weniger. »Ganz einzigartig geliebt zu werden – für das, was man ist – bedeutet, dass wir alle Liebe bekommen, mit der wir geliebt werden müssen.« Und genau das macht Gott: Er liebt jeden von uns ganz einzigartig.

Johannes hatte diese Wahrheit verstanden. Er war sich genau bewusst, was er war und was er nicht war. »Kein Mensch kann sich etwas nehmen, auch nicht das Geringste, wenn Gott es ihm nicht gegeben hat« (Joh 3,27). Ich muss die ganz besondere, einzigartige Freude verstehen lernen, die ich empfangen kann.

»Ich bin nicht der Bräutigam«, sagt Johannes. »Ich bin nur sein Freund«. Bei jüdischen Hochzeiten spielt noch heute der beste Freund des Bräutigams den »Shoshbin«, so etwas wie den Trauzeugen. Der Shoshbin ist für die vielen Details der Hochzeitsvorbereitung zuständig. Er hat oft die Aufgabe, die Gäste einzuladen. Er begleitet den Bräutigam zur Trauung.

Und dann hatte er früher noch eine ganz besondere Aufgabe: Am letzten Tag der Hochzeitsfeierlichkeiten stand er Wache vor dem Zelt, in dem die Braut auf ihren Bräutigam wartete. Es war dunkel, aber der Shoshbin erkannte die Stimme seines Freundes, wenn er sie hörte. Dann trat der Shoshbin beiseite und ließ den Bräutigam eintreten. Er konnte das Zelt betreten und die Freude erfahren, seine Braut ganz für sich zu haben. Der Shoshbin erlebte eine andere Freude, nämlich dem dienen zu können, den er liebte. Wenn der Freund neidisch auf den Bräutigam gewesen wäre, wenn er versucht hätte, für sich zu beanspruchen, was dem Bräutigam zustand, hätte er alles verloren. Die Braut konnte ihm nie gehören und wenn er versuchte, sie zu besitzen, hätte er seinen Freund verraten und auch die besondere Art der Freude verloren, die ihm als Shoshbin zustand.

Im Wesentlichen sagte Johannes zu seinen Nachfolgern: »Die Freude, die dem Freund des Bräutigams zusteht, ist meine Freude. Ich habe die Einladungen verschickt. Ich habe in der Wüste gerufen: ›Bereitet dem Herrn einen Weg.‹ Ich habe dem Bräutigam gedient. Er ist mein Freund. Nun ist er gekommen. Ich habe die Stimme gehört; er ist gekommen, um seine Braut zu nehmen. Deshalb strömen ihm alle zu. Sie ist seine Braut, nicht meine. Denkt nicht, dass das für mich schmerzhaft ist. Auch ich empfinde Freude. Meine Freude ist die des Shoshbin. Wenn ich versuchen würde, seine Freude an mich zu reißen, gäbe es am

Ende überhaupt keine. Meine Freude ist vollkommen. Ich will sie nicht verlieren. Ich will dem Neid nicht erlauben, meine Freude zu zerstören.«

In dem großartigen Mozart-Film »Amadeus« ist Antonio Salieri der Hofmusiker, dessen Seele von Neid zerstört wird. Er sehnt sich danach, Musik zu schaffen für die Ewigkeit, zur Ehre Gottes und (was nicht von nebensächlicher Bedeutung ist) zu seinem eigenen Ruhm. Der Schmerz über seine eigene Mittelmäßigkeit wird intensiviert durch das Genie von Wolfgang Amadeus Mozart, und noch schlimmer, weil Mozart als unreifer, leichtfertiger und ungehobelter Flegel dargestellt wird. Salieri wird von seinem Neid dazu getrieben, Mozart zu hassen und schließlich eines seiner Werke als sein eigenes auszugeben.

Wie alle erstklassigen Neider glaubt Salieri, dass Gott ihm gegenüber unverzeihlich unfair war. Da er selbst größer sein wollte als Mozart, glaubte er, dass Gott moralisch dazu verpflichtet war, ihn auch größer als Mozart zu machen. Neid geht immer auch mit dem Gefühl einher, ungerecht behandelt zu werden: »Du schuldest mir das«, sagt der Neid. »Ich verdiene es.«

Also verwendet Salieri seinen Titel als »Fürst der Mittelmäßigkeit« als Anklage gegen einen ungerechten Gott. Keiner, nicht einmal der Priester, der ihm die Beichte abnimmt, ist in der Lage, Gottes offensichtliche Ungerechtigkeit zu erklären.

Aber die Wahrheit ist, dass Salieri die Möglichkeit hatte, große Freude zu erleben. Sicher, er besaß nicht die geniale Begabung Mozarts. Aber ihm war etwas anderes angeboten worden. Er hätte derjenige sein können, der Mozarts Genie entdeckte, der es der Welt nahe brachte und Mozart Türen und Möglichkeiten auftun konnte, die die Welt hätten reicher machen können. Er hätte der Shoshbin Mozarts sein können. Aber er lehnte diese Freude ab. Er wollte der Bräutigam sein, und so hatte er am Ende überhaupt keine Freude.

Der Name »Amadeus« bedeutet »von Gott geliebt«. Salieris Schmerz bestand darin, dass er glaubte, dass ein anderer an seiner Stelle geliebt wurde. Die Tragödie Salieris war, dass er als der Geliebte hätte leben können, wenn er das Geschenk angenommen hätte, das ihm angeboten wurde.

Derselbe Krebs wütete auch im Leben eines anderen Salieri

namens Herodes der Große. Als Jesus – der wahre »König der Juden« – geboren wurde, hätte Herodes derjenige sein können, der ihn förderte, für seine Ausbildung sorgte und sich um ihn kümmerte. Aber Herodes lehnte diese Freude ab. Sein Neid leitete ihn zu Hass, Täuschung, Verrat und schließlich Mord. Und so ging es sein Leben lang. Herodes der Große war so verhasst, dass er den Befehl gab, nach seinem Tod siebzig der prominentesten Bürger Jerusalems umzubringen, damit es im Volk die angemessenen Trauergefühle gab.

Matthäus berichtet uns, dass Neid der Grund war, aus dem die religiösen Führer Jesus zum Tode verurteilten. Neid sollte seine Geburt verhindern, Neid verfolgte ihn sein Leben lang, Neid verursachte seinen Tod. Neid ist Menschsein in seiner armseligsten Form.

Gott hält für jedes seiner Kinder eine ganz bestimmte Art der Freude bereit. Jeder von uns kann beispielsweise am Können eines Sängers teilhaben. Wenn ein begabter Mensch singt, teilt er seine Gabe mit uns, und jeder von uns ist dem Schöpfer dafür dankbar, dass er jemandem diese Gabe gegeben hat.

Doch es gibt eine sichere Möglichkeit, die Freude am Zuhören zu verlieren. Sie besteht darin, den Sänger zu beneiden, zu wünschen, an seiner Stelle zu stehen, die eigenen Gaben mit denen des Sängers zu vergleichen und in dem Gefühl zu versinken, dass man selbst um so weniger wert ist, je größer die Talente, Begabungen oder die Schönheit eines anderen Menschen sind. Leben Sie ein Leben, das angefüllt ist mit Vergleichsdenken und Wettstreit, dann werden Sie am Ende überhaupt keine Freude haben.

Gott hält für jeden von uns seine ganz spezielle Art der Freude bereit. Jeder von uns ist so geschaffen, dass er Dinge auf ganz einzigartige Weise tun und wahrnehmen kann. Gott hat Sie dazu gemacht, die Freude zu erleben, ein Lehrer oder Helfer oder Ermutiger oder Gestalter zu sein, und wenn Sie diese besondere Gabe entdecken und ausleben, dann werden Sie tiefe Freude erleben. Und Gott hat Sie auch dazu geschaffen, Freude zu erleben, indem Sie die Gaben der Menschen um sich herum sehen und feiern.

Wenn Sie Ihre Gaben einsetzen und die Gaben anderer dankbar annehmen, wird Ihre Freude vollkommen sein. Wenn nicht, wenn Sie sich Ihr Leben lang nach der Freude sehnen, die anderen zusteht, dann werden Sie am Ende überhaupt keine Freude haben.

Johannes' letzter Kommentar lautete: »Sein Einfluß muß wachsen, meiner muß abnehmen« (Joh 3,30).

Das ist keine Aussage, die auf Resignation oder Märtyrertum schließen lässt. Das ist die Freude des Shoshbin, der weiß, dass die Braut nun ihrer Bestimmung zugeführt ist. Das ist Johannes Anteil am Reich Gottes, in dem der Demütige erhöht wird.

Es gibt einen bestimmten Grund, warum man Weihnachten am 25. Dezember feiert. Das ist natürlich kein historisches Datum, aber es wurde auch nicht ganz zufällig ausgewählt. Zu dieser Zeit des Jahres werden die Tage wieder länger. Das Kommen Christi steht für das Kommen des Lichtes in die Welt; die Dunkelheit zieht sich zurück. Und in der Zeit, bevor es elektrisches Licht gab, waren längere Tage ein großes Geschenk. Sie brachten Licht und Wärme in eine finstere Welt.

Wissen Sie, wann im Kirchenjahr der Geburtstag von Johannes dem Täufer gefeiert wird? Am 24. Juni. Auch das ist kein historisches Datum, aber auch dieses Datum ist nicht zufällig gewählt worden. Zu dieser Zeit beginnen die Tage wieder kürzer zu werden und die Sonne verliert an Kraft.

Jedes Jahr verkündet der Kalender aufs Neue die Worte des Johannes, auch wenn sich dessen nur wenige bewusst sind: »Sein Einfluß muß wachsen, meiner muß abnehmen.« Aber in der Zunahme von Gottes Einfluss liegt die Hoffnung der Welt, auch die von Johannes. Denn in Christus zieht Gott alle Menschen zu sich. Gott flüstert am Kreuz: »Ich wünschte, du würdest zu mir gehören. Ich habe dich erwählt.«

10.

Sicher in Gottes Liebe

Da dieser großartige Gott unter uns wohnt, haben wir die Garantie, dass unser Universum für uns ein äußerst sicherer Ort ist.
(Dallas Willard)

Vor einiger Zeit nahm ich meine drei Kinder in den leeren Gottesdienstraum der Gemeinde mit, in der ich Pastor bin. Wir saßen schweigend in der letzten Reihe, als eines meiner Kinder plötzlich sagte: »Papa, predigst du für uns?«

Das war ein kostbarer Moment, der nicht oft in meiner Familie vorkommt. Sehr selten geschieht es, dass sich Nancy abends im Bett zu mir dreht und sagt: »Predige für mich, Schatz.« Es war also eine besondere Gelegenheit, und ich dachte sorgfältig darüber nach, wie ich sie richtig nutzen konnte.

Ich wollte ihnen erklären, dass sie in der liebevollen Fürsorge Gottes leben konnten, also erzählte ich ihnen die Geschichte eines Filmes mit dem Titel »Der Bär«. Es geht in diesem Film um einen kleinen Bären, dessen Mutter stirbt. Der Zuschauer weiß, dass die Chancen des kleinen Bären allein gleich Null sind. Doch dann passiert das Unerwartete. Der kleine Bär wird von einem riesigen Kodiakbären adoptiert. Dieser Riese passt immer auf den kleinen Bären auf. Er beschützt ihn vor einem Puma, der ihm auflauert. Er bringt dem kleinen Bären bei, sich wie ein Bär zu benehmen. Der kleine Bär imitiert alles, was der große Bär vormacht: Er watet in einem Fluss und fängt Fische wie der Vaterbär, er stellt sich auf die Hinterbeine und reibt sich den Rücken an einem Baum, wie er es bei seinem Vorbild gesehen hat. Man sieht das alles und wird von Hoffnung erfüllt – der kleine Bär hat eine Zukunft. Er wird überleben.

Eines Tages werden die beiden voneinander getrennt. Der kleine Bär kann seinen Adoptivvater nirgendwo entdecken. Der Puma aber hat den kleinen Bären nicht vergessen und sieht jetzt endlich seine Chance gekommen. Er nähert sich dem kleinen Bären rasch und auf leisen Sohlen und steht ihm plötzlich direkt gegenüber; er setzt zum Sprung an. Der kleine Bär reagiert so, wie er es bei seinem Vater gesehen hat. Er stellt sich auf die Hinterbeine, hebt seine Tatzen und versucht, ein wildes Brüllen auszustoßen, aber er schafft nur einen verschreckten Quiekser.

Die Kamera schwenkt auf den Puma, dessen Miene plötzliches Erschrecken zeigt. Er hört auf zu knurren, dreht sich um und verschwindet.

Die Kamera schwenkt wieder auf den kleinen Bären. Er ist sichtlich überrascht. Konnte sein Knurren so wirkungsvoll gewesen sein? Aber dann ändert sich die Kameraeinstellung, und man sieht etwas, was man zuvor nicht sehen konnte und was auch der kleine Bär nicht weiß: Hinter diesem kleinen Bären steht der große Kodiakbär auf seinen Hinterbeinen; sein massiver Körper bereit, seinen Sohn mit einem einzigen Tatzenschlag zu retten.

Große Tatzen. Wildes Brüllen.

Dann wissen wir es. Der kleine Bär musste sich keine Sorgen machen. Er konnte ihn nicht sehen oder hören, aber der Vater war die ganze Zeit da gewesen. Dieser Wald war für den kleinen Bären ein vollkommen sicherer Ort. Er konnte dem Vater vertrauen, auch wenn er ihn nicht sehen konnte.

Feurige Streitwagen

Könnte das auch für Sie und mich gelten? Der Autor von 2. Könige berichtet davon, wie der König Aram, ein Feind Israels – ein wilder Puma – eine große Armee aussandte, um die Stadt Dotan zu umzingeln und den Propheten Elischa zu töten.

»Meister, was sollen wir nun machen?«, fragte Elischas Diener.

Elischa gab ihm eine bemerkenswerte Antwort: »Laß dir keine Angst einjagen, weil es so viele sind! Auf unserer Seite stehen noch mehr« (2 Kön 6,16). Daraufhin schaute sich Elischas Diener irritiert um, weil er nicht sehen konnte, wo sich diese Streitmacht versteckte, die angeblich auf ihrer Seite stand.

Darauf betete Elischa: »Herr, öffne doch meinem Diener die Augen!«

Langsam schwenkt die Kamera zurück: »Da öffnete der Herr ihm die Augen, und er sah: Der ganze Berg, auf dem die Stadt lag, war rings um Elischa bedeckt mit Pferden und Streitwagen aus Feuer.«

Große Tatzen. Wildes Brüllen.

Elischa betet darum, dass Gott die Syrer mit Blindheit schlägt, und es geschieht. Als sie Halt machten, um nach dem richtigen Weg zu fragen, gerieten sie an Elischa. In einer göttlichen Komödie voller Irrtümer brachte er sie direkt zum König Israels, der Elischa fragte: »Mein Vater, soll ich sie niedermachen lassen?«

»Sogar Soldaten, die du im Kampf gefangen genommen hast, wirst du nicht einfach erschlagen«, antwortete ihm Elischa, als ob ein Kampf stattgefunden hätte. »Gib ihnen lieber etwas zu essen und zu trinken, und dann sollen sie zu ihrem König zurückkehren!«

Also feierten die Syrer eine große Party und kehrten dann nach Hause zurück. Und die Moral von der Geschichte? »Seitdem unternahmen die Syrer keine Raubzüge mehr in das Gebiet Israels.« Am Ende waren alle sicher zu Hause.

Elischa wusste etwas, das seinem Diener verschlossen war: Sie waren von einem liebevollen Schutzwall umgeben, von dem der Diener keine Ahnung hatte. Der Augenblick seiner größten Angst war in Wirklichkeit der Augenblick seiner größten Sicherheit.

»Ihr seid in der Hand Gottes«, erklärte ich meinen Kindern. »Gottes Herz ist bei dem bloßen Gedanken an euch mit Liebe und Freude erfüllt. Wenn ihr jemanden liebt und an ihn denkt, dann lächelt ihr unwillkürlich. Und so ist es auch mit Gott, wenn er an euch denkt.«

»Ihr werdet im Leben vor schwierigen Situationen und Problemen stehen. Das ist Teil eures Lebens und eurer Entwicklung und ich würde euch das auch nicht ersparen, wenn ich könnte. Aber vor einer Sache möchte ich euch doch verschonen: Wenn ihr Angst habt, denkt ihr vielleicht manchmal, dass ihr alleine seid. Vielleicht denkt ihr, dass euch keiner sieht oder sich keiner um euch kümmert und ihr ganz auf euch selbst gestellt seid.
Wenn ihr in so einer Situation seid, dann erinnert euch an den Bären. Denkt daran, dass jemand auf euch aufpasst. Ihr seht oder hört ihn vielleicht nicht, aber ihr seid immer in seinem Blickfeld. Ihr steht immer unter seinem Schutz und in seiner Fürsorge.
Ihr seid von Gott geliebt.«

Vollkommen sicher

Dallas Willard schreibt, dass Jesus ein Leben in vollkommenem Vertrauen lebte, weil er wusste, dass sein Vater absolut kompetent und völlig hingegeben war. Und seine verblüffende Schlussfolgerung lautet (in: »The Divine Conspiracy«, Harper Collins, 1998, S. 66): »Da dieser großartige Gott unter uns wohnt, haben wir die Garantie, dass unser Universum für uns ein äußerst sicherer Ort ist.«

Wirklich? Unser Universum? Wir reden heutzutage viel über sichere Orte, weil unsere Welt so unsicher zu sein scheint. Katastrophen, Gewalt und Krankheiten drohen überall.

Und doch kann man diese Entdeckung immer und immer wieder in der Bibel machen: Löwenkäfige und glühende Öfen, Gefängnisse und der Grund des Roten Meeres, ein durchgeschütteltes kleines Boot mitten in einem heftigen Sturm – all diese Orte scheinen höchst gefährlich zu sein, bis sich herausstellt, dass sie die sichersten Orte überhaupt sind.

Es stimmt wirklich: Unser Universum ist für uns ein absolut sicherer Ort. Nicht, weil darin keine schlimmen Dinge passieren, sondern, wie Paulus es formulierte: »Kann uns noch irgendetwas von Christus und seiner Liebe trennen? Etwa Leiden, Angst und Verfolgung, Hunger oder Kälte, Gefahren für Leib und Leben oder gar die Hinrichtung?« (Röm 8,35).

Die furchtbarsten Waffen dieser Welt sind gegen diese Liebe völlig kraftlos. Diese Entdeckung machte auch der Psalmist: »Und muß ich auch durchs finstere Tal – ich fürchte kein Unheil! Du, Herr, bist ja bei mir; du schützt mich und führst mich, das macht mir Mut« (Ps 23,4). Selbst das finstere Tal des Todes ist ein sicherer Ort.

Unsere kleinen Knurrer und Quiekser mögen für sich genommen nicht viel ausrichten, aber hinter uns steht der Eine, der uns unablässig im Blick hat. Wir hören oder sehen ihn vielleicht nicht, aber der Vater ist die ganze Zeit da. Und nichts kann uns von seiner Liebe trennen. Weder Versagen noch Krankheit, weder Bankrott noch Einsamkeit. Nicht einmal der Tod selbst.

Er ist stärker als all diese Feinde und steht hinter uns und umgibt uns von allen Seiten. Eines Tages werden wir das Brüllen hören und die Hände sehen, die uns auch jetzt halten. Bis dahin gehen wir im Glauben voran. Aber dennoch ist es wahr: Wir sind nie allein.

Eine Mutter wacht während eines Gewitters auf. Nach einem besonders hellen Blitz stürzt sie in das Zimmer ihres Sohnes, weil sie weiß, dass er vermutlich Angst haben wird. Zu ihrer Überraschung steht er ganz fröhlich am Fenster.

»Ich habe zum Fenster rausgeschaut«, sagt er grinsend. »Und weißt du, was passiert ist? Gott hat ein Foto von mir gemacht.«

Er war davon überzeugt, dass Gott da war, und dass das Universum deshalb ein absolut sicherer Ort für ihn war.

Matthäus erzählt uns, dass Jesus und seine Jünger im Boot auf dem See waren, als plötzlich und ohne Vorwarnung ein Sturm aufkam (Mt 8,23 ff.). So etwas war auf dem See Genezareth nichts Ungewöhnliches. Die Jünger waren verständlicherweise unruhig, aber Jesus gönnte sich ein kleines Schläfchen.

Warum gibt uns Matthäus die Information, dass Jesus schläft? Weil er uns verstehen lassen möchte, dass Jesus nach allem, was er über den Vater wusste, davon überzeugt war, dass das Universum für ihn ein absolut sicherer Ort war.

Die Jünger glaubten an Jesus. Sie vertrauten darauf, dass er etwas tun konnte, was ihnen in ihrer Notlage helfen würde. Aber sie hatten nicht den Glauben Jesu. Sie teilten seine feste Überzeugung nicht, dass sie sicher in Gottes Händen waren – das, was Paulus den »Frieden Christi« nennt.
Wie würde mein Leben aussehen, wenn ich in der Überzeugung leben würde, dass diese Welt für mich ein absolut sicherer Ort ist, weil ich mich auf Gottes Fürsorge und Kompetenz verlassen kann?

- Ich hätte weniger Angst. Ich hätte das feste Vertrauen darauf, dass mein Leben ganz in den Händen Gottes aufgehoben ist. Ich würde nicht von meiner eigenen Unzulänglichkeit gequält werden.
- Ich wäre nicht so gehetzt. Ich wäre vielleicht beschäftigt und hätte viele Dinge zu tun, aber ich hätte dabei eine innere Ruhe und Gelassenheit, die der Gegenwart Gottes entspringt. Ich würde nicht so viele dumme Dinge sagen, die ich jetzt sage, weil ich rede, ohne zu denken.
- Ich wäre nicht von Schuldgefühlen bedrückt. Ich würde in der Sicherheit leben, die aus der Zusicherung der Liebe Gottes kommt.
- Ich würde Gott genug vertrauen, dass ich riskieren könnte, ihm zu gehorchen. Ich würde keine Schätze horten müssen. Sorgen bringen mich dazu, mich um mich selbst zu drehen. Sie rauben mir Freude, Energie und Mitleid; doch ich bräuchte mir keine Sorgen mehr zu machen.

Ein Mensch, in dem der Friede Christi herrscht, lebt in einer Oase der Ruhe in einer Welt voller Chaos.

Eine Gemeinschaft, in der der Friede Christi regiert, könnte die Welt verändern.

Mut zum Risiko

Jesus bietet uns diese Sicherheit nicht in erster Linie an, um uns ein Leben in Bequemlichkeit und Ruhe zu ermöglichen. Es geht hier nicht um eine Art »Spiritualität im Mutterleib«. Der Mutterleib mag ja bequem und sicher sein, aber die Grenzen des Wachstums sind darin schnell erreicht.

Wir wollen Sicherheit, aber wir wollen auch mehr als Sicherheit. Wir wissen, dass wir stagnieren und sterben werden, wenn unser Leben nur von der Suche nach totaler Sicherheit bestimmt wird. Wir müssen wachsen und auf Entdeckungsreise gehen, um wirklich leben zu können. Bequemlichkeit kann sogar gefährlicher sein als die Gefahr selbst. Wir schauen uns Gruselfilme an, fahren Achterbahn und machen Bungeejumping (zumindest einige von uns), weil wir wissen, dass wir gewissermaßen schon fast tot sind, wenn wir im Leben nichts riskieren.

Alle Lebewesen scheinen das Bedürfnis nach Wachstum und Horizonterweiterung zu haben, was oft im Gegensatz zu ihrem Sicherheitsbedürfnis steht. Vor einigen Jahren nahm ein Student der Universität von Berkeley ein Ratte mit in das leere Football-Stadion der Universität und öffnete die Käfigtür. Am ersten Tag dieses Experiments blieb die Ratte dreißig Minuten lang im Käfig sitzen, streckte dann den Kopf für ein paar Sekunden hinaus und zog sich wieder zurück. Am zweiten Tag wagte sie sich ein paar Schritte nach draußen. Nach einem Monat rannte die

Ratte die Treppen hinunter, über das gesamte Spielfeld, auf der gegenüberliegenden Zuschauertribüne wieder hinauf und den ganzen Weg zurück – und das alles ohne irgendwelche offensichtlichen Zwänge.

> Wir meiden den Schmerz und fürchten den Tod, aber wir wissen, dass das Leben aus mehr besteht, als dem Tod aus dem Weg zu gehen. So wechseln sich in der Bibel haarsträubende Risiken und die Versicherung unerschütterlicher Sicherheit ab. Und wenn wir das Leben der großen Nachfolger Gottes anschauen, sehen wir auch hier, dass sich atemberaubende Risiken mit einem fast unverschämten Vertrauen in die Hände Gottes abwechseln.

In der Bibel wird Gottes Schutz meist zugesagt, um ängstliche Menschen aufzurütteln und sie dazu zu bringen, Gott zu gehorchen und etwas zu riskieren, auch wenn es sich unsicher anfühlt. Wie ein Vater, der einen überängstlichen Zweijährigen im Schwimmbad dazu überredet, in seine Arme zu springen: »Du kannst mir vertrauen. Ich lasse dich nicht fallen. Das Schwimmbecken ist für dich absolut sicher.«

Das Kind wird die Wahrheit dieser Aussage nie erleben, wenn es nicht springt. Der Vater kann seinem Kind diesen Schritt nicht abnehmen. Wenn er das Kind einfach auf den Arm nimmt und ins Schwimmbecken trägt, muss das Kind nie eine Entscheidung treffen und kann nie seinen eigenen Mut ausprobieren. Das Kind muss den Schritt des Glaubens selbst gehen.

Und so überredet Gott seine »ängstlichen Zweijährigen«:

- Ihr könnt den Pharao besiegen.
- Ihr könnt das verheißene Land einnehmen.
- Du kannst gegen Goliath bestehen.
- Ihr könnt all euren Besitz den Armen geben und euch der bunt gewürfelten Schar meiner Nachfolger anschließen.

- Du kannst in einem römischen Gefängnis sitzen und der bevorstehenden Hinrichtung ins Auge sehen.

All diese auf den ersten Blick hochriskant erscheinenden Unternehmungen erwiesen sich als absolut sichere Orte. Auch sie stehen unter der wachsamen Fürsorge eines großen Gottes. Seine Arme sind sehr stark. Er hat bisher noch niemanden fallen lassen. Und er wird auch Sie nicht fallen lassen.

Aber Sie müssen ihm vertrauen. Sie müssen den Sprung wagen.

Die andere Möglichkeit besteht darin, mein Leben ganz darauf auszurichten, in friedlichen und bequemen Umständen zu leben. Ein neuer Lifestyle-Trend besteht darin, sich aufs Land zurückzuziehen. Menschen fliehen aus der Großstadt mit ihren Problemen, mit den Armen und Ungebildeten, und suchen einen sicheren, ruhigen und bequemen Ort zum Leben.

Aber das war nicht die Art von Frieden, die Jesus kannte. Er war statt dessen nur zu gut mit Problemen vertraut. Bei Johannes lesen wir, dass Jesus über den Tod des Lazarus »im Innersten erregt und erschüttert« war (Joh 11,33, Einheitsübersetzung). Und vor seiner eigenen Verhaftung war Jesus tief erschüttert und sagte: »Ich versichere euch: Einer von euch wird mich verraten« (Joh 13,21).

Weil Jesus Lazarus liebte, war er im Angesicht seines Todes bestürzt. Weil er Judas liebte, war im Angesicht des Verrats und des geistlichen Todes von Judas bestürzt.

Auch Paulus wusste, dass der Friede Christi kein Freibrief dafür war, Problemen und Sorgen zu entkommen. Er lebte nicht nur mit äußerlichem Leiden, sondern auch mit innerlicher Aufruhr: »Ich könnte noch vieles aufzählen; aber ich will nur noch eins nennen: die Sorge um alle Gemeinden, die mir täglich zu schaffen macht. Wenn irgendwo jemand schwach ist, bin ich es mit ihm. Und wenn jemand an Gott irre wird, brennt es mich wie Feuer« (2 Kor 11,28-29).

Sie kennen das. Sie ziehen Kinder groß und hoffen, dass sie gut und vernünftig leben. Manchmal gerät Ihr Herz dabei ganz schön in Aufruhr. Sie kümmern sich um Bedürftige oder beten für Freunde oder Verwandte, die Gott nicht kennen und ihm monate- oder jahrelang distanziert gegenüberstehen – Sie wissen, wie sich ein unruhiges Herz anfühlt.

Denken Sie nicht, dass der Friede, zu dem wir berufen sind, einer Suche nach bequemen Lebensumständen entspricht.

Eine bestimmte Denkweise

Im Frieden Jesu zu leben bedeutet, dass ich lernen muss, die Welt mit den Augen Jesu zu sehen und entsprechend über sie zu denken. Wie Paulus schreibt: »Gebt dem Wort Raum, in dem Christus bei euch gegenwärtig ist. Laßt es seinen ganzen Reichtum unter euch entfalten« (Kol 3,16). Und ganz zentral in der Botschaft Jesu ist, dass ich genau hier in meiner Welt das Objekt der unermüdlichen Aufmerksamkeit Gottes bin.

Jesus wurde es nie müde, dies zu lehren: »Macht euch keine Sorgen um euer Leben, ob ihr etwas zu essen oder zu trinken habt, und um euren Leib, ob ihr etwas anzuziehen habt!« (Mt 6,25).

»Seht, wie die Blumen auf den Feldern wachsen! Sie arbeiten nicht und machen sich keine Kleider.« Sie gründen keine Blumengewerkschaft, arbeiten ohne Strategiepläne und restrukturieren sich nie. Sie besuchen keine Motivationsseminare, um zu lernen, wie sie die in ihnen schlummernden Farbstoffe aktivieren können. Und doch sieht Salomo neben ihnen aus, als ob er seine Kleider auf dem Trödelmarkt gekauft hat. Wenn Gott an Gras, das heute wächst und morgen schon wieder verwelkt ist, solche Schönheit verschwendet – wird er sich dann nicht auch bei Ihrer Kleidung Mühe geben? Sie sind von ihm geliebt.

»Seht euch die Vögel an«, sagt Jesus. Sie haben keine Probleme mit Magengeschwüren oder Bluthochdruck. Aber die Hand Gottes ernährt sie.

Vor einiger Zeit beobachteten meine Frau und ich ein Gänsepaar mit seinen Jungen beim Fressen. Eine erwachsene Gans und neun Gösselchen verschlangen Gras, während die andere erwachsene Gans daneben Wache stand.

»Schau, wie die Muttergans auf ihre Familie aufpasst«, sagte Nancy.

»Woher weißt du, dass es die Mutter ist?«, fragte ich. »Vielleicht ist es der Vater?«

»Nein, es ist immer die Mutter, die sich zum Wohl der Familie opfert, während der Vater sich mit den Kindern vollstopft. Das ist bei allen Arten so.«

Genau in diesem Augenblick tauschten die beiden erwachsenen Gänse die Rollen. Die Gans, die gefressen hatte, übernahm die Wache, und die Gans, die gewacht hatte, fing an zu fressen.

Ich war Gott so dankbar.

Jesus sagte, dass Sie jedes Mal, wenn Sie einen Vogel dabei sehen, wie er einige Körner aufpickt, nicht irgendetwas Nebensächliches sehen; Sie sehen Liebe in Aktion. Wenn ein Vogel Nahrung zu sich nimmt, nehmen wir es meistens nicht einmal wahr, weil es ein zu alltägliches Ereignis ist. Aber es ist kein Zufall, dass er etwas zu fressen findet. Jedes Mal, wenn Sie aufwachen, wenn Sie einen Gedanken denken, eine Mahlzeit genießen, dann handelt es sich nicht um zufällige Ereignisse. Es sind kleine Notizzettelchen der Liebe, die der Vater in der ganzen Schöpfung verteilt, in der Hoffnung, dass sie irgendwann jemand liest.

»Zum Abschied gebe ich euch den Frieden, meinen Frieden, nicht den Frieden, den die Welt gibt. Erschreckt nicht, habt keine Angst« (Joh 14,27)!

Diese Fürsorge haben auch Sie schon in Ihrem Leben erfahren. Es gab eine Zeit in Ihrem Leben, als Sie sich einsam fühlten, und Gott schickte Ihnen einen Freund vorbei. Es gab eine Zeit, als Sie Rat oder Führung brauchten, und Sie bekamen sie in Form eines Buches, einer Kassette, einer Predigt oder eines guten Ratschlags gerade zur richtigen Zeit. Sie waren entmutigt, und Gott gab Ihnen eine Zeit der Nähe zu ihm, die Ihnen neue Hoffnung und Mut gab. Sie standen vor einer Versuchung, spürten aber etwas, das Sie zurückhielt. Sie kamen zur Besinnung und hielten sich von etwas zurück, das sich destruktiv auf Sie ausgewirkt hätte.

Wo man singt ...

Von Anfang an war der Glaube des Volkes Israel, der Glaube der Kirche, ein Glaube, der sich in Liedern ausdrückte und durch sie gestärkt wurde. Wir sind Menschen, die ihren Glauben singen. Selbst diejenigen unter uns, die nicht gut singen können. Wenn wir singen, schaffen es die Worte irgendwie, aus unserem Kopf in unser Herz zu gelangen.

Singen bildet auch den Rahmen um das Leben Jesu, angefangen schon vor seiner Geburt, als Maria, dann Zacharias und die Engel sangen, bis zum Ende, als er und seine engsten Freunde das letzte gemeinsame Mahl mit einem Lied abschlossen, bevor Jesus seinem Tod entgegenging.

Singen kann die Seele stärken. Die Apostelgeschichte berichtet uns, dass Paulus und Silas von einer Volksmenge ungerecht angegriffen, vor Gericht gestellt, entkleidet, mit Stöcken geschlagen und ins Gefängnis geworfen wurden, und zwar in die innerste Zelle, eingeschlossen in den Block. Und dann heißt es (Röm 16,25): »Um Mitternacht beteten Paulus und Silas und priesen Gott in Lobgesängen. Die anderen Gefangenen hörten zu.« (Als ob ihnen etwas anderes übrig geblieben wäre!)

Wie konnten Sie im Gefängnis Loblieder singen? Weil sie überzeugt waren – wenn man an den großartigen Gott denkt, dem sie diese Lieder sangen –, dass das Gefängnis für sie ein absolut sicherer Ort war.

Es ist unmöglich, die Psalmen auch nur beiläufig zu lesen, ohne davon beeindruckt zu sein, wie das Singen für den Psalmisten sowohl Ausdruck des Glaubens als auch ein Mittel war, den Glauben zu stärken. Singen ist fast ein Synonym von Vertrauen.

»Doch ich verlasse mich auf deine Liebe, ich juble über deine

Hilfe. Mit meinem Lied will ich dir danken, Herr, weil du so gut zu mir gewesen bist« (Ps 13,6). Gott lässt uns auch singen, wenn es um uns herum dunkel ist, wenn es nicht viel zu geben scheint, was man feiern kann: »Du hast mein Klagelied in einen Freudentanz verwandelt, mir statt des Trauerkleids ein Festgewand gegeben. Ich mußte nicht für immer verstummen; ich kann dich mit meinen Liedern preisen« (Ps 30,12-13).

Und so wurde Singen auch zum wesentlichen Bestandteil der neuen Gemeinschaft der Christen: »Ermuntert einander mit Psalmen und Lobliedern, wie der Geist sie euch eingibt. Singt und spielt dem Herrn von ganzem Herzen« (Eph 5,19), schreibt Paulus. Augustinus schrieb irgendwo, dass wir Gott doppelt loben, wenn wir ihm Lieder singen – zum einen mit unseren Worten, aber auch auf einer tieferen Ebene mit dem Gesang in unserem Herzen.

Unsere intensivsten Augenblicke mit Gott sind oft von Liedern bestimmt: Bei der Beerdigung eines Menschen, den wir geliebt haben, wenn wir singend bekennen, dass der Tod nicht das letzte Wort haben wird. In einem Augenblick in einem Gottesdienst, wenn nur noch Musik unseren Geist aufrichten kann. In einem Augenblick der Hingabe, wenn wir einem feierlichen Versprechen, Gott nachzufolgen, Ausdruck verleihen wollen.

Beim Singen werden wir daran erinnert, dass wir »Ruhe in unserer Seele« haben können, selbst wenn um uns herum alles falsch läuft. Wir werden daran erinnert, dass dieses Universum für uns ein absolut sicherer Ort ist.

Ballast abwerfen

Wir fangen an, den Frieden Christi zu suchen, wenn wir eine Form des Gebets praktizieren, die man »permanentes Abwerfen« nennen könnte: »Alle eure Sorgen werft auf ihn, denn er sorgt für euch« (1 Petr 5,7). Werft eure Sorgen beständig auf Gott, sagt Petrus, so wie ihr beständig Wasser aus einem lecken Boot schöpfen würdet.

Psychologen betonen, wie wichtig es für Kinder ist, dass sie lernen, ruhig zu bleiben, wenn Mutter oder Vater zwar da, aber nicht zu sehen sind. Wenn ein Kind davon überzeugt ist, dass die Mutter verfügbar und aufmerksam ist, dass es ihr vertrauen kann und nicht von ihr verlassen werden wird, dann wird es nicht mehr ängstlich oder anhänglich wie eine Klette sein. Das Kind muss die Mutter nicht mehr ständig berühren oder sogar sehen. Es hat gelernt, dass die Mutter da ist, auch wenn es scheinbar allein ist. Diese Art von Alleinsein ist also nichts Schreckliches. Es kann seine Welt voller Zuversicht erforschen.

Ganz ähnlich lernen wir im Gebet, allein in der Gegenwart Gottes zu sein. Wir reden mit ihm ganz offen über unsere Sorgen und Ängste. Wir lernen, ihm zu vertrauen, dass er uns nicht verlassen hat, selbst wenn wir ihn nicht berühren oder sehen können. Er ist bei uns, selbst – oder vor allem – wenn wir alleine sind. Das Alleinsein ist in dieser Form nicht mehr erschreckend. Das drückt sich in dem schönen alttestamentlichen Namen für Gott aus: Emmanuel – Gott ist mit uns.

Wir müssen lernen, unsere Sorgen auf Gott zu werfen, weil wir mehr als genug davon haben. Die Welt zerstört geistliches Leben, indem sie permanent Sorgen hervorbringt. Jesus sagte in einem seiner Gleichnisse, dass das Leben des Evangeliums durch die Sorgen dieser Welt erstickt wird. Wir wissen, dass das stimmt. Aber wir sind stärker an die Welt gekettet und gebunden, als das je zuvor in der Geschichte der Fall war. Wir sind wesentlich besser darin, vierundzwanzig Stunden am Tag mit der Welt in Verbindung zu stehen als mit Gott. Wir haben Kabelfernsehen und Satellitenempfänger, Handys, Laptops, tragbare Faxgeräte, Pieper, Funkrufempfänger und E-Mail. An all diesen technologischen Errungenschaften ist grundsätzlich nichts Falsches, aber wir machen uns zu sehr von ihnen abhängig und werden zu ihren Sklaven.

Wir brauchen vierundzwanzig Stunden am Tag Kontakt und Informationsaustausch mit Gott. Zwischen Angst und Gebet besteht ein enger Zusammenhang. »Macht euch keine Sorgen, sondern wendet euch in jeder Lage an Gott und bringt eure Bitten vor ihn. Tut es mit Dank für das, was er euch geschenkt hat« (Phil 4,6), schreibt Paulus.

Menschen, die Angst haben, lesen solche Worte oft und haben dann noch mehr Angst, weil sie sich zu viele Sorgen machen. Aber man kann Angst nicht allein durch eine Willensentscheidung vertreiben.

Der Gedanke, der dahinter steht, ist, dass wir unsere Angst als Auslöser fürs Beten betrachten sollen. Nutzen Sie die Angst dazu, Ihr Gebetsleben zu stärken! Ganz wie die Pawlow'schen Hunde, die darauf konditioniert waren, beim Ertönen einer Glocke Speichel zu produzieren, können auch wir unsere Angst nutzen, um uns ans Beten zu erinnern. Machen Sie sich keine Sorgen über die Angst, die Sie spüren. Bringen Sie Ihre Angst einfach zu Gott.

Das Gefühl der Angst lässt vielleicht nach. Vielleicht aber auch nicht. Machen Sie sich deshalb nicht verrückt. Ihre Aufgabe besteht nicht darin, darauf zu achten, dass ihre Gefühle »geistlich korrekt« sind.

Ihre Aufgabe – und meine – besteht darin, ihre Sorgen beständig bei Gott abzuladen. Sie können damit gleich jetzt anfangen. Denken Sie an die größte Last, die Ihnen auf der Seele liegt. Das kann ein Problem sein, bei dem Sie nicht weiterwissen; Schuld, die sie bedrückt; eine Aufgabe, die Sie überfordert; ein Verlust oder eine Enttäuschung, die sie kaum ertragen können.

Bisher haben Sie diese Last allein getragen. Werfen Sie sie auf Gott.

Eine neue Art zu fühlen

Ein Freund von mir brachte seine fünfjährige Tochter ins Bett. Nach einer Stunde ging er noch einmal in ihr Zimmer, um nachzusehen, ob sie auch wirklich schlief. Zu seiner Überraschung war sie immer noch hellwach.

»Was machst du denn?«, fragte er.

»Nachdenken.«

»Und worüber?«

»Ich hab überlegt, wie es wohl ist, eine Braut zu sein«, sagte sie. »Eines Tages werde ich heiraten und ein schönes Brautkleid tragen. Und du, Papa, sollst mein Prinz sein.«

In ihrer Vorstellung mischten sich Bräute und Prinzessinnen, Bräutigame und Prinzen wild durcheinander. Sie wollte eine Prinzessin-Braut sein.

»Das ist ja schön, mein Schatz, aber ich kann nicht dein Prinz sein.«

»Warum nicht?«, fragte sie, von dieser Neuigkeit ernsthaft aus dem Konzept gebracht.

Mein Freund musste ihr also erklären, dass er schon Mamas Prinz war und dass unsere Gesellschaft Bigamie mit der eigenen Tochter sehr missbilligend betrachten würde.

»Na gut, und wer wird dann mein Prinz sein?«, wollte die Kleine dann wissen.

»Ich weiß es nicht. Vielleicht Aaron oder Brandon oder einer der anderen Jungs, die du kennst. Aber vielleicht auch nicht. Vermutlich kennst du ihn noch überhaupt nicht. Aber wenn die Zeit gekommen ist, einen Prinzen für dich auszuwählen, dann lässt du das am besten mich entscheiden. Unternimm nichts in Richtung Prinz, ohne dich vorher mit mir abzusprechen.«

In jedem menschlichen Herzen steckt der unauslöschliche Wunsch, der Prinz oder die Prinzessin für jemanden zu sein. Wir wollen geliebt werden. Die Bibel sagt, dass wir es sind. Die Autoren der Bibel verwendeten die extravagantesten Bilder, um uns davon zu überzeugen. Gottes Liebe zu uns ist die Liebe eines Freundes, der sein Leben für den opfert, den er liebt; die Liebe eines Vaters zu seinem abtrünnigen Sohn; die Liebe einer Mutter, die sie ihr Kind nicht vergessen lässt. Die Liebe Gottes zu uns ist leidenschaftlicher als die des verliebtesten Bräutigams für seine Braut.

Sie sind von Gott geliebt.

Dieser Schrei unseres Herzens nach Liebe ist nur ein leises Echo der Sehnsucht Gottes danach, uns seine Liebe zu zeigen. Schon bevor Sie geboren wurden, waren Sie von Gott geliebt. Das ist das tiefste Geheimnis Ihrer Identität. Sie können sich diese Liebe nicht verdienen oder gewinnen, Sie können sie nur dankbar annehmen.

Sie können nichts tun, was Gott jemals dazu bringen würde, Sie mehr zu lieben, als er Sie in diesem Augenblick liebt: Keine größere Leistung, keine größere Schönheit, keine größere Anerkennung, nicht einmal gesteigerte Geistlichkeit und größerer Gehorsam.

Nichts, was Sie jemals getan haben, bringt Gott dazu, Sie weniger zu lieben: Keine Sünde, kein Versagen, keine Schuld, kein Bedauern. Tragischerweise verbringen wir unser Leben damit zu versuchen, uns die Liebe zu verdienen, die wir nur dann empfangen können, wenn wir unsere armselige Ausgangsposition zugeben.

»Seht doch, wie sehr uns der Vater geliebt hat! Seine Liebe ist so groß, daß er uns seine Kinder nennt. Und wir sind es wirklich: Gottes Kinder!«, schreibt Johannes (1 Joh 3,1).

Zu lernen, in der Liebe Gottes zu leben, ist eine Herausforderung, die uns unser Leben lang begleiten wird. Martin Luther schrieb: »Das ist die unaussprechliche und unendliche Barmherzigkeit Gottes, die das begrenzte Fassungsvermögen des menschlichen Herzens nicht erfassen und noch weniger äußern kann – die unergründliche Tiefe und der brennende Eifer der Liebe Gottes zu uns.«

Sichere Orte für andere schaffen

Wenn wir wissen, dass wir in Gott sicher sind, können wir anfangen, für andere Menschen solche sicheren Häfen zu schaffen.

Vor ein paar Jahren gründete ein Freund von mir in Chicago einen Dienst, der den Namen »Emmaeus« trägt. Dieser Dienst will jungen Männern um die zwanzig Jahre helfen, die nach Chicago kommen und keine Familie haben, die meistens nicht einmal wissen, wer ihr Vater ist. Sie sind oft drogenabhängig und können nur überleben, indem sie sich als Strichjungen verkaufen. Das ist nicht unbedingt eine Gruppe von Menschen, die mit Liebe überschüttet wird.

Die Mitarbeiter von Emmaeus laufen einfach von zehn Uhr abends bis drei Uhr morgens durch die Straßen von Chicago und halten nach diesen armseligsten aller Lumpenpuppen Ausschau. Ab und zu sagt einer dieser jungen Männer: »Ich schaffe es nicht mehr. Gibt es irgendeinen Weg aus dieser Hölle?« Und dann bieten John und seine Freunde ihm eine Unterkunft oder eine Ausbildung an und versuchen ihm zu helfen, seinen Weg zu finden.

Eines Abends saß John mit einem jungen Mann namens Joseph in seinem Wohnzimmer. Johns Frau und einige andere Mitglieder ihrer kleinen Gemeinschaft deckten den Tisch. Sie luden Joseph ein, mit ihnen zusammen zu essen. Als sie sich an den Tisch setzten, flüsterte Joseph John zu: »Ich habe so etwas noch nie gemacht.«

John war verwirrt. »Was gemacht?«

»So ein gemeinsames Familienessen an einem Tisch. Ich habe so etwas noch nie erlebt.«

Joseph war ein typischer Vertreter seines Schlages. Er kannte seinen Vater nicht; seine Mutter war drogenabhängig. Er kam mit vier Monaten in ein Heim. Mit elf Jahren landete er in einer Jugendgang, mit sechzehn im Gefängnis. Nun war er Mitte zwanzig und hatte noch nie in seinem Leben an einem Tisch mit einer richtigen Familie gesessen. Er hatte nie miterlebt, wie ein Vater und eine Mutter und Kinder sich das Essen reichten, einander in die Augen schauten und über ihren Tag sprachen.

Er war verlegen. »Aber ich habe es schon im Fernsehen gesehen.«

Wer wird diesem Jungen sagen, dass er nicht allein ist? Wer wird ihm sagen, dass auch er, Joseph, von Gott geliebt wird?

In Selbsthilfe-Gruppen stellen sich die Teilnehmer oft selbst vor, indem sie sagen: »Mein Name ist John. Ich bin Alkoholiker.« Es geht dabei darum, das Leugnen zu durchbrechen und die Wahrheit über sich selbst zu akzeptieren. Irgend jemand hat einmal vorgeschlagen, sich in der Gemeinde folgendermaßen zu begrüßen: »Mein Name ist John. Ich bin ein Sünder.« Vermutlich ist das keine schlechte Idee. Ich weiß nämlich, wie viel Zeit und Energie es kostet, andere Menschen davon zu überzeugen, dass ich besser bin, als bin. »Mein Name ist John. Ich bin ein Sünder.« Das ist die Wahrheit.

Aber es gibt noch andere Wahrheiten, die ich hören und aussprechen muss. In gewisser Weise sind sie fast noch schwieriger zu sagen. Und vielleicht noch schwerer zu glauben. Es sind folgende Worte: »Mein Name ist John. Ich bin von Gott geliebt.«

Sie und ich, wir brauchen diese Worte. Es kann sein, dass Sie diese Worte nicht aussprechen können, ohne peinlich berührt zu sein. Es kann aber auch sein, dass Sie sie nicht aussprechen können, ohne zu weinen.

Eine der schönsten Stellen in der Bibel findet sich in Jesaja 43. Gott spricht zu seinem Volk, und obwohl diese Worte an das Volk Israel gerichtet sind, gelten sie auch Ihnen und mir. Lesen Sie sie und lassen Sie Gottes Wort zu Ihnen sprechen:

»Ich habe dich bei deinem Namen gerufen, du gehörst mir!
Mußt du durchs Wasser gehen, so bin ich bei dir;
auch in reißenden Strömen wirst du nicht ertrinken.
Mußt du durchs Feuer gehen, so bleibst du unversehrt;
keine Flamme wird dir etwas anhaben können.
(Denn Gott ist ein großer Gott
auch wenn du ihn nicht hören oder sehen kannst,
ist er immer bei dir.
Er nimmt sein Auge nicht von dir.)
Denn ich bin der Herr, dein Gott;
ich, der heilige Gott Israels, bin dein Retter ...
... weil du mir so viel wert bist und ich dich liebe.«

Vielleicht möchten Sie sich den letzten Vers auf ein Kärtchen schreiben, das Sie immer bei sich tragen: »Weil du mir so viel wert bist und ich dich liebe.«

Sie sind von Gott geliebt. Was müssen Sie noch leisten, erreichen oder beweisen? Sie sind von Gott geliebt. Wen müssen Sie noch beeindrucken? Welche Leiter müssen Sie noch erklimmen? Sie sind von Gott geliebt. Können Sie Ihrem Lebenslauf etwas hinzufügen, was dies übertreffen könnte?

Wie wäre es, wenn Sie sich auf das Experiment einlassen würden, in der Liebe Gottes zu leben? Jeden Tag, wenn Sie aufwachen, könnte Ihr erster Gedanke sein: »Ich bin von Gott geliebt.« Und jeden Abend, wenn Sie zu Bett gehen, könnte Ihr letzter Gedanke sein: »Ich bin von Gott geliebt.«

Schreiben Sie sich diese Worte auf und tragen Sie sie immer bei sich. Wenn Sie kurz davor sind zu verzweifeln, weil Sie etwas versiebt haben, dann lesen Sie diese Worte. Wenn Sie morgens aufwachen und merken, dass Sie sich von alledem überwältigen lassen, was an diesem Tag auf Sie zukommt, dann lesen Sie diese Worte.

Lesen Sie diese Worte, wenn Sie in der Versuchung stehen, einen Fehler zu machen; wenn Sie versucht sind, vor Wut aus der Haut zu fahren, einen anderen Menschen zu verletzen, zu täuschen oder zu missbrauchen; wenn Sie Angst haben; wenn Sie einsam sind. Denken Sie an diese Wort, die Leben bedeuten, und schwelgen Sie in ihnen.

Der Gott, der Sie liebt, ist größer, als Sie sich vorstellen können. Sie sehen oder hören ihn vielleicht nicht, aber er ist da. Er sieht Sie.

Große Tatzen. Wildes Gebrüll.

»Weil du mir so viel wert bist und ich dich liebe.«

11.

Gott geht den Menschen nach

So verbirgt Gott sich selbst, um Seelen
zu diesem vollkommen Glauben zu führen,
der ihn unter jeder Art von Verkleidung
erkennen lässt. Wenn Sie Gottes Geheimnis erst
einmal kennen, ist Verkleidung sinnlos!
Sie sagen: »Ich sehe ihn! Da ist er, hinter der Mauer,
da schaut er durchs Spalier, da steht er hinter
dem Fenster.« Oh göttliche Liebe, verbirg dich,
setze dich über unser Leid hinweg, mach uns
gehorsam. Stelle uns vor Rätsel, wecke uns auf
und verwirre uns. Erschüttere unsere Illusionen und
Pläne, damit wir vom Weg abkommen und
keinen Pfad und kein Licht mehr sehen,
bis wir dich gefunden haben ... Denn es ist
so töricht, oh göttliche Liebe, dich nicht in allem
Guten und in der ganzen Schöpfung zu sehen.
(Jean Pierre de Caussade)

Alles zu lieben, bedeutet, zu begreifen,
dass es verloren gehen könnte.
(G. K. Chesterton)

Unser liebevoller Gott, sagte Jesus einmal, ist wie ein Hirte, der es nicht lassen kann, ein einziges Schaf zu suchen, obwohl er doch mit den neunundneunzig Schafen zufrieden sein könnte, die er bereits hat. Wir verstecken uns weiterhin vor ihm, aber er scheint nicht aufhören zu wollen, nach uns zu suchen.

Robert Fulghum schrieb davon, wie er einmal in seinem Büro saß und den Kindern der Nachbarschaft beim Versteckspielen zuhörte (in: »Alles, was du wirklich wissen musst, hast du schon als Kind gelernt«, Goldmann 1998). Er erinnerte sich daran, wie er als Kind dieses Spiel gespielt hatte. Damals versteckte sich ein Kind einmal zu gut, so dass es nicht gefunden werden konnte. Schließlich gaben die anderen Kinder die Suche auf, was dann zu heftigen Streitereien über das wahre Wesen dieses Spiels führte: Verstecken, Suchen und Gezänk.

Auch bei den Kindern vor Fulghums Büro hatte ein Junge ein zu gutes Versteck gefunden und sollte schon aufgegeben werden. »Lass dich finden, Kind!«, wollte Fulghum brüllen, aber er entschied sich, dass das wahrscheinlich einen zu großen Aufruhr verursachen würde.

Auch Erwachsene, so bemerkt er, haben die Tendenz dazu, sich zu gut zu verstecken. Wir verbergen unsere Fehler, Unzulänglichkeiten und Ängste und fragen uns dann, warum wir uns so im Stich gelassen und allein fühlen.

Der Wunsch, sich zu verstecken. Das Bedürfnis, gesucht zu werden. Die Verwirrung darüber, gefunden zu werden. Das ist keine schlechte Diagnose des Zustandes des Menschen. Fulghum schreibt, dass auch Gott selbst in der Sprache des Versteckspiels beschrieben wird: »Deus Absconditus« ist ein alter Begriff dafür – der Gott, der sich selbst verbirgt.

Aber Fulghum sagt auch, dass er vermutet, dass es Gott eher darum geht, gefunden zu werden, als sich zu verstecken. Gott bevorzugt das »Sardinenspiel«, bei dem sich einer versteckt und von allen gesucht wird. Wer ihn findet, versteckt sich an derselben Stelle, bis so viele im Versteck sind und laut kichern, dass sie entdeckt werden.

»Ich denke, dass Gott ein Sardinenspieler ist. Und er will auf dieselbe Weise gefunden werden, wie jeder beim Sardinenspiel gefunden wird: durch das Gelächter derer, die am Ende alle auf einem Haufen hocken«, so Fulghum.

In der Bibel steht: »Am Abend, als es kühler wurde, hörten sie, wie Gott, der Herr, durch den Garten ging. Da versteckten sich der Mensch und seine Frau vor Gott zwischen den Bäumen. Aber Gott rief nach dem Menschen: ›Wo bist du?‹ Der antwortete: ›Ich hörte dich kommen und bekam Angst, weil ich nackt bin. Da habe ich mich versteckt!‹« (Gen 3,8-9).

Der Wunsch, sich zu verstecken. Das Bedürfnis, gesucht zu werden. Die Verwirrung darüber, gefunden zu werden

Verstecken ist ein einfaches Spiel. Einer sucht, alle anderen verstecken sich. Daher kommt der Name. Den meisten Spaß haben dabei diejenigen, die sich verstecken. Wenn man sich versteckt, entscheidet man selbst, wohin man geht. Man hält die Augen offen. Wer sich versteckt, behält die Kontrolle. Jeder möchte sich verstecken.

Wer suchen muss, hat dagegen die schwierigere Aufgabe. Wer sucht, bringt sich in die demütigende Lage, andere zu suchen, die ihm bewusst entkommen wollen und sich über ihn lustig machen. Niemand möchte freiwillig suchen.

Wer sucht, bekommt nicht einmal einen Titel. Bei anderen Spielen bekommt die zentrale Person einen Namen: Mittelfeldspieler, Werfer, Torhüter. Wer aber sucht, ist einfach »dran«. Sonst nichts, nur »dran«. Wer »dran« ist, muss viel Geduld mitbringen. Er muss lange und ausdauernd suchen. Er muss sich auf Ausweichmanöver und Tricks einstellen.

Wenn sich jemand zu gut versteckt, ruft der Sucher am Ende des Spiels eine bestimmte Formel, die diejenigen, die sich versteckt haben, genau verstehen: Du kannst rauskommen. Du bist sicher. Du wirst nicht gejagt, verletzt oder bestraft. Versteck dich nicht mehr.

Die Geschichte Gottes mit den Menschen ist im Grunde die Geschichte eines Versteckspiels. Nur wissen wir manchmal nicht genau, wer eigentlich mit Suchen »dran« ist.

Vor ein paar Jahren kursierte in gewissen kirchlichen Kreisen ein Aufkleber mit dem Text: »Ich habe es gefunden.« Streng genommen müsste der Spruch theologisch korrekt umgekehrt lauten: Denn eigentlich hat »Es« mich gefunden.

Wenn wir uns auf unserer geistlichen Reise befinden, halten wir uns meistens eher für Suchende. Natürlich steckt darin auch ein Stück Wahrheit. Wir stellen Fragen, lesen Bücher, besuchen Seminare und fahnden nach der Wahrheit, die oft nur schwer definierbar zu sein scheint. Wir suchen nach Gott. Gott sagt: »Ihr werdet mich suchen und werdet mich finden. Denn wenn ihr mich von ganzem Herzen sucht, werde ich mich von euch finden lassen« (Jer 29,13-14).

Aber das ist nicht die ganze Geschichte. Ich bin nicht nur ein Suchender. Ich bin auch jemand, der sich versteckt. Sie auch. Wir müssen unserer Neigung ins Auge schauen, uns zu verstecken und verloren zu gehen.

Der Wunsch, sich zu verstecken

Ich floh vor ihm bei Nacht und bei Tag;
Ich floh vor ihm von jeher;
Ich floh vor ihm auf den verschlungen Pfaden
meines Verstandes;
Ich versteckte mich vor ihm mitten in meinen Tränen
und mitten im Lachen.
Ich will mich immer dann verstecken,
wenn mir bewusst wird, dass ich gesündigt habe.

So schreibt es Francis Thompson in seinem Gedicht »The Hound of Heaven« (1893). Ich verberge mich vor Gott in Augenblicken, die sich dann auf Jahrzehnte ausdehnen. Ich verstecke mich durch meine rationalen Erklärungsversuche und mein Leugnen – »auf den verschlungenen Pfaden meines Verstandes«. Ich verstecke mich trotz allem, was mich zu Gott zurückbringen könnte, wenn ich es nur zulassen würde.

So sieht die Flucht des Menschen seit dem Paradies aus. Der Mensch wurde aber nicht dazu geschaffen, sich zu verstecken.

Von Anfang an bestand unsere Sehnsucht darin, andere zu kennen und selbst erkannt zu werden. So muss man die Aussage verstehen, die im Buch Genesis über Adam und Eva getroffen wird: »Die beiden waren nackt, aber sie schämten sich nicht voreinander« (Gen 2,25). Kein Grund, sich zu verstecken. Alles bekannt.

Mit dem Sündenfall ging dies verloren. Als Gott nach dem Sündenfall in den Garten kam, um mit Adam Gemeinschaft zu haben, antwortete Adam, dass er Gott gehört hatte, sich aber fürchtete, weil er nackt war. Und so versteckte er sich.

Das ist meine Geschichte. Ich verstecke mich, weil ich nicht in meinem Gefallensein, in meiner Dunkelheit entlarvt werden möchte. Ich verstecke mich, weil ich Angst habe, dass ich nicht mehr geliebt werde, wenn die Wahrheit über mich bekannt wird. Ich verstecke mich vor anderen Menschen. Ich verstecke mich vor Gott. Ich verstecke mich vor der Wahrheit – und in gewisser Weise verstecke ich mich auch vor mir selbst.

Sünde und das Bedürfnis, sich zu verstecken, sind untrennbar miteinander verbunden, die Siamesischen Zwillinge der gefallenen Seele. Mein jüngerer Bruder Bart hatte als Kind beschlossen, dass er gerne permanenten Zugang zur Keksdose haben wollte. Und zwar obwohl meine Mutter klar gesagt hatte, dass die Keksdose die einzige verbotene Nahrungsmittelquelle in der Küche war. Wir durften alles an Obst und Gemüse essen, was wir wollten, aber die Dose der Erkenntnis des Guten und des Bösen bedeutete den Tod.

Aber Bart handelte nach der Überzeugung, dass ihn niemand sehen konnte, so lange er niemanden sehen konnte (Psychologen sagen, dass diese Überzeugung typisch für eine bestimmte Entwicklungsstufe ist). Also ging er in die Küche, machte die Augen zu und legte sich eine Hand über die Augen, damit er wirklich auf der sicheren Seite war. *Bartus Absconditus.* Er bewegte sich zentimeterweise über den Flur, seine freie Hand tastete an Schrankgriffen und auf der Arbeitsfläche herum, bis er die Keksdose gefunden hatte. Er hob den Deckel ab, »befreite« die Kekse und zog sich vorsichtig wieder aus der Küche zurück. Und das alles, ohne die Augen ein einziges Mal geöffnet zu haben. Meine Eltern mussten darüber so sehr lachen, dass sie nichts dagegen unternahmen. (Ich fand es nicht sonderlich komisch, vor allem in Anbetracht der Tatsache, dass mein Bruder damals siebzehn Jahre alt war ...)

Ich verstecke mich, weil ich Angst habe, nicht mehr geliebt zu werden, wenn die Wahrheit über mich bekannt wird. Aber was verborgen ist, kann nicht geliebt werden. Ich kann nur in dem Maß geliebt werden, wie man mich kennt. Und ich kann nur völlig geliebt werden, wenn man mich völlig kennt.

Wenn ich Teile von mir vor anderen verberge, versuche ich sie davon zu überzeugen, dass ich besser bin, als ich wirklich bin. Wenn ich geschickt darin bin, kann ich damit durchkommen. Der andere drückt mir gegenüber vielleicht seine Liebe und Zuneigung aus. Aber in mir höre ich immer eine leise Stimme: »Ja, aber wenn du die Wahrheit über mich wüsstest, wenn du die verborgenen Orte kennen würdest, dann würdest du mich nicht lieben. Du liebst den Menschen, der ich deiner Ansicht nach bin. Aber du liebst nicht mein wahres Ich, weil du mein wahres Ich nicht kennst.«

Adam machte es im Prinzip genauso. Aber am überraschendsten an dieser Geschichte ist die Rolle, die Gott dabei spielt. Als er den Garten betritt, stellt er die Frage: »Adam, wo bist du?«

Warum sollte Gott diese Frage stellen? Ist der Allwissende verwirrt? Weiß Gott wirklich nicht, wo Adam steckt? Ich habe diesen Satz jahrelang gelesen, ohne seine eigentliche Bedeutung zu verstehen. Diese Frage zählt zu den bemerkenswertesten Stellen in der ganzen Bibel:

> Gott gesteht Adam zu, sich vor ihm zu verbergen (obwohl er natürlich weiß, wo er ist). Die Art der Gegenwart, die Gott sich wünscht, kann man nicht erzwingen. Auch Gott kann sie nicht erzwingen. Sie muss ihm aus freiem Willen angeboten werden. Gott gibt seinen Geschöpfen die Freiheit, sich von ihm finden zu lassen oder nicht. Gott macht seine Augen zu.

Aber es geht um mehr. Gott erlaubt Adam nicht nur, sich zu verstecken. Gott kommt auch, um ihn zu suchen. Gott ergreift die Initiative, um ihre vertraute Beziehung wieder herzustellen, obwohl Adam derjenige ist, der sich ihm verweigert. Gott zählt bis Hundert und ruft dann: »Ich komme!«

»Wir alle waren wie Schafe, die sich verlaufen haben; jeder ging seinen eigenen Weg« (Jes 53,6). Wer versteckt sich? Der Mann, der weiß, dass er seine Prioritäten verändern muss, dessen Kinder ihn nicht kennen, der nicht mehr weiß, wann er zum letzen Mal richtig gebetet hat, der alles, was er tut, nur darauf ausrichtet, möglichst erfolgreich zu sein, der davon aber so abhängig ist, dass er sich weigert, die Wahrheit zu erkennen oder sich von anderen etwas sagen zu lassen – er versteckt sich.

Wer versteckt sich? Die Frau, die voller Wut über ihre Mutter, ihren Ehemann oder ihre Kinder steckt oder auf Gott wütend ist, weil sie keinen Ehemann hat oder nicht den Ehemann, den sie will. Aber ihre Wut ist auf Eis gelegt. Sie gibt sie nicht zu, nicht einmal sich selbst gegenüber. Ihre Wut sickert nur aus ihr heraus und zerstört ihre Beziehungen und ihr Herz – sie versteckt sich.

Die Eheleute, die seit Jahren treu die Gemeinde besuchen, deren Leben nach außen hin geordnet und anständig aussieht, aber deren Ehe tot ist, die seit Jahren keine emotionale Vertrautheit erleben, nicht mehr miteinander schlafen und so lange nicht mehr gemeinsam gelacht haben, dass sie sich nicht mehr daran erinnern können, wie sich das anfühlt – sie verstecken sich.

Wir verwenden eine Sprache, die uns hilft, uns zu verstecken. Menschen, die ihre Kinder schlagen, sind einfach »ungeduldig« geworden, weil die Kinder sie zum Wahnsinn getrieben haben. Selbstgerechte Schmeichelei läuft unter »Bestätigung«. Klatsch wird unter dem Deckmantel verbreitet, »Gebetsanliegen weiterzutragen«. Häufiger Wechsel der Sexpartner, so lange es immer nur ein Partner gleichzeitig ist, wird als »serielle Monogamie« verchristlicht. Finanzentscheidungen, die aus reiner Habgier getroffen werden, werden als »Absicherung für die Familie« gerechtfertigt. Faule Menschen bekommen das Etikett »motivationslos«. Und Prostituierte schließlich nennt man »Anbieter sexueller Zuwendung«.

Das Bedürfnis, gesucht zu werden

Ich hatte hochfahrende Hoffnungen ...
An diese starken Füße, die folgten, die mir folgten.
Aber ohne erkennbare Eile,
In gleichmäßigem Tempo,
bewusst und majestätisch,
Sie sagen – und eine Stimme spricht
noch deutlicher als die Füße –:
»Alle Dinge verraten den, der mich verrät.«
(Francis Thompson: The Hound of Heaven)

Ich verberge mich und fliehe, aber Gott ist derjenige, der mich sucht – ohne Eile, ohne sich ablenken zu lassen, ohne müde zu werden: Der himmlische Spürhund.

In Jesu Gleichnis vom verlorenen Schaf geht ein Tier verloren und findet von sich aus nicht mehr nach Hause. Ein Schaf ist kein schlaues Tier. Jeder von uns weiß, dass Tiere mit zumindest etwas Intelligenz in Film und Fernsehen bekannt sind. Delphine haben Flipper, Känguruhs Skippy, und Hunde und Pferde kommen in so vielen Serien und Filmen vor, dass man sie hier nicht aufzählen kann. Und sogar Schweine haben ihr »Schweinchen Babe«. Aber berühmte Schafe sucht man vergeblich.

Schafe sind notorische Gewohnheitstiere. Wenn man sie sich selbst überlässt, folgen sie einem Pfad notfalls bis in den Abgrund, sie grasen Hügel ab, bis diese sich in öde Wüsten verwandeln, sie verschmutzen den Boden, von dem sie sich ernähren, bis er völlig von Krankheiten und Parasiten verdorben ist.

Schafe sind keine aktiven Tiere. Schafe haben eine Nachläufermentalität. Wenn ein Schaf eine Klippe hinunter stürzt, ist es nicht unwahrscheinlich, dass ihm die ganze Herde folgt. Man sollte meinen, dass zwischendurch ein Schaf innehalten und nachdenken würde: »Hm, Sally sprang über die Kante und kam nicht zurück. Ich glaube, ich mache mal einen Augenblick Pause und denke über diese Route nach, bevor ich mich impulsiv hinterher stürze.«

Aber so etwas geschieht nie. Schafe folgen stumpfsinnig ihrem Instinkt: »Sally folgen. Hinterher.«

Hirten sprechen von »festliegenden« Schafen; das ist der Begriff für ein Schaf, das auf dem Rücken liegt und nicht mehr allein aufstehen kann. Der Hirte und Autor Philip Keller erklärt:

»Das geht folgendermaßen vor sich: Ein schweres, fettes oder lange nicht mehr geschorenes Schaf legt sich in eine kleine Mulde oder Vertiefung. Vielleicht dreht es sich ein wenig auf die Seite, um sich zu strecken oder zu entspannen. Dabei verlagert sich plötzlich der Körperschwerpunkt, so daß sich das Schaf so weit auf den Rücken dreht, dass seine Füße den Boden nicht mehr berühren. Es gerät dann wahrscheinlich etwas in Panik und beginnt zu strampeln. Dadurch wird aber alles nur noch schlimmer. Schließlich ist es dann völlig unmöglich für das Schaf, wieder auf die Beine zu kommen.

Während es daliegt und sich abmüht, bilden sich in seinem Pansen Gase. Diese dehnen sich aus und drosseln den Blutkreislauf, so daß das Blut nicht mehr bis in die Beine gelangen kann. Ist es sehr heiß und sonnig, kann das Schaf innerhalb weniger Stunden verenden« (aus: »Psalm 23/Der gute Hirte«, Schulte & Gerth 1999, Seite 62 ff.)

Ich kann mich aus meiner Lage nicht selbst befreien. Ich muss mich suchen lassen. Meistens sieht das so aus, dass mich jemand im Namen Gottes liebt, selbst wenn er die Abgründe sieht, die ich zu verbergen versuche.

Vor nicht allzu langer Zeit kam ich zu Hause die Treppen hinunter. Nancy hatte in der Küche gearbeitet. Ich war im ersten Stock gewesen, vermutlich mit Nichtstun oder Ähnlichem beschäftigt. Nancy fragte mich, ob ich ihr helfen würde, die Spülmaschine auszuräumen.

Natürlich. Ich bin ein Diener. Wir werden es gemeinsam machen.

Nachdem sie ein paar Minuten lang mit mir zusammen das Geschirr eingeräumt hatte, hörte sie plötzlich auf und begann,

Eintragungen in ihrem Scheckbuch vorzunehmen. Obwohl es so subtil war, dass es mir kaum selbst bewusst war, dachte ich: »Wenn sie diesen Ausweg nimmt, dann nehme ich einen anderen.«

Also fing ich an, Kaffee für den nächsten Morgen vorzubereiten. Ich trinke Kaffee zum Frühstück, sie nicht.

Nancy fragte: »Machst du Kaffee?« (Ihnen ist sicher klar, dass sie keine verbale Bestätigung hierfür erwartete. Die korrekte Antwort lautete nicht: »Ja, ich bereite ein köstliches Heißgetränk für morgen zu.«)

Also sagte ich: »Na ja, du hast zuerst aufgehört, die Spülmaschine auszuräumen, um dich mit deinem Scheckbuch zu beschäftigen.«

»Ah, aber das Scheckbuch ist für uns beide, der Kaffee nur für dich.«

Das stimmte, aber das wollte ich nicht akzeptieren. Daraus entstand eine faszinierende Diskussion über die Frage der Arbeitsteilung, die Geschlechterrollen in der Bibel, den Vergleich unserer Ursprungsfamilien und erhellende Erkenntnisse über unsere Mütter. Als wir fertig waren und eine Lösung gefunden hatten, bemerkte ich etwas Sonderbares: Nancy war bereit, die alte Vertrautheit da wieder aufzunehmen, wo wir stehen geblieben waren – aber ich merkte, dass ich mich eigentlich lieber vor ihr zurückziehen wollte.

Im Folgenden finden Sie einen Auszug dessen, was in mir vorging: »Ich werde mich innerlich zurückziehen und die Opferrolle übernehmen. Mach nur weiter so und lege alle Last auf mich ... Wenn sie erst sieht, wie arm, traurig und moralisch überlegen ich bin, wird sie sich schrecklich fühlen. Dann wird sie machen, was ich von ihr erwarte. Ich kann sie durch strategisches Versteckspiel kontrollieren und manipulieren.«

Aber so weit kommt es in Wirklichkeit nie.

Verstecken ist für mich nicht nur eine Möglichkeit, Schmerz und Verlegenheit zu umgehen, sondern dient auch dazu, denjenigen, der die Gemeinschaft mit mir sucht, zu bestrafen.

Wann werde ich endlich den Mut finden, mit dem Versteckspiel aufzuhören? Wenn ich geliebt werde und mich auch geliebt fühle. Im Musical »Das Phantom der Oper« trägt das Phantom eine Maske, um sein missgestaltetes Gesicht zu verbergen. Es lebt in den Katakomben des alten Opernhauses, um seine Existenz und seine Untaten zu verbergen. Aber die Sängerin Christine berührt sein Herz. Auf dem Höhepunkt der Geschichte nimmt das Phantom seine Maske ab. Es entscheidet sich dafür, gefunden und gesehen zu werden. Es weiß, dass sein Gesicht grauenhaft aussieht und wartet auf einen Entsetzensschrei von Christine. Aber dieser Schrei bleibt aus. Ihr Herz ist von Mitleid und Bedauern bewegt. Sie wendet sich nicht von ihm ab, sondern küsst zärtlich sein narbiges Gesicht.

Und ihre Liebe verändert das Phantom, zumindest ein bisschen. Es kann sie gehen lassen und ihr die Freiheit schenken, auch wenn es weiß, dass dies das Ende seines Traumes bedeutet. Als es sein Versteckspiel aufgab, konnte es so erkannt und geliebt werden, wie es war, trotz seiner Verunstaltung. Zuerst muss die Maske fallen. Dann kann Liebe das Herz durchdringen.

Die Verwirrung darüber, gefunden zu werden

Die Schritte halten bei mir an;
Ist meine Düsterkeit in Wirklichkeit
der Schatten seiner Hand, liebevoll zu mir ausgestreckt?
»Ach, Liebster, Blindester, Schwächster,
ich bin der, den du suchst!
Du sehnst dich nach Liebe von mir, demjenigen,
der sich nach dir sehnt.«
(Francis Thompson, The Hound of Heaven)

Lukas erzählt uns die Geschichte eines Zolleinnehmers namens Zachäus, der das Versteckspielen meisterhaft beherrschte.

In Israel waren bestimmte Berufe mit einem schweren sozialen Stigma behaftet. Sie wurden verachtet und kein frommer Jude übte sie aus. Die religiösen Führer der Juden erstellten Listen dieser verachteten Tätigkeiten und warnten die Leute davor, diese Berufe zu ergreifen.

Auf diesen Listen stehen Berufe wie Arzt oder Schlachter (weil diese Berufsgruppen in der Versuchung stehen, die Reichen zu hofieren und die Armen zu benachteiligen). Dazu der Kommentar: »Der Beste unter den Ärzten ist zur Hölle verdammt, und der Schicklichste unter den Schlachtern steht im Bund mit dem Bösen« (in: Jeremias Joachim: »Jerusalem in the Time of Jesus«, Fortress Press 1989, S. 303ff.).

Manche Berufe stehen auf dieser Liste, nicht weil sie unehrenhaft sind, sondern abstoßend. Dazu gehören zum Beispiel der Gerber und der Dungsammler. Dungsammler war tatsächlich ein Beruf. Wenn der Ehemann einer Frau nach der Hochzeit Dungsammler wurde, hatte sie sogar das Recht, sich von ihm scheiden zu lassen und eine bestimmte Geldsumme zu bekommen. Selbst wenn sie ihn in dem Wissen heiratete, dass er in Zukunft diesen Beruf ausüben würde, konnte sie sagen: »Ich dachte, ich könnte es aushalten, aber ich schaffe es nicht.«

Es gab auch ein paar Berufe, die eigentlich nicht so unerfreulich waren, die aber als unmoralisch galten. Die Personen, die diese Berufe ausübten, galten nicht nur als nicht die angenehmste Gesellschaft, sie waren ausgestoßen. Zu diesen Berufen zählten: Würfelspieler, Pfandleiher (weil man davon ausging, dass sie die Armen ausbeuteten), Taubenzüchter (nichts gegen Tauben, aber Brieftaubenwettflüge galten als eine Form des Glücksspiels) und Steuereinnehmer.

Israel war von den Römern besetzt, und die Römer waren in erster Linie daran interessiert, so viel Geld wie möglich aus dem Land herauszupressen. Statt also römische Steuereinnehmer einzusetzen, überließen sie diese Aufgabe Israeliten. Sie ließen sich Angebote machen für das Recht, die Steuern in einem bestimmten Gebiet einzutreiben. Wer am meisten bot, bekam den Job. Er durfte so viel an Steuern einnehmen, wie er bekommen konnte. An Rom musste er die Summe abführen, die er geboten hatte, und alles, was übrig blieb, durfte er behalten.

Steuereinnehmer waren also als Verräter verschrien, die ihre Brüder und Schwestern an den Feind verkauft hatten, um einen guten Gewinn zu machen. Man ging davon aus, dass jeder Steuereinnehmer der massiven Unehrlichkeit schuldig war.

Steuereinnehmer hatten gewöhnlich so viele Menschen betrogen, dass sie nicht mehr wussten, zu wem sie gehen mussten, um Wiedergutmachung zu leisten. Ein römischer Autor berichtete von einer Stadt, die einem ehrlichen Steuereinnehmer ein Denkmal errichtet hatte.

Steuereinnehmer waren nicht nur verachtet, sondern ihnen wurden auch ihre politischen Rechte und ihre Rechte als Bürger entzogen. Sie konnten nicht als Zeugen vor Gericht aussagen und durften kein Richteramt übernehmen. Ein frommer Jude achtete sogar darauf, dass nicht einmal ein Zipfel seines Gewandes versehentlich einen Steuereinnehmer berührte.

Wenn Sie ein Gefühl für die Situation der Steuereintreiber in Jerusalem bekommen wollen, dann denken Sie an die Berufe, die in unserer Gesellschaft am meisten verachtet sind: Drogendealer. Mafiakiller. Kinderpornoproduzenten.

Warum war Zachäus bereit, einen Beruf zu wählen, der ihn zu einem verhassten Mann machen würde? Wir wissen nicht viel über Zachäus, außer dass er ein auffälliges körperliches Merkmal hatte: Er war vertikal stark herausgefordert. Er war klein. Er war sehr klein. Er war, um es in anderen Worten auszudrücken, ein Dreikäsehoch.

Vielleicht dachte Zachäus, er könnte es allen zeigen und ein großer Mann werden. Er kannte nur einen Weg, um das zu erreichen. Und so wurde Geld zur beherrschenden Macht in seinem Leben.

Jedenfalls wurde er Steuereinnehmer, und er machte seinen Job gut. Er hatte Angestellte, die die Dreckarbeit für ihn machten. Und er war reich. Man kann davon ausgehen, dass er durch und durch korrupt war. Er hatte die gesellschaftliche Anerkennung, Freundschaften und jede Form der Anständigkeit aufgegeben in der Hoffnung, dass Wohlstand und Besitz seinem Leben Sinn und Erfüllung geben würden.

Es funktionierte nicht. Aller Wohlstand, alle Sicherheit und Macht, all das, wofür er seine Seele verkauft hatte, zahlten sich nicht aus. »Alle Dinge betrügen den, der mich betrügt.« Irgendetwas an Jesus faszinierte ihn. Es ist nicht schwer, sich vorzustellen, was das war.

Das Lukasevangelium berichtet uns, dass Jesus einen Steuereinnehmer aufsuchte und ihn in seinen Jünger- und Freundeskreis aufnahm (Lk 5,27-32). Und nicht nur das. Levi, ein Steuereinnehmer (auch bekannt als Matthäus), der einer der Jünger Jesu geworden war, veranstaltete eine Party für seine Freunde, und Jesus nahm daran teil. Deshalb musste er sich von den religiösen jüdischen Führern anhören: »Warum isst und trinkst du mit Zöllnern?«

So etwas spricht sich herum. Jesus geht auf Partys für Steuereinnehmer. Einer seiner Jünger war früher Steuereinnehmer. Zachäus möchte diesen Mann sehen, der sich mit Leuten wie ihm umgibt.

Zachäus möchte Jesus sehen, aber steht erst einmal einer großen Menschenmenge gegenüber. Wenn man Steuereinnehmer ist, fühlt man sich in einer Menschenmenge nicht unbedingt sehr wohl. Es ist nicht sehr wahrscheinlich, dass die Leute Platz für einen kleinen Zöllner machen, damit auch er etwas sehen kann. Auf jeden Steuereinnehmer, der dumm genug war, sich in eine Menschenmenge zu wagen, warteten Stöße, Hiebe und Flüche.

Also klettert Zachäus auf einen Baum. Er klettert hinauf, um über die Menschenmenge hinweg sehen zu können. Aber vielleicht klettert er auch auf den Baum, um sich zu verbergen. »Anerkennung« ist seine größte Sehnsucht, aber auch seine größte Furcht.

Jesus kommt näher, und Zachäus ist erfreut, dass er so einen guten Blick auf Jesus hat. Doch dann ist Jesus nicht nur nahe, er steht direkt unter dem Baum; er schaut in den Baum hinauf. Und die ganze Menschenmenge, hunderte von Menschen, schauen zusammen mit Jesus in diesen Baum.

»Was sieht er da?«

»Keine Ahnung. Sieht aus, als ob da ein Kind im Baum sitzt.«

Jesus sagt: »Zachäus.« Ein Wort, und ein Murmeln geht durch die Menge.

Stellen Sie sich vor, wie sich Zachäus fühlt. Er hatte vor, aus sicherer Entfernung zuzusehen, und plötzlich schauen Jesus und alle anderen, die er kennt, auf ihn, wie er da in einer ziemlich lächerlichen Position in seinem Baum sitzt. Die Menschenmenge wartet begierig darauf zu erleben, wie ein korrupter, verräterischer Steuereinnehmer das bekommt, was er verdient.

»Zachäus«, sagt Jesus, »kannst du von diesem Baum herunterkommen? Es ist schwer, auf diese Weise eine ernsthafte Unterhaltung zu führen. Komm schnell herunter.« Und dann kommen die Worte, auf die keiner vorbereitet war: »Ich muss heute in deinem Haus zu Gast sein.«

Stellen Sie sich so einen Menschen vor, den alle anständigen Leute meiden. Und dann stellen Sie sich vor, wie Jesus zu diesem Menschen hingeht und ihn höflich und respektvoll behandelt – ihn nicht nur berührt, sondern ihn auch nach Hause begleitet und mit ihm isst und trinkt –, dann können Sie zumindest teilweise den Schock und die Verwirrung nachvollziehen, die die Menschen in dieser Situation empfanden.

Und Zachäus macht es. Er steigt vom Baum herunter. Schließlich erkennt er die Wahrheit an: Er hat sein ganzes Leben auf Habgier und Unehrlichkeit gebaut. Er hat sich gegen seinen Gott und dessen Volk versündigt. Nun kommt er aus seinem Versteck heraus und stellt sich dem wahren Leben. Schluss mit dem Versteckspiel!

Vor einiger Zeit wurde in einer Zeitschrift ein neuer Telefonseelsorge-Service vorgestellt. Bis zu zweihundert Personen rufen dort pro Tag an, um sich irgendwelche Dinge von der Seele zu reden. Die Bekenntnisse reichen von ehelicher Untreue bis zu Mord.

Aber es gibt noch eine andere – teurere – Nummer, die man anrufen kann und unter der man gegen Gebühr diese intimen Geständnisse abhören kann. Diese Nummer wählen pro Tag bis zu 10.000 Menschen.

Warum bezahlen Menschen dafür, eine Nummer wählen und etwas gestehen zu dürfen? Weil das Herz des Menschen nicht mit Schuld leben kann. Sie wissen, dass sie am Telefon ihre Schuld bekennen können und dabei die Garantie haben, dass sie niemand verurteilt. Sie erhoffen sich Erleichterung aus der Wahrheit über sich selbst.

Stellen Sie sich vor, Sie würden an der Stelle von Zachäus im Baum sitzen. Sie sehnen sich danach, Jesus zu sehen, aber ein Teil von Ihnen hat auch Angst davor, weil Sie wissen, dass Ihr

Leben mehr als enttäuschend ist. Stellen Sie sich vor, Sie sitzen in diesem Baum und hoffen halb, dass Jesus Sie sieht, und halb, dass er Sie übersieht. Wenn Jesus heute vorbeikommen und Sie im Baum sitzen sehen würde, worüber müsste er dann mit Ihnen sprechen? Was verstecken Sie?

Zu unserer Armseligkeit gehört auch, dass wir bereit sind, mit riesigen Problemen zu leben, solange nur keiner von diesen Problemen erfährt.

Wenn ich früher von zu Hause wegging, wollte meine Mutter immer genau wissen, ob ich auch saubere Sachen anhatte; und zwar nicht nur Oberbekleidung, sondern auch Unterhemd und Socken und sonstige Teile, die man nicht sieht. Warum? Nicht, weil es sich besser anfühlte oder weil es für die Gesundheit und die Hygiene zuträglich war – sondern für den Fall, dass ich in einen Unfall geriet.

Sie machte sich nicht so sehr Sorgen wegen des Unfalls. Sie wollte nur sicher stellen, dass alle eventuell hinzukommenden Polizisten oder Ärzte mich in sauberer Unterwäsche vorfanden, damit ihr Ruf als Mutter nicht geschädigt wurde. (Ich hatte lange die Vorstellung, dass das das Erste war, was die Polizei bei Unfällen überprüfte: »Sieht ziemlich schlecht aus; ich weiß nicht, ob er durchkommen wird.« »Okay, dann sollten wir wohl besser seine Unterwäsche anschauen, um zu sehen, was für eine Mutter dieser Mann hat.«)

Achten Sie darauf, wie Jesus vorgeht. Man könnte ja erwarten, dass er etwas sagen würde wie: »Zachäus, wenn du dein Leben in Ordnung bringst, deinen Beruf wechselst und alles zurückzahlst, was du anderen schuldest, dann werde ich in dein Haus kommen. Ich komme jetzt nicht mit, weil es so aussehen würde, als ob ich stillschweigend dulde, was du tust. Ehrlich gesagt kann ich mir auch die Kritik nicht leisten, die das hervorrufen würde, aber wenn du dein Leben in Ordnung bringst, dann werde ich kommen.«

Jesus sagt nichts dergleichen. Er besteht darauf, sich Zachäus zum Freund zu machen, noch bevor dieser anständig wird. Und Lukas sagt sehr deutlich, wie die Volksmeinung dazu aussieht: Alle, die es sahen, begannen zu murren.

Ihr Problem war, dass sie »geistlicher« waren als Jesus selbst. (Natürlich war ihre Geistlichkeit etwas verdreht.) Das kann man übrigens als gute Faustregel gelten lassen: Immer wenn Sie sich für geistlicher halten als Jesus, dann sind Sie zu weit gegangen.

Und so gibt Zachäus sein Versteckspiel auf. Er sagt, dass er jedem, den er betrogen hat, das Vierfache zurückzahlen wird. Nach dem Gesetz war er nur dazu verpflichtet, das zurückzuzahlen, was er zu viel genommen hatte, dazu eine Strafgebühr von zwanzig Prozent. Aber er ging weit darüber hinaus, um Habgier durch Großzügigkeit zu ersetzen. Und er ging noch weiter. Er wollte die Hälfte von allem, was er besaß, den Armen geben. Hier war wirklich jemand aus seinem Versteck, einem goldenen Käfig, befreit worden!

Das Kennzeichen eines Lebens, das wirklich von Gott gefunden worden ist, besteht in dem Willen, alle Fehler wieder gutzumachen, so weit es nur eben möglich ist. Das ist der Unterschied zwischen Umkehr und Schadensbegrenzung.

Die amerikanischen Steuerbehörden haben einen speziellen Fonds eingerichtet, das so genannte Betrügerkonto. Damit will man Menschen, die Steuern hinterzogen haben und sich schuldig fühlen, wieder auf den richtigen Weg helfen. Wer Steuern hinterzogen hat, kann das Geld anonym auf dieses Konto überweisen und so seine Schuld begleichen. Die Steuerbehörde soll einen Brief mit folgendem Inhalt erhalten haben: »Ich habe seit Jahren Steuern hinterzogen und fühle mich so schuldig, dass ich nachts nicht mehr schlafen kann. Beiliegend finden Sie eine Zahlungsanweisung über 10.000 Dollar. P. S.: Falls ich jetzt immer noch nicht schlafen kann, werde ich auch den Rest meiner Schulden begleichen.«

Zachäus – so erbärmlich und verachtet er war – war nur ein

aufrichtiges Bekenntnis von der Vertrautheit mit Gott entfernt. Er war so verloren, wie es nur möglich war, aber er war dem richtigen Weg gleichzeitig auch sehr nahe.

Zu allen, die sich am liebsten verstecken wollen, die sich danach sehnen, gesucht zu werden, und die es schließlich in Verwirrung stürzt, wenn sie gefunden werden, sagt Gott durch Jesus Christus: »Kommt heraus, kommt heraus, wo auch immer ihr seid. Die Zeit des Versteckspiels ist vorbei. Jetzt ist es an der Zeit, nach Hause zu kommen. Keine Strafen, keine negativen Folgen – kommt einfach nach Hause. Vertraut mir.«

Das sagt Gott allen, die sich zu lange und zu gut versteckt haben. »Lass dich finden, mein Kind! Komm nach Hause!«

12.

Der heruntergekommene Gott

Er, das Wort, wurde ein Mensch, ein wirklicher Mensch von Fleisch und Blut. Er lebte unter uns, und wir sahen seine Macht und Hoheit, die göttliche Hoheit, die ihm der Vater gegeben hat, ihm, seinem einzigen Sohn. Gottes ganze Güte und Treue ist uns in ihm begegnet.
(Joh 1,14)

»Weißt du, welche die tragischste Person der Bibel ist?«, fragte er mich. »Es ist Gott, gesegnet sei sein Name, Gott, dessen Geschöpfe ihn so oft enttäuschen und verraten.«
(Elie Wiesel)

Warum haben wir die Herrlichkeit Gottes in Fleisch und Blut gesehen – in endlichem, begrenztem, gewöhnlichem Zustand? Warum wurde Gott zu einem von uns? Warum ist er der Gott der Krippe, der Gott des Kreuzes?

Der dänische Philosoph Sören Kierkegaard erzählte ein Gleichnis, das verdeutlichen soll, warum Gott uns seine Liebe auf diese Weise zeigte (aus: »Philosophische Brocken«, GVH, 1991).

»Stellen Sie sich einen König vor, der sich in ein Mädchen aus ärmlichen Verhältnissen verliebt«, sagt Kierkegaard. Sie hatte keinen adeligen Stammbaum, keine Bildung, keine Stellung am Hof. Sie kleidete sich in Lumpen. Sie lebte in einer armseligen Hütte und führte das Leben einer Bäuerin. Aber aus

Gründen, die niemand nachvollziehen konnte, verliebte sich der König in diese Frau, wie es Könige eben manchmal tun. Warum er sie liebte, ist nicht zu erklären, aber er liebte sie. Und er konnte nicht aufhören, sie zu lieben.

Aber dann machte sich im Herzen des Königs ein Besorgnis erregender Gedanke breit. Wie konnte er dieser Frau seine Liebe offenbaren? Wie konnte er die Kluft zwischen ihnen überbrücken? Seine Ratgeber sagten ihm natürlich, er solle ihr einfach befehlen, seine Frau zu werden. Denn er war ein Mann, der unendlich viel Macht besaß – jedermann fürchtete seinen Zorn, alle Nachbarstaaten zitterten vor ihm, jeder Mann am Hof warf sich in den Staub vor der Stimme des Königs. Die Frau hätte keine Möglichkeit gehabt, ihm zu widerstehen; sie wäre ihm ewige Dankbarkeit schuldig.

Aber Macht – selbst unbeschränkte Macht – kann keine Liebe erzwingen. Er konnte sie zwingen, in seinem Palast anwesend zu sein; aber er konnte nicht erzwingen, dass in ihrem Herzen Liebe für ihn wuchs. Auf diese Weise könnte er sich vielleicht ihren Gehorsam sichern, aber erzwungene Unterwerfung war nicht, was er wollte. Er sehnte sich nach Vertrautheit im Herzen und Einheit im Geist. Alle Macht der Welt kann die Tür des menschlichen Herzens nicht aufschließen. Sie muss von innen geöffnet werden.

Die Ratgeber des Königs schlugen vielleicht vor, dass er seine Liebe aufgeben und sein Herz an eine Frau verschenken sollte, die seiner würdiger war. Aber der König wollte und konnte das nicht. Und so wird seine Liebe auch zu seinem Schmerz. Kierkegaard schreibt: »Welch tiefe Trauer liegt in dieser unglücklichen Liebe ... Keinem Mensch ist solche Trauer bestimmt ... Gott hat sie für sich reserviert, diese unergründliche Trauer ... Denn die Liebe Gottes ist diese unergründliche Liebe, die nicht zufrieden sein kann.«

Der König konnte versuchen, die Kluft zwischen ihnen aufzuheben, indem er die Frau in einen höheren Stand adelte. Er konnte sie mit Geschenken überschütten, sie in Purpur und Seide kleiden, sie zur Königin krönen lassen. Aber wenn er sie in seinen Palast brachte, wenn er die Sonne seiner Macht über ihr erstrahlen ließ, wenn sie seinen Reichtum, seine Macht und den Pomp seiner Größe sah, wäre sie wahrscheinlich überwältigt. Wie konnte er dann jemals wissen (oder auch sie), ob sie ihn um seiner selbst liebte oder um all dessentwillen, was er hatte und ihr gab? »Wäre sie in der Lage, genug Vertrauen aufzubringen, um das zu vergessen, was der König zu vergessen wünschte, nämlich dass er König war und sie ein armes Bauernmädchen?«

Es gab nur eine einzige Alternative, wie er das gewünschte Ziel erreichen konnte. Eines Tages stand der König also auf, verließ seinen Thron, setzte seine Krone ab, legte sein Zepter weg und zog seinen Purpurmantel aus. Er wurde selbst zum Bauern. Er kleidete sich in Lumpen, lernte es, sich seinen Lebensunterhalt aus der Erde zu ziehen und lebte in einer armseligen Hütte. Er nahm nicht nur die äußere Gestalt eines Bauern an, sondern sein ganzes Leben, sein Wesen, seine Last. Kierkegaard: »Aber die Gestalt des Dieners ist nicht nur ein äußerliches Gewand, und deshalb muss Gott alles erleiden, alles ertragen ... Er muss bis in den Tod gehen wie der allerniedrigste Mensch. Sein Leiden beschränkt sich nicht nur auf den Tod, sondern sein ganzes Leben ist eine Geschichte des Leidens; und es ist Liebe, die leidet, die Liebe, die alles gibt.«

Er wurde so armselig wie die Frau, die er liebte, damit sie sich mit ihm für immer verbinden konnte. Es war die einzige Möglichkeit.

Seine Armseligkeit wurde zum Kennzeichen seiner Gegenwart: »Und dies ist das Zeichen, an dem ihr ihn erkennt: Ihr werdet ein neugeborenes Kind finden, das liegt in Windeln gewickelt in einer Futterkrippe« (Lk 2,12).

»Die Füchse haben ihren Bau und die Vögel ihr Nest; aber der Menschensohn hat keinen Platz, wo er sich hinlegen und ausruhen kann« (Lk 9,58).

Das ist der Gott, der seinen Mantel ablegte und die Schürze eines Dieners um sich schlang, mit der er die Füße seiner Jünger wusch. Der Gott, von dem es in Jesaja heißt: »Denn sein Bevollmächtigter wuchs auf wie ein kümmerlicher Sproß aus dürrem Boden. So wollte es der Herr. Er war weder schön noch stattlich, wir fanden nichts Anziehendes an ihm« (Jes 53,2). Das war der Gott, der am Ende verspottet und mit einem purpurnen

Gewand bekleidet und mit einer Krone aus Dornen gekreuzigt wurde. Von allen Göttern, die man aus Mythen, aus der Literatur und den Religionen kennt, ist dies der einzige heruntergekommene Gott.

Die Herrlichkeit Gottes

Gott kam zur Welt. Wir haben seine Herrlichkeit gesehen. Nicht die Herrlichkeit seines Throns und seine Krone. Nein, seine Herrlichkeit bestand darin, dass er das alles für armselige, sündhafte, kleine Bauern wie Sie und mich aufgab.

Johannes schreibt: »Kein Mensch hat Gott jemals gesehen« (Joh 1,18). Gott, der einzige Sohn, der dem Herzen des Vaters nahe steht, hat sich Johannes zu erkennen gegeben.

Wenn die Bibel sagt, dass niemand Gott jemals gesehen hat, geht es natürlich nicht um physisches Sehen im normalen Sinn. Gott ist nicht auf einen physischen Leib beschränkt; er ist Geist. Es geht hier nicht darum, dass Gott ein unerreichbarer Einsiedler wäre. Hier kommt vielmehr zum Ausdruck, dass kein Mensch die Realität Gottes jemals völlig begriffen hat. Niemand hat seinen Charakter und sein Wesen erfassen und verstehen können. Wir machen uns Gedanken und Bilder von ihm, aber unsere eigenen Vorstellungen und irrtümlichen Annahmen verdrehen unsere Sicht von Gott immer bis zu einem gewissen Grad. C. S. Lewis weist in seiner »Dienstanweisung für einen Unterteufel« (Herder, Freiburg, 1983, 4. Brief) darauf hin, wie wichtig es ist, »bewusst zu beten, ›nicht zu dem, was ich mir von Dir vorstelle‹, sondern zu dem, ›der Du aus Dir selbst bist‹«. Zu Gott zu beten, als demjenigen, »der er aus sich selbst ist«, ist das gefährlichste Gebet von allen. Diese Art von Gebet möchte der Teufel möglichst verhindern.

Am schnellsten lassen wir uns durcheinander bringen, wenn es um den Gedanken der Herrlichkeit Gottes geht. Menschlich gesprochen hat Herrlichkeit etwas mit Status zu tun. Herrlichkeit setzt sich nach weltlicher Auffassung zusammen aus Schönheit, gutem Ruf, Macht, Intelligenz, Leistung und Wohlstand. Man bemüht sich darum auf dem Schlachtfeld und im Vorstandszimmer, feiert sie auf den Titelblättern von Zeitschriften und in Fernsehporträts.

Nehmen Sie zum Beispiel diese Anzeige aus der Spalte »Kontakte« in einer Zeitung gehobenen Niveaus. Die Frau, die diese Anzeige aufgab, sucht einen Mann, der genauso bemerkenswert ist wie sie selbst:

»Ich bin umwerfend gutaussehend, Absolventin einer Eliteuniversität. Fröhlich, leidenschaftlich, sensibel, elegant, klug, redegewandt, originell, außergewöhnlich. Ich vereine in mir in seltener Ausgewogenheit Schönheit und Tiefe, Kultiviertheit und Bodenständigkeit, Ernsthaftigkeit und Fröhlichkeit. Ich bin beruflich erfolgreich, selbstständig und unabhängig, aber richtig zufrieden werde ich erst sein, wenn wir uns gefunden haben. Bitte antworte mit einem aussagekräftigen Brief, der deinen Hintergrund und dich gut beschreibt. Foto ist unbedingt erforderlich.«

Ich vermute, dass es schwierig ist, Schönheit und Tiefe in seltener Ausgewogenheit zu verbinden und dann nicht das Bedürfnis zu haben, dies auch andere Menschen wissen zu lassen. Aber selbst wenn, dann erscheint es doch etwas einschüchternd. Wenn die Dame auch mit den anderen Inhalten der Lehre Jesu nicht vertraut sein dürfte, so hat sie zumindest den Satz »Stell dein Licht nicht unter den Scheffel« konsequent umgesetzt. Ein Selbstporträt voller Herrlichkeit – zumindest aus menschlicher Sicht.

Wir fühlen uns von Herrlichkeit angezogen und laufen vor Armseligkeit davon. Der Autor Elie Wiesel beschreibt, wie es war, als bei einem Autounfall die ganze linke Seite seines Körpers zerschmettert wurde. Er wurde zehn Stunden lang operiert und der Heilungsprozess dauerte mehrere Monate. Aber seine Freunde trösteten ihn: »Du hast Glück gehabt. Es hätte schlimmer kommen können. Du hättest dein Sehvermögen, deine Beine oder deinen Verstand verlieren können.«

Wiesel sagte, dass es ihn an eine alte Geschichte über einen Mann erinnerte, der seinen Freund mit einer ganzen Litanei an Wehklagen überschüttete – er hatte seinen Job, sein Haus, sein Geld, seine Verlobte verloren – und sein Freund sagte immer nur: »Es hätte schlimmer kommen können.« Am Ende schreit dieser Mann auf: »Wie kann das noch schlimmer werden?« Und sein Freund murmelt: »Es hätte mir passieren können« (aus: »Alle Flüsse fließen ins Meer«, Goldmann 1997).

Wir fühlen uns von Herrlichkeit angezogen und laufen vor Armseligkeit, Leid, Einsamkeit und Schmerz davon. »Es hätte schlimmer kommen können. Es hätte mir passieren können.«

Aber Gott denkt anders über Herrlichkeit als wir. Im Alten Testament finden wir einige Hinweise darauf. Im Buch Exodus lesen wir, wie Mose Gott bittet, Israel auch nach der Episode mit dem Goldenen Kalb weiter zu führen. Und dann hat Mose noch eine Bitte für sich selbst (Ex 33,18): »Laß mich doch den Glanz deiner Herrlichkeit sehen!«

Mose sehnt sich nach der Herrlichkeit Gottes. Und Gott sagt ja. Gott ist bereit, Mose seine Herrlichkeit zu offenbaren.

Aber bevor wir mit der Geschichte fortfahren, lassen Sie uns einen Moment nachdenken. Was erwartete Mose Ihrer Meinung nach zu sehen? Woran denken Sie, wenn Sie den Begriff »die Herrlichkeit Gottes« hören? Blitz und Donner? Erdbeben und Flutwellen? Ich hätte eine Szene erwartet, in der sich große Gewalten manifestieren. Eine Präsentation der Majestät, der Großartigkeit und der Kraft, die diesen kleinen, unbedeutenden Menschen völlig überwältigen würde. So denken Menschen normalerweise über die Herrlichkeit ihrer Götter – Zeus und Thor hatten immer ein paar Blitze zur Hand.

»Laß mich doch den Glanz deiner Herrlichkeit sehen!«

Und dann antwortet Gott mit Worten, die Ihnen die Tränen in die Augen treiben, wenn Sie darüber nachdenken. Gott ist bereit, Mose seine Herrlichkeit zu offenbaren und sagt: »Ich werde all meine Güte an deinem Angesicht vorbeiziehen lassen« (Ex 3,19, Elberfelder).

Das ist es. Das ist die ultimative Herrlichkeit Gottes. Nicht seine starke rechte Hand oder sein schreckliches Schwert, auch wenn das ebenfalls zu ihm gehört. Was aber am herrlichsten an Gott ist, ist nicht seine Macht oder Stärke, seine Kraft oder Majestät, so großartig sie auch sein mögen. Das Herrlichste an Gott ist seine unveränderliche Güte. Mose bittet Gott darum, seine Herrlichkeit sehen zu dürfen, und Gott sagt: »Ich werde all meine Güte an deinem Angesicht vorbeiziehen lassen und den

Namen Herr vor dir ausrufen: Ich werde gnädig sein, wem ich gnädig bin, und mich erbarmen, über wen ich mich erbarme.«

Das Herrlichste an Gott ist seine Güte. Aber um diese Güte vollkommen erkennen zu können, musste die Menschheit auf einen Zimmermann aus Galiläa warten.

Jesus kam, um uns die Herrlichkeit Gottes zu zeigen. Die Herrlichkeit Gottes ist anders als menschliche Herrlichkeit. Gottes Herrlichkeit bekommt keinen Titel wie »Erotischster Mann der Welt« oder »Manager des Jahres«, gekürt von bedeutenden Zeitschriften. Gottes Herrlichkeit ist da am deutlichsten, wo sie die Gestalt unserer Armseligkeit annimmt.

Die Armseligkeit des Menschen

Elie Wiesel hat sich so eindringlich wie vielleicht kein anderer in unserer Zeit über die Armseligkeit des Menschen geäußert. Er ist Autor und Friedensnobelpreisträger, Überlebender des Holocaust, in dem er seine Eltern und sein Schwester verlor. Er weigert sich, einfache Antworten auf die Existenz solch schrecklichen Leides zuzulassen. Er hatte mit eigenen Augen den schwarzen Rauch aus den Öfen in den Himmel aufsteigen sehen, in denen seine Mutter und seine Schwester sterben sollten.

»Ich werde den Abend nie vergessen, den ersten Abend im Lager, der mein Leben in eine lange Nacht verwandelt hat, sieben Mal verflucht und sieben Mal versiegelt. Ich werde nie diesen Rauch vergessen. Nie werde ich die Gesichter der kleinen Kinder vergessen, deren Körper sich in Rauchwolken im blauen Himmel verwandelten ... Nie werde ich das nächtliche Schweigen vergessen, das mir für alle Ewigkeit den Wunsch zu leben nahm. Nie werde ich diese Augenblicke vergessen, die meinen Gott und meine Seele ermordeten und meine Träume zu Staub werden ließen. Ich werde diese Dinge nie vergessen, selbst wenn ich dazu verdammt sein werde, so lange zu leben wie Gott selbst. Nie« (Elie Wiesel: »Die Nacht«, Herder 1998).

Wiesel beschreibt, wie die Häftlinge in einem Zug nichts zu essen bekamen, wie sie geschmolzenen Schnee trinken mussten und wie jeden Tag neue Leichen aus dem Zug geholt wurden.

Manchmal warfen die Deutschen eine Brotkruste mitten unter die Gefangenen, nur um zu sehen, wie sie darum kämpften. Einem alten Mann gelang es, etwas davon abzubekommen, aber als er davon essen wollte, wurde er von hinten von einem jungen Mann niedergeschlagen: »Meir, mein Sohn, erkennst du mich nicht? Ich bin dein Vater ... Du tust mir weh ... Du bringst deinen Vater um. Ich habe etwas Brot ... Für dich auch ... Für dich auch ...«

Der alte Mann brach zusammen und starb, das Brot noch immer in der Hand. Sein Sohn nahm das Brot, aber noch bevor er es herunterschlingen konnte, fielen andere, stärkere Männer über ihn her. Als sie von ihm abließen, schreibt Wiesel, »lagen neben mir zwei Leichen, Seite an Seite, Vater und Sohn. Ich war fünfzehn Jahre alt« (aus: »Die Nacht«).

Er schreibt, wie die SS einen dreizehnjährigen Jungen aufhängte, der das Gesicht eines traurigen Engels hatte. »›Wo ist Gott? Wo ist er?‹, fragte jemand hinter mir. Die Wachen ließen alle Gefangenen am Galgen vorbeimarschieren, um sie zum Zuschauen zu zwingen.

Er hing über eine halbe Stunde dort, kämpfend zwischen Leben und Tod, und starb vor unseren Augen in langsamer Qual. Und wir mussten ihm ins Gesicht sehen. Er lebte noch, als ich an ihm vorbeiging. Seine Zunge war noch rot, seine Augen noch nicht glasig.

Hinter mir hörte ich, wie derselbe Mann fragte: ›Wo ist Gott jetzt?‹

Und ich hörte in mir eine Stimme, die ihm antwortete: ›Wo er ist? Hier ist er – er hängt dort, an diesem Galgen.‹«

Viele Jahre später begegnete Wiesel Francois Mauriac, einem großen französischen Literaten. Mauriac drängte Wiesel, dass er seine Geschichte erzählen sollte, dass er der Welt bezeugen musste, was damals geschehen war. Wiesel bat Mauriac, das Vorwort zu seinem ersten Buch zu schreiben. Im Folgenden finden Sie Mauriacs Worte zu ihrer ersten Begegnung, bei der ihm Wiesel als junger Mann seine Frage – »Wo war Gott?« -- gestellt hatte:

»Welche Antwort konnte ich, der ich glaubte, dass Gott Liebe ist, diesem jungen Mann geben, in dessen dunklen Augen sich noch immer die engelhafte Traurigkeit spiegelte, die auch auf dem Gesicht des erhängten Kindes zu sehen gewesen war? Was sollte ich ihm sagen? Sollte ich etwas über diesen anderen Israeli sagen, seinen Bruder, der ihm vielleicht ähnlich war – über den Gekreuzigten, dessen Kreuz die Welt erobert hat? Sollte ich ihm sagen, dass der Stein, der seinen Glauben blockierte, der Eckstein meines Glaubens war, und dass die Übereinstimmung zwischen dem Kreuz und dem Leiden der Menschen in meinen Augen der Schlüssel zu diesem undurchdringlichen Geheimnis war, an dem der Glaube seiner Kindheit gestorben war? ... Wir kennen den Wert eines einzelnen Blutstropfens, einer einzelnen Träne nicht. Alles ist Gnade. Wenn der Ewige der Ewige ist, gehört ihm das letzte Wort zu jedem von uns. Das hätte ich diesem jüdischen Jungen sagen sollen. Aber ich konnte ihn nur umarmen und weinen« (aus dem Vorwort zu »Die Nacht«).

Wo ist Gott? Wo ist er mitten in der menschlichen Armseligkeit, mitten im Leid und im Schmerz? Wo ist er in Ihrem und in meinem Schmerz? Auch wenn ich über die großen Geschichten über Leid und Schmerz staune, habe ich doch auch meine eigenen Geschichten. Klein im Vergleich, aber für mich schwer zu verstehen. Wo ist Gott, wenn die Krankheit zuschlägt, wenn Liebe zum Verrat wird, wenn der Schoß einer Frau, der Leben spenden soll, unfruchtbar bleibt, wenn Freude durch Schuld erstickt wird?

Wo ist er? Er ist hier – er hängt dort, an diesem Galgen ...

Das ist die zentrale Zusage des Neuen Testamentes. Es war nicht nur der Gedanke von Gott, der am Kreuz starb, wie Nietzsche behauptete, sondern es war Gott selbst. »Wir aber verkünden den gekreuzigten Christus als den von Gott versprochenen Retter«, schreibt Paulus (1 Kor 1,23).

»Es hätte schlimmer kommen können. Es hätte mir passieren können.«

»So soll es sein«, sagte Gott. »Es soll mir passieren.« Und es geschah. Alles Elend und alle Armseligkeit des Menschen widerfuhren Gott. »Er, das Wort, wurde ein Mensch, ein wirklicher Mensch von Fleisch und Blut. Er lebte unter uns, und wir sahen seine Macht und Hoheit« (Joh 1,14).

Wir sahen den allmächtigen Gott müde und erschöpft. Wir

sahen den Schöpfer der Freude, wie er Tränen der Trauer vergoss. Wir sahen den Einen, der die Milchstraße mit einem Wort erschaffen hatte, Nägel einschlagen und Balken zusägen, um daraus Tische und Bänke zu machen. Wir sahen, wie der Herr der Heerscharen angespuckt und blutig geschlagen wurde. Wir sahen, wie die personifizierte Liebe von den engsten Freunden verraten und verlassen wurde. Wir sahen, wie der gerechte Richter das ergebene Opfer des ungerechtesten Urteils der Geschichte wurde. Wir sehen, wie Marias kleiner Sohn aufwuchs, um die Prophezeiungen zu erfüllen, die seine Mutter bei seiner Geburt bekam: »Dich aber wird der Kummer um dein Kind wie ein scharfes Schwert durchbohren« (Lk 2,35).

Der Schmerz, das Leid und die Sünde dieser Welt führen immer wieder zum Kreuz. Und irgendwie wurde im Kreuz die Herrlichkeit Gottes schließlich offenbart.

»Nachdem Judas das Stück Brot gegessen hatte, ging er sofort hinaus. Es war Nacht. Als Judas gegangen war, sagte Jesus: ›Jetzt gelangt der Menschensohn zu seiner Herrlichkeit, und durch ihn wird die Herrlichkeit Gottes offenbar‹« (Joh 13,30-31).

Als er sich darauf vorbereitete, ans Kreuz zu gehen, betete Jesus: »Vater, die Stunde ist gekommen! Setze deinen Sohn in seine Herrlichkeit ein, damit der Sohn deine Herrlichkeit offenbar machen kann ... Vater, gib mir nun wieder die Herrlichkeit, die ich schon bei dir hatte, bevor die Welt geschaffen wurde« (Joh 17,1.5).

»Er, das Wort, wurde ein Mensch, ein wirklicher Mensch von Fleisch und Blut. Er lebte unter uns, und wir sahen seine Macht und Hoheit, die göttliche Hoheit, die ihm der Vater gegeben hat, ihm, seinem einzigen Sohn. Gottes ganze Güte und Treue ist uns in ihm begegnet« (Joh 1,14).

»Wir haben seine Herrlichkeit gesehen«, sagte Johannes. Genau das, was Jesus nach Ansicht der Menschen nicht vorzuweisen hatte. Geboren in einer Krippe, aufgewachsen in absoluter Normalität, ausgebildet zum Zimmermann, getötet als Krimineller. Eine sonderbare Art von Herrlichkeit. Eine seltsame Art, um die Welt zu erlösen.

Martin Luther schrieb, dass echte Erkenntnis Gottes nicht zu einer »Theologie der Herrlichkeit« führen wird, sondern vielmehr auf der Theologie vom Kreuz basieren muss. Wenn wir uns selbst überlassen wären, würden wir von Gott immer in Begriffen wie Macht, Dominanz und Kontrolle denken. Wir würden ihn nach unserem Bild schaffen – so, wie wir sein wollten, wenn wir Gott wären.

Aber das ist nicht der Gott, der sich in Jesus offenbarte. Wir sehen Gott am klarsten, wenn wir ihn im Licht des Kreuzes sehen. Das Kreuz ist die Torheit Gottes, die größer ist als alle menschliche Weisheit, die Schwachheit Gottes, die stärker ist als alle menschliche Kraft. Im Kreuz offenbart Gott seine Bereitschaft zur Selbsterniedrigung und zum Dienst. Im Kreuz sehen wir Gott in seiner ganzen Armseligkeit.

Denn die Herrlichkeit Gottes ist die Armseligkeit Gottes. Der herrlichste Aspekt des Wesens Gottes ist die Tatsache, dass er unsere Armseligkeit auf sich nahm, statt uns aufzugeben. Karl Barth sagt, dass Gott eher das Leid des menschlichen Elends teilen als der heilige Gott von unheiligen Geschöpfen sein möchte.

Gott wurde wie wir. Er wurde einer von uns, und wir haben seine Herrlichkeit gesehen.

Gott klopft an meine Tür

Ich weiß etwas von den Vor- und Nachteilen, die Ruhm und Herrlichkeit mit sich brachten. Ich wuchs Ende der sechziger Jahre als Fan des Baseball-Teams Chicago Cubs auf. Die ganze Mannschaft war berühmt und einer davon, Randy Hundley, war mein persönlicher Favorit. Ich verehrte ihn.

Eines Tages klingelte das Telefon. Ein Mädchen aus der

Nachbarschaft, das in meiner Klasse war, bekam meine Mutter ans Telefon.

»Mrs. Ortberg, Sie werden nie erraten, was hier los ist. Randy Hundley ist bei uns zu Hause! Ich habe ihm von John erzählt. Er möchte bei Ihnen zu Hause vorbeikommen und John kennen lernen.«

Und dann lief alles ganz furchtbar falsch.

Meine Mutter wusste nicht, wer Randy Hundley war. Dummerweise hatte sie noch nie etwas von ihm gehört. Sie dachte, er wäre irgendein Schulkamerad, der mit mir spielen wollte. Und so kam es, dass sie sagte: »Johnny ist bei der Klavierstunde. Du wirst Randy sagen müssen, dass er irgendwann anders vorbeikommen soll.«

Als ich nach Hause kam, sagte mir meine Mutter, dass jemand namens Randy Hundley oder so ähnlich bei unseren Nachbarn war und vorbeikommen wollte, dass sie ihm aber gesagt hatte, dass er ein andermal kommen sollte.

Ich wünschte mir, die Männer in den weißen Kitteln anzurufen und meine Mutter abholen zu lassen.

Diesen Nachmittag verbrachte ich in tiefster Depression. Um etwa fünf Uhr klopfte es dann an der Tür. Als ich aufmachte, stand Randy Hundley draußen. In Lebensgröße. Der beste Baseballspieler der Oberliga. Er hatte vor irgendeinem öffentlichen Auftritt bei unseren Nachbarn vorbeigeschaut. Weil ich nicht da gewesen war, hatte er sich entschlossen, nach dem Auftritt auf seinem Rückweg nach Chicago noch einmal bei uns vorbeizufahren, obwohl er als Profispieler einen vollen Terminkalender hatte.

Er kam also den ganzen Weg zurück in unsere Wohngegend. Er fuhr zu unserem Haus. Er klopfte an meine Tür.

Und ich habe seine Herrlichkeit gesehen ...

Für einen zehnjährigen Jungen bestand die Herrlichkeit von Randy Hundley nicht darin, dass er eine Haubitze statt eines Armes hatte. Auch nicht, dass er mit seinen spielerischen Leistungen andere sehr gute Spieler übertraf.

Der Inbegriff von Herrlichkeit war, dass jemand, der so berühmt war wie er, sich die Zeit nahm, einen kleinen Jungen zu besuchen. Er war nur für mich gekommen.

»Er, das Wort, wurde ein Mensch, ein wirklicher Mensch von Fleisch und Blut. Er lebte unter uns, und wir sahen seine Macht und Hoheit«, schrieb Johannes. Wir haben seine Herrlichkeit gesehen, als der Herr aller Herren sich seiner Mutter und seinem Vater in allen Dingen freiwillig unterordnete. Wir haben seine Herrlichkeit gesehen, als der Schöpfer des Himmels und der Erde eine Säge, einen Hammer und Nägel verwendete, um Stühle und Bänke zu zimmern. Wir haben seine Herrlichkeit gesehen, als sich der Herr der Herren mit einem Handtuch gürtete und seinen Jüngern die Füße wusch. Wir haben seine Herrlichkeit gesehen, als der Erfinder des Lebens an einem Kreuz starb. Wir haben seine Herrlichkeit gesehen, als der Tod ihn nicht besiegen und das Grab ihn nicht gefangen halten konnten.

Wir sehen seine Herrlichkeit immer noch, wenn er zu ganz normalen, gefallenen Menschen kommt. Denn die Herrlichkeit Gottes besteht nicht nur aus seiner Kraft, Größe und Majestät. Seine Herrlichkeit besteht darin, dass er in diese Ecke des Universums, auf diesen unbedeutenden Planeten, zu armseligen Menschen kommt, weil er es nicht übers Herz bringt, sie aufzugeben. Seine Herrlichkeit besteht darin, dass er eines Tages seine Majestät ablegte und an Ihre Tür klopfte.

Und er ist nur für Sie gekommen.

Geistliches Training für Menschen wie du und ich

Beim Christsein geht es um mehr, als es »gerade so« in den Himmel zu schaffen. Im Mittelpunkt des christlichen Glaubens geht es um Veränderung! Es geht um einen Gott, dem nicht nur unser »geistliches Wohl« am Herzen liegt, sondern der Einfluss auf jeden Bereich unseres Lebens haben und uns überall begegnen möchte.
Wie dies aussehen kann, beschreibt Ortberg anhand eines erfrischend neuen Zugangs zu den klassischen geistlichen Übungen. Es gelingt ihm, die bewährten und jahrhundertelang erprobten heiligen Gewohnheiten – z. B. Feiern, Dienen, Einsamkeit – modern und straßentauglich zu beschreiben.

John Ortberg
Das Leben, nach dem du dich sehnst
Hardcover, 240 Seiten
Bestell-Nr. 657 243

*Von der Lebenskunst,
Gottes Weisheit in die Tat umzusetzen*

Ob es um Ehrlichkeit, Disziplin, Beziehungsprobleme, Seitensprünge oder Erziehungsfragen geht – kein anderes Buch der Bibel bezieht so lebensnah und unverblümt Stellung zu ganz praktischen Lebensfragen wie das Buch der Sprichwörter. Bill Hybels nimmt Sie mit auf eine Entdeckungsreise durch diese geballte Sammlung von zeitlosen Weisheiten und hilft Ihnen auf seine warmherzige, ehrliche Art dabei, die ersten Schritte auf dem Weg der praktischen Anwendung zu tun.

Bill Hybels
Aufbruch zum Leben
Hardcover, 220 Seiten
Bestell-Nr. 657 289